Liane Holliday Willey

Ich bin Autistin –
aber ich zeige es nicht

Leben mit dem Asperger-Syndrom

Mit einem Vorwort von Tony Attwood

Aus dem amerikanischen von Katrin Götz

Copyright©1999 Liane Holliday Willey

Foreword copyright©1999 Tony Attwood

This translation of Pretending to be Normal is published by arrangement with Jessica Kingsley Publishers Ltd.

Copyright © 2014 Verlag Rad und Soziales

www.autismus-buecher.de

www.radundsoziales.de

Dieses Buch ist auch als eBook erhältlich

Die Autorin

Liane Holliday Willey ist eine der führenden Kapazitäten zum Thema Asperger-Syndrom. Die promovierte Erziehungswissenschaftlerin lebt in Michigan, USA, und arbeitet dort als Hochschullehrerin.

Das Buch

„Meine Tochter hat Asperger!" Liane Willey hatte von dieser Krankheit noch nie gehört, und nun erfährt sie: Unter Asperger oder „Highfunction-Autismus" leiden viele Menschen, ohne es zu wissen - „besondere" Menschen, die zu zurückgezogenem oder egozentrischem Verhalten neigen, die oft hoch begabt sind, aber an Selbstwertproblemen, Überempfindlichkeit, Unsicherheit, Verzweiflung leiden. Sie fühlen sich mitunter wie „Ausländer im eigenen Land" oder wie „Außerirdische, die auf einem falschen Planeten gelandet sind". Die Diagnose ihrer Tochter verändert ihr Leben, denn Liane Willey begreift, dass sie seit Jahrzehnten mit den gleichen Symptomen zu kämpfen hatte: „Ich kann die Erleichterung nicht ausdrücken, die ich empfand, als ich schließlich realisierte, dass meine Tochter und ich nicht an einer Geisteskrankheit oder einer gespaltenen Persönlichkeit litten oder etwas Ähnlichem. Wir haben Asperger. Damit können wir leben! Wir können unsere Ziele und Träume erreichen, und wir können unser Leben weiterführen - mit Optimismus und Hoffnung. Wie aufregend die Erkenntnis, dass ich ganz einfach Dinge anders sehe, anders auffasse, anders empfange als andere und dass das so in Ordnung ist. Es ist meine Normalität."

Liane Willey erzählt ihre Lebensgeschichte von der frühen Kindheit über die Schul- und Collegezeit bis zum Leben als Berufstätige und Mutter von drei Kindern. Sie macht deutlich, wie die Welt von einer „Aspie" erlebt wird - von den Strategien, mit denen es ihr gelang, ihren eigenen Weg zu finden, aber auch von dem oft erheblichen Leidensdruck, der damit einherging.

In einem Anhang folgen praktische Hinweise „von immenser Präzision, was die Vorschläge (und Erfahrungen) angeht, im Alltag Probleme zu bewältigen, die sich einem Menschen mit Asperger-Autismus stellen" (Ulrich Rabenschlag).

Ein persönliches Buch, das die Menschen, die Asperger haben - einer großen europäischen Studie zufolge in Deutschland pro Jahrgang ca.

5000 Menschen -, in ihrer Besonderheit versteht und ihnen Achtung und Sympathie entgegenbringt. Ein spannender Fallbericht nicht nur für Betroffene, sondern auch für Eltern, Erzieher, Lehrer, Psychologen und Ärzte.

Inhaltsverzeichnis

Widmung 9
Vorwort von Tony Attwood 11
Danksagungen 13
Vorbemerkung der Autorin 15
Einleitung 17
1. Erinnerungen an die alten Zeiten 21
2. Der Unterschied wird größer, und ich frage mich warum 37
3. Vom Weg abkommen 53
4. Der langsame Weg nach Hause 71
5. Die Brücke überqueren 87
6. Meine Kinder in den Schlaf wiegen 103
7. Sich selbst finden und sich dabei niemals aufgeben 119
Anhang I: Den Leuten, die einem wichtig sind, erklären,
wer man ist 135
Anhang II: Überlebensstrategien für Studenten mit dem
Asperger-Syndrom 143
Anhang III: Berufliche Möglichkeiten und Verantwortung 155
Anhang IV: Die Organisation Ihres Haushaltes 165
Anhang V: Bewältigungsstrategien für Ihre sensorischen
Wahrnehmungsstörungen 173
Anhang VI: Einige Gedanken für Angehörige und Freunde
der Menschen mit dem Asperger-Syndrom 179
Anhang VII: Hilfreiche Adressen und
Literatur zum Weiterlesen 187
Glossar 189

Weitere Bücher über Autismus 193

Widmung

Nichts, was ich jemals tue, sehe, fühle - überhaupt nichts, was mir in meinem Leben jemals begegnen wird, wird für mich so wichtig sein, wie es meine Kinder für mich sind, Lindsey Elizabeth, Jenna Pauline und Meredith Madeline. Ihnen ist dieses Buch gewidmet.

Vorwort von Tony Attwood

Lianes Autobiographie wird es anderen Menschen erlauben, die Welt so zu sehen, wie sie jemand sieht, der das Asperger-Syndrom hat. Aufgrund dieser Erkrankung ist sie eine verwirrte Fremde in unserer sozialen Welt. Eloquent beschreibt sie sich selbst als eine derjenigen Leute, „die nie wirklich ihren Weg gefunden haben, aber auch nicht wirklich von ihrem Weg abgekommen sind". Sie hat eine Tochter mit dem Asperger-Syndrom, und die Diagnose ihres Kindes hat dazu geführt, dass sie ihre eigene Erkrankung erkannt hat. Liane bringt ihren Kindern heute die gleichen Strategien bei, die sie sich selbst angeeignet hat, um sich in unserer, wie sie sagt, „normalen Welt" zurechtzufinden. Der große Vorzug ihres Buches über das Asperger-Syndrom liegt darin, dass anderen Menschen mit dem Asperger-Syndrom die Gelegenheit gegeben wird, ihre Wahrnehmungen, Gedanken und Erfahrungen wiederzuerkennen. Sie ist eine Mitreisende für diese Menschen. Und sie gibt reichlich Anlass dazu, auf eine bessere Zukunft zu hoffen, denn es ist ihr gelungen, einen Partner zu finden, der sie versteht und unterstützt. Sie hat eine erfolgreiche berufliche Karriere hinter sich und sie geht davon aus, dass „sich die meisten meiner Asperger-typischen Symptome weiterhin langsam zurückbilden werden".

Den Familien und Freunden von Menschen mit dem Asperger-Syndrom wird die Möglichkeit geboten, ein Kind oder einen erwachsenen Menschen mit einer neuen Perspektive zu sehen, besonders wenn ihnen diese Menschen bisher ihren Standpunkt nicht so schlüssig vermitteln konnten. Liane wird ihr Sprachrohr sein, und besonders Eltern werden jede einzelne Seite ihrer Autobiographie voller Spannung umblättern, um zu erfahren, was als Nächstes geschehen ist, wie sie es geschafft hat, mit den Ereignissen fertig zu werden, damit sie dieses neu erworbene Wissen für das Verständnis ihrer eigenen Söhne oder Töchter nutzen können. Ich empfehle Lehrern dieses Buch wärmstens, weil es ihnen Erklärungen für bisher wenig verständliche Verhaltensweisen liefert, die ihnen zunächst vielleicht unangepasst erschienen oder schlichtweg nicht normal vorkamen. Für Spezialisten und Therapeuten, die diese Kinder diagnostizieren und behandeln, wird das Buch ein Schatzkästchen voller Einblicke und Informationen sein. Ich selbst werde Liane häufig zitieren, um das Syndrom gut verständlich zu erklären. Ich werde ihre Strategien anwenden, um meinen Patienten, die ich betreue, dadurch zu helfen. Es ist interessant, dass Liane am Ende ihres Buches sagt: „Trotz all dieser Schrecken wünsche ich mir nicht wirklich die

Heilung des Asperger-Syndroms herbei. Wonach ich mich sehne, das ist die Heilung von einer weit verbreiteten Krankheit, unter der so viele leiden; die kranke Vorstellung, sich immerzu mit den normalen Menschen vergleichen zu wollen und dabei perfekte und absolute Maßstäbe anzulegen, die fast niemand erfüllen kann." Es lohnt sich zweifellos, über die weit reichenden kulturellen und philosophischen Implikationen dieser Aussage nachzudenken.

Als Liane mir ihr Manuskript geschickt hat, hatte sie einen Notizzettel beigelegt, auf dem stand: „Ich hoffe, Ihnen gefällt das Buch. Viele Grüße von Ihrer Freundin Liane." Ich fühle mich nicht nur geehrt, als ein Freund von ihr angesehen zu werden, sondern ich halte sie für eine Heldin, deren Buch für viele Tausend Menschen in der ganzen Welt eine Inspiration sein wird.

Dr. Tony Attwood, Februar 1999

Danksagungen

So viele Menschen haben mein Leben durch ihre Güte verändert, meist ohne es überhaupt zu wissen. Wenn es ihre Unterstützung nicht gegeben hätte, dann würde ich heute immer noch vorgeben, jemand anderes zu sein, der ich nicht bin. Meinen allerherzlichsten Dank an

- Tony Attwood dafür, dass er sich um alle Menschen mit dem Asperger-Syndrom verdient gemacht hat.

- alle meine Freunde mit dem Asperger-Syndrom, die ich über die OASIS-Webseite kennen gelernt habe, denn sie haben mir so viel von dem beigebracht, was ich jetzt weiß.

- Sarah Abraham und Lisa Dyer für ihre unerschöpfliche Unterstützung und unzählige richtungsweisende Hinweise.

- Pfarrer Richard Curry, weil er mir gezeigt hat, wie ich meinen Glauben finden kann.

- meinen liebsten Freund Oliver Weber für sein Lachen und seine tollpatschigen Umarmungen.

- Maureen Willey ganz einfach dafür, dass sie meine Schwester ist.

- Margo Smith dafür, dass sie meine Freundin ist.

- meine Mutter Janett Holliday dafür, dass sie mir meine Hartnäckigkeit, viel Kraft und Mut gegeben hat.

- meinen Vater John T. Holliday dafür, dass er mir beigebracht hat, wie man unabhängig, redlich und ehrenhaft denken kann.

- meinen Mann Thomas Willey, der immer meine Hand hält, unabhängig davon, was ich gerade tue und wie ich mich dabei verhalte.

- meine kostbaren und wunderbaren Töchter Lindsey, Jenna und Meredith dafür, dass sie mir die Stärke geben, die mich immer neu belebt, die Lebensfreude, die meine Seele beflügelt, und die Liebe, die mein Herz wissen lässt, dass ich mich nicht mehr verstellen muss, sondern dass ich einfach ich selbst sein kann.

Und zum Schluss in tiefster Dankbarkeit Gott im Himmel, der für mich da war, als ich ihn anrief.

Vorbemerkung der Autorin

Tony Attwood schreibt in seinem Buch *Asperger's Syndrome: A guide for Parents and Professionals* (1998; dt. 2000), dass vielen Erwachsenen erst klar wird, dass sie unter dem Asperger-Syndrom leiden, wenn sie durch die Diagnose eines Familienangehörigen auf das Krankheitsbild aufmerksam gemacht werden. So ist es in unserem Fall auch gewesen. Bei meiner sieben Jahre alten Tochter ist vor einem Jahr ein Asperger-Syndrom (AS) festgestellt worden. Ihre Diagnose eröffnete für meine Familie und mich neue Möglichkeiten, wie wir unsere Selbstkenntnis ausweiten konnten. Wir hatten zuvor noch nichts über das Asperger-Syndrom gehört, aber sobald wir etwas darüber wussten, begannen wir die Asperger-typischen Eigenschaften und Merkmale in vielen Familienmitgliedern wiederzuerkennen, mich selbst eingeschlossen.

Bis heute bin ich auf AS nie formal getestet worden. Bis heute habe ich niemanden in der Gegend, in der ich lebe, gefunden, der Erwachsene auf das Asperger-Syndrom hin evaluieren kann. Aber das ist auch ganz in Ordnung so. Ich brauche eigentlich keine Diagnose, um mir zu bestätigen, was ich schon weiß. Was ich benötige, das ist ein größeres Wissen darüber, wie ich meiner Tochter weiterhelfen kann, das sind Informationen darüber, wie ich mich selbst weiterentwickeln kann und wie ich der Öffentlichkeit dabei helfen kann, das Asperger-Syndrom zu verstehen. Ich hoffe, dass das Buch allen, die es lesen, dabei helfen wird, die Entdeckungsreise zu beginnen - entweder ihre eigene oder die einer Person, die ihnen nahe steht.

Einleitung

Das Feld der Erkrankungen im Formenkreis des Autismus ist weit. Innerhalb seiner Grenzen findet sich ein weites Spektrum an Dingen, die jemand kann, und Dingen, die jemand nicht kann, ein breites Spektrum unterschiedlicher Merkmale. Die Diagnose ist fließend, sie hat keinen definierten Anfang und kein festes Ende. Wissenschaftler sind sich unschlüssig über die Ursachen für den Autismus. Erzieher diskutieren darüber, wie man am besten damit umgehen kann. Psychologen wundern sich immer wieder darüber, wie sie eigentlich zwischen den vielen Unterformen unterscheiden sollen. Eltern sind sich darüber im Unklaren, wie sie mit der einen vorliegenden Unterform umgehen sollen. Und die Menschen, die an einer Erkrankung aus dem autistischen Formenkreis leiden, haben häufig gar keine Stimme. Der Autismus betrifft viele und ist dennoch eine der am häufigsten missverstandenen Erkrankungen der Kinder- und Jugendpsychiatrie.

In diesem Buch wird in die Welt des Autismus geblickt, und es wird das Asperger-Syndrom ausführlich vorgestellt. AS ist eine relativ neue Diagnose im autistischen Formenkreis, die erstmals von Hans Asperger 1944 beschrieben worden ist und ihre Bekanntheit erst erlangt hat, als Forscher wie Uta Frith, Loma Wing und Tony Attwood in den 1990er Jahren die internationale Aufmerksamkeit darauf gelenkt haben. Menschen mit dem Asperger-Syndrom haben, genau wie Menschen mit anderen verwandten Autismusformen, Defizite im sozialen Umgang, in ihrer Kommunikation und ihrem Einsichtsvermögen, auch wenn dies nur in einem geringerem Ausmaß der Fall ist. Gemäß den durch Gillberg und Gillberg (1989) eingeführten diagnostischen Kriterien sind folgende Eigenschaften für Patienten mit dem Asperger- Syndrom charakteristisch: Defizite im sozialen Umgang, eingeschränkte Interessen, bestimmte sich wiederholende und stereotype Verhaltensmuster, Eigenarten in der Sprachentwicklung, nonverbale Kommunikationsschwierigkeiten sowie eine motorische Ungeschicklichkeit. Hierbei muss aber darauf hingewiesen werden, dass man sich unbedingt klar machen sollte, dass jedes dieser Symptome sich unterschiedlich und ganz und gar einzigartig manifestieren kann, je nachdem, was für Fähigkeiten die betroffene Person besitzt. Innerhalb des Asperger-Syndroms gibt es starke Unterschiede in der Ausprägung der Symptome. Bei vielen Menschen wird nicht erkannt, dass sie unter dem Asperger-Syndrom leiden, sie werden diese Diagnose niemals erhalten. Sie werden mit anderen Diagnosen oder ganz und gar undiagnostiziert weiterleben. Wenn die Dinge gut gelaufen sind, werden sie als ausgesprochene Egozentriker unter uns leben, von denen wir uns aufgrund ihrer ungewöhnlichen Eigenarten und ihrer schier endlosen Kreativität hinreißen lassen. Sie erfinden vielleicht technische Spielereien, die uns staunen machen und uns das Leben erleichtern sollen. Sie sind diejenigen, die als Genies neuartige mathematische Formeln entdecken, als begabte Musiker und Autoren und Künstler unser Leben so sehr beleben. Wenn die Dinge relativ neutral verlaufen sind, dann werden sie als Einzelgänger leben, die nie so richtig wissen, wie sie andere grüßen sollen, als Entrückte, die sich nicht sicher sind, ob sie andere überhaupt grüßen wollen, als Sammler, die jeden auf dem Flohmarkt mit Namen und Geburtsdatum kennen, und als Nonkonformisten, die ihre Autos mit politischen Aufklebern bedecken, und auch ein paar Universitätsprofessoren werden dabei sein. Am meisten werden uns diejenigen auffallen, die als einsame Seelen versuchen in unseren persönlichen Bereich einzudringen, die regelmäßig bei jeder abendlichen Tischgesellschaft ganze Unterhaltungen mit zehn Tischen weit entfernten Gruppen führen oder die wie Roboter sprechen. Es sind die Charaktere, die darauf bestehen, tagein, tagaus die gleichen Socken anzuziehen und immer das gleiche Frühstück zu essen; es sind die Menschen, die nie wirklich ihren Weg gefunden haben, aber auch nicht wirklich von ihrem Weg abgekommen sind.

Die Prognose für Menschen mit dem Asperger-Syndrom ist recht unterschiedlich. Es hängt nicht nur viel von den Fähigkeiten der betroffenen Person ab, sondern auch davon, wie gut das Interventionsprogramm mit den Bedürfnissen des AS-Patienten zusammenpasst. Es hängt von der Unterstützung jedes Einzelnen in der persönlichen Umgebung ab und von dem fortwährenden Einfluss der betreuenden Ärzte und Lehrer. Daher ist eine Prognose sehr relativ, und ich würde ausgehend von dem Grad der Betroffenheit durch das Asperger-Syndrom niemals versuchen zu quantifizieren, wer eine bessere Lebensqualität haben wird. Wenn wir Menschen mit dem Asperger-Syndrom nur ändern wollen, damit wir sie besser in die Gesellschaft einfügen können - ein in sich bereits dürftiges und undurchsichtiges Konzept -, gehen wir dann vielleicht in die falsche Richtung? Menschen mit dem Asperger-Syndrom sollten uns eigentlich viel Anlass dazu geben, dass wir sie, so wie sie jetzt sind, wertschätzen. Niemals sollten wir uns wünschen oder von ihnen verlangen, dass sie versuchen, so zu werden wie die sozial Bestangepasstesten unter uns. Wir sollten nur das anstreben, was ihnen dabei helfen kann, ein in jedem Sinne produktives, lohnendes, erfülltes Leben zu führen. Uns würde zu viel entgehen und sie würden noch mehr aufgeben, wenn unser Ziel höher oder tiefer gesteckt wäre.

Vielleicht drückt Tony Attwood (2000) diesen Gedanken am besten aus, wenn er über Menschen mit dem Asperger-Syndrom sagt: „... sie sind wie leuchtende Sterne am Himmel unseres Lebens. Unsere Zivilisation wäre eintönig und sehr langweilig, wenn wir nicht die Menschen mit AS unter uns hätten und sie und ihre Art in Ehren halten würden."

1. Erinnerungen an die alten Zeiten

Früher, da gab es Zeiten, in denen ich nahe am Abgrund stand, bedenklich nahe daran war, herunterzufallen. Nahe daran, aus dem abzustürzen, was ich war, nahe daran, so zu werden, wie ich mir nicht vorstellen konnte, dass ich so jemals gewesen bin, nahe daran, mich in etwas zu verwandeln, das ich niemals werden möchte. Das sind meine schlimmsten Zeiten gewesen. Sie sind heftig und dunkel und schockierend und gefährlich. Sie zwingen mich, auf einen Ausweg zu verzichten und den Abgrund zu durchdringen. Es gab Tage, wo ich auf der Terrasse stehend bereit war, meine neuen Einsichten anzunehmen, wo ich ein klares Bewusstsein erlangte. In diesen Tagen gelang es mir, mich selbst zu finden, sie haben mir zu dem Verständnis verholfen, dass es nicht notwendigerweise bedeutet, rückwärts zu gehen, wenn man zurückblickt. Mich an die alten Zeiten zu erinnern kann mich lehren, wer ich bin, und mich dahin führen, was ich einmal sein werde. Mich zu erinnern kann mich befreien. Meistens lege ich den Übergang fest, an dem meine Vergangenheit und meine Gegenwart sorgfältig gegeneinander ausbalanciert sind. Das ist gut so. Ich mag es, meine Vergangenheit immer wieder neu zu erleben. Aber nur, wenn ich etwas Verhaltenstherapie dabei mitnehmen kann. Ich würde niemals zurückblicken, um etwas zu bedauern oder um Fehler oder fehlgeleitete Gedanken aufzuspüren. Ich benutze die Vergangenheit als Antrieb für ein bewusstes Denken, und sie gibt meinem Selbstwertgefühl neuen Schwung. Auch wenn es 38 Jahre lang gedauert hat - ich kann gar nicht deutlich genug sagen, was für eine Erleichterung es war, mich endlich selbst zu finden!

Ich erinnere mich an einen Mann, der mir eine große, fette schwarze Malkreide gab. Mir war klar, dass er von mir erwartete, dass ich diese Kreide wie einen Bleistift zum Zeichnen benutzen würde. Ich fragte mich, warum er mir nicht einfach einen Bleistift gegeben hatte. Die Kreide war hässlich. Sie war flach. Sie hätte eigentlich rund sein sollen. Sie war fast zu groß, um sie richtig halten zu können. Ich mochte die Art und Weise nicht, in der sie sich auf dem hellgelben Papier verteilte, das war zu glitschig und viel zu unordentlich. Aber ich benutzte die Kreide trotzdem. Meine Mutter hatte mich auf den Besuch vorbereitet. Sie hatte mir gesagt, dass ich einen Test machen würde, einen Test, der uns zeigen würde, wie schlau ich war. Sie erzählte mir, dass ich nicht nervös zu sein brauchte, und versprach mir ein Eis, wenn der Test vorbei war. Wenn es nicht um das Eis gegangen wäre, hätte ich diese ekelhafte Malkreide nicht angefasst. Aber so tat ich es. Ich malte kleine Bilder und umkreiste Sätze und baute verschiedene Dinge mit Bauklötzen. Ich wusste, dass ich schlau war, aber diesen Test fand ich blöd.

Als ich drei Jahre alt war, fanden meine Eltern heraus, dass ich kein durchschnittliches Kind war. Mein Kinderarzt hatte vorgeschlagen, dass man mich einem Psychiater vorstellen sollte. Einige Gespräche und einen IQ-Test später stand meine Diagnose fest: Ich war begabt und ich war verwöhnt. Schlau und verzogen. Mit diesem Wissen im Hintergrund begannen meine Eltern, ihr einziges Kind aus einem neuen Blickwinkel zu sehen. Von diesem Moment an wurde alles, was ich tat, ganz einfach und hinreichend erklärt durch ein Nicken, einen kleinen Wink und ein „Ja, ja, sie ist halt etwas verzogen". Wie wenig haben sie doch wirklich über mich gewusst.

Wenn ich an meine ersten Jahre zurückdenke, erinnere ich mich an das überwältigende Bedürfnis, mich von meinen Altersgenossen fern zu halten. Ich beschäftigte mich viel lieber mit den Freunden, die es in meiner Phantasie gab. Penny und ihr Bruder Johnna waren meine besten Freunde, die außer mir niemand sehen konnte. Meine Mutter erzählt mir heute noch, dass ich darauf bestand, dass für sie bei Tisch gedeckt wurde und dass sie bei unseren Autofahrten auch dabei sein konnten und überhaupt so getan wurde, als wären sie wirklich anwesend. Ich kann mich daran erinnern, wie ich mit nichts weiter als einer Rolle Aluminiumfolie, Penny und Johnna in den Raum meiner Mutter ging. Gemeinsam bastelten wir aufwändige Tischgedecke aus der Alufolie. Teller, Tassen, Silberbesteck, Serviertablette und sogar Nahrungsmittel entstanden auf diese Weise. Ich erinnere mich nicht daran, dass wir dann wirklich Kaffeetrinken spielten. Ich erinnere mich nur daran, dass wir all die Dinge herstellten, die man für die Zusammenkunft brauchen würde.

Ich weiß auch noch, wie ich mit meinen imaginären Freunden Schule gespielt habe. Jeden Sommer, wenn unsere Grundschule wegen der Ferien schloss, kletterte ich in die großen Abfallcontainer hinter den Klassenräumen. Ich wühlte mich durch jede Menge Müll hindurch, um die alten Lesebücher, Arbeitszettel und Übungshefte herauszufischen und aufzuheben. Ich wollte eine richtige Ausstattung wie in der Schule; nachgemachte Gegenstände reichten in diesem Fall nicht aus. Ich nahm all meine Funde mit nach Hause und behandelte sie sehr vorsichtig. Ich liebte diese Schätze. Ich kann mich noch immer an das Gefühl erinnern, wie es war, die Bücher so weit zu öffnen, dass ihr Einband sich vorn und hinten mit dem Rücken berührte. Ich erinnere mich daran, welchen Widerstand die Bücher meiner weiten Öffnungstechnik entgegensetzten. Ich erinnere mich daran, dass ich verärgert gewesen bin, weil sie dies nicht bereitwilliger mit sich machen ließen. Ich mochte es, mit meinem Finger das kleine Tal entlangzufahren, das sich in der Mitte des Buches gebildet hatte, wenn man es so weit geöffnet hatte, wie man konnte. Es fühlte sich glatt und sehr gerade und irgendwie beruhigend an. Ich liebte es auch, meine Nase in die Buchmitte zu stecken und den vertrauten Geruch einzuatmen, der Büchern anzuhaften pflegt, die unter Kreide und Radiergummis aufbewahrt und von den Kindern immer wieder aufgeschlagen worden waren. Wenn dieser Geruch fehlte, verlor ich das Interesse an diesem Buch und wandte mich lieber einem der anderen Bücher zu, das diesen Geruch besaß. Mein liebster Fund waren die alten violetten Matrizen der Arbeitsblätter, die verwendet wurden, bevor man richtige Kopierer entwickelt hatte. Ich rieche immer noch die Tinte der frischen Matrizen. Ich liebte diesen Geruch. Die Durchschläge konnte man gut stapeln, besonders wenn man eine ganze Menge von ihnen hatte. Ich mochte das Geräusch und das Gefühl, das ich bekam, wenn ich sie zwischen meinen Händen etwas hin- und her schob, bis sie auf die harte Oberfläche der Unterlage trafen, die ich verwendete, damit sie gerade lagen.

Das Material wirklich einzusetzen, um Penny und Johnna Unterricht zu geben, das war nur von zweitrangigem Interesse. Viel wichtiger war es, die Gegenstände in eine Ordnung zu bringen. Wie bei der Kaffeetafel bestand der Reiz vor allem darin, die Dinge herzustellen und vorzubereiten. Vielleicht war mein starkes Interesse daran, Gegenstände in eine bestimmte Ordnung zu bringen, der Grund dafür, warum ich an meinen Altersgenossen kein Interesse hatte. Sie wollten die Sachen immer benutzen, die ich gerade so sorgfältig angeordnet hatte. Sie wollten es auch nicht wieder rückgängig machen und es wieder genau so anordnen, wie ich es zu tun pflegte. Sie ließen mich meine Umgebung nicht kontrollieren. Sie verhielten sich nicht so, wie ich dachte, dass sie es sollten. Andere Kinder brauchten größere Freiheiten, als ich sie ihnen gewähren wollte.

Ich glaube nicht, dass ich es jemals für nötig gefunden hatte, meine Spielzeuge, meine Ideen oder auch nur irgendetwas anderes, das mir gehörte, mit anderen zu teilen. Wenn ich mich - abgesehen von meinen ausgedachten Freunden - dazu entschloss, mit jemandem zu spielen, dann meistens mit einem kleinen Mädchen namens Maureen (die immer noch meine beste Freundin ist). Noch heute zieht mich Maureen damit auf, dass sie immer, wenn ich sie zu Hause besuchte, einen Plan verfolgte, den sie sich ausgedacht hatte, nämlich all ihre anderen Spielkameraden vor mir zu verstecken. Es scheint so, als sei ich sehr ärgerlich geworden, sobald ich bemerkte, dass sie mich betrogen hatte, indem sie noch jemand anderen zum Spielen eingeladen hatte. Ich für meinen Teil kann mich noch lebhaft daran erinnern, wie sehr ich es hasste, sie mit anderen Kindern zu sehen. Ich glaube nicht, dass ich eifersüchtig gewesen bin. Ich weiß, dass es nicht einfach nur die Unsicherheit war. Ich machte mir aus anderen Kindern zu wenig, als dass diese Gefühle angebracht gewesen wären. Ich konnte es einfach nicht verstehen, warum Maureen mehr als eine Freundin einladen wollte. Und ich konnte mir überhaupt nicht vorstellen, dass Maureen darüber anders als ich dachte. Für mich war es eine einfache Logik. Ich hatte sie als Freundin. Sie hatte mich. Und das war es auch schon. Alles andere war offensichtlich eine Einmischung, ein gewaltsames Eindringen, und wenn ich es zuließ, brachte ich mich in eine mir unangenehme, mir unmögliche Situation. Wenn ich ein anderes kleines Kind in unserem Kreise zulassen würde, dann würde man von mir erwarten, dass ich auch mit ihm spielte.

Ich habe Gruppendynamik nie verstehen können, besonders nicht die Dynamik oberflächlicher Freundschaften, die auf Geben und Nehmen beruht, auf Rollenspiel und Modellhaftem, auf dem Einhalten gewisser Regeln und einem Sich-Abwechseln. Irgendwann hatte ich es gelernt, die Kniffligkeit von Kinderfreundschaften gut genug zu beherrschen, um mit einem Freund umgehen zu können. Alles andere schien das Unheil anzuziehen, manchmal in sehr realer Form. Eines Tages schien es, als hätte ich genug davon gehabt, dass Maureen auch andere Freunde hatte. Sie und ein kleines Mädchen aus der Nachbarschaft spielten draußen im Garten, als ich zu dem kleinen Mädchen hinging und sie fragte, was sie da in Maureens Haus machte. Ich kann mich nicht mehr daran erinnern, was sie antwortete, aber ich weiß noch, dass ich sie mitten in den Bauch boxte, als sie mit ihrer Erklärung fertig war. Ich denke, dass sie etwas gesagt hatte, was mir nicht gefiel!

Meine Mutter meldete mich bei einer Ballettklasse an, als ich sechs Jahre alt war. Sie wollte mir dabei helfen, über meine Unfähigkeit hinwegzukommen, mich mit meinen Altersgenossen anzufreunden. Obwohl das ein guter Plan zu sein schien, war er doch nur von kurzer Dauer. Erst einmal lag mir Ballett von vornherein nicht. Ich konnte noch nicht einmal annähernd die Kompliziertheit der ganzen Positionen bewältigen und auch nicht die Koordination der Bewegungen, die man benötigt. Mein Verstand konnte einfach keinen Weg finden, um meinen Körper darauf vorzubereiten, in die erste oder zweite Position zu gehen oder überhaupt in irgendeine Position, die bedeutete, dass mein Bein sich in die eine oder andere Richtung bewegen musste, während mein Arm in wieder eine andere Richtung musste. Ballett frustrierte und verwirrte mich. Was sollte das bedeuten, sich wie ein Schwan zu bewegen? Würde denn ein Schwan einen unbequemen Gymnastikanzug anziehen oder Schuhe, die die Zehen zum Einschlafen brachten? Ballett und meine Ballettlehrerin verstand ich einfach nicht. Jedenfalls war das nichts, was ich jemals hätte begreifen können. Die Kinder verstand ich auch nicht. Sie befolgten die Regeln nicht. Ziemlich bald hatte Ballett seinen Reiz für mich verloren, und ich hatte keine Lust mehr. Ich frage mich oft, ob die Ballettlehrerin erfreut oder bestürzt darüber war, als sie den Telefonanruf machte, der dazu führte, dass ich nie wieder in den Unterricht kommen durfte:

„Frau Holliday, wir denken, dass es in jedermanns Interesse wäre, wenn Liane nicht mehr länger unsere Ballettschule besuchen würde", fing die Lehrerin an. „Wie kommt es dazu, dass sie so etwas denken?", antwortete meine Mutter darauf. „Nun, zunächst einmal ist sie ziemlich unkoordiniert. Aber schlimmer noch ist ihre Einstellung. Sie ist nicht nur sehr unkooperativ, sondern sie möchte erst gar nicht mit den anderen Kindern auskommen. Tatsache ist, dass sie Kinder schlägt, die ihr nichts anderes getan haben, als dass sie zufällig in ihrer Nähe stehen."

Als meine Mutter mich fragte, warum ich denn die armen Kinder aus meinem Ballettunterricht geschlagen habe, gab ich eine Antwort, die für mich leicht verständlich erschien: „Weil sie mich berührt haben."

„Was meinst du denn damit, ´weil sie dich berührt haben´?", fragte meine Mutter.

„Wir sollen eine Armlänge voneinander entfernt bleiben. Wir dürfen uns nicht berühren."

„Aber Liane, sie wollten dich doch eigentlich nicht berühren, das haben sie nicht mit Absicht getan. Die anderen Kinder haben wahrscheinlich das Gleichgewicht verloren und dich aus Versehen angerempelt."

„Sie dürfen das nicht", war die einzige Antwort, die ich gab. In meinen Augen machte diese Erklärung Sinn. Das war das Ende meiner Ballettkarriere.

Worte begannen für mich weit mehr zu bedeuten als Verhaltensweisen. Ich erinnere mich daran, wie ich Vorschriften befolgte - wörtlich und bis zum letzten Buchstaben genau. Meine Mutter pflegte mich immer daran zu erinnern, dass ich, wenn ich wegging, das Dach unseres Hauses immer noch sehen konnte. Sie wollte auf diese Weise sicherstellen, dass ich nicht zu weit weglaufen würde. Ich erinnere mich, dass ich mich eines Nachmittags auf den Weg zu dem Spielplatz unserer Grundschule machte. Es kam mir gar nicht in den Sinn, dass eine Entfernung von vier Wohnblöcken zu groß sein könnte. Ich hätte doch das Dach unseres Hauses sehen können, das erzählte ich meiner Mutter, als ich wieder nach Hause kam und sie ganz erregt vorfand. Für mich war es gleich, ob ich auf das Dach unserer Schule steigen müsste, um von dort das Dach unseres Hauses zu sehen. So genau nahm ich es mit Worten. Worte konnten sich in Metaphern oder Gleichnissen, Analogien oder Grundideen zusammenfügen. Sie steckten voller Details, pedantischer Regeln und semantischer Sackgassen. Mir kam es nie in den Sinn, dass eine Aussage mehr als nur eine Bedeutung haben konnte. Ich ging immer davon aus, dass die Bedeutung, die ich verstand, auch die Auffassung des Sprechers war. Heute wissen wir, dass man Kindern mit AS dabei helfen muss, damit sie verstehen, dass andere Menschen andere Sichtweisen haben können. Als ich jung war, ging man einfach davon aus, dass Kindern diese Fähigkeit angeboren ist. Meine Eltern waren ständig verblüfft darüber, dass ich es so nötig hatte, ihre Autorität in Frage zu stellen, denn sie gingen davon aus, dass ich aus Dreistigkeit so handelte. Sie haben jede ihrer Anweisungen überdacht, um sicherzugehen, dass ich nicht ihre Worte noch herumdrehen könnte, um mich herauszuwinden. Was natürlich genau das war, was ich tat. Ich fand Wege, um ihre Sprache an meine eigene anzupassen. Ich war umgekehrt nicht dazu in der Lage, meine Sprache an ihre anzupassen.

Meine Lehrer haben mein pedantisches Verhalten sehr häufig analysiert, und man erzählte mir, dass ihre liebevollsten Erinnerungen an mich noch Adjektive enthielten wie sturköpfig, ungehorsam und - das war anscheinend ihr Lieblingswort - geistig zurückgeblieben. Weil meine Eltern gelernt hatten, wie sie mit mir reden mussten, kamen sie gar nicht auf die Idee, dass ich vielleicht die Anweisungen anderer Leute nicht begreifen könnte. Sie wussten sehr wohl, wie sie es anstellen mussten, damit ich ihre Aufforderungen beachtete. Am besten gelang das, wenn man mir große Freiheiten ließ. Ich wollte mir eben meinen eigenen Weg suchen, wie ich meine Interessen selbst verwirklichen konnte. Wenn ich tagein, tagaus dasselbe Kaugummi kauen wollte, dann verboten sie mir das nicht. Wenn ich mit meinem Mund die Buchstaben nachmachen wollte, die sie gesprochen hatten, dann hatten sie dagegen auch nichts einzuwenden. Wenn ich darauf bestand, meine Bücher laut zu lesen, dann war das in Ordnung so, selbst wenn wir in einer öffentlichen Bibliothek waren. Sie wussten, dass ich meine eigene Art und Weise hatte, Dinge zu tun, und sie haben mir meine Methoden nicht verboten, solange ich mich bemühte und meine Methoden Erfolg hatten. Ich konnte meine Umgebung zu Hause beim Lernen bestimmen, denn ich war in der Schule so gut, dass meine Eltern keinen Grund dazu sahen, hier einzugreifen und etwas zu verändern. In der Schule dagegen herrschten andere Spielregeln. Plötzlich erwartete man von mir, dass ich mich an Tagesabläufe und Stundenpläne hielt, die erstickend und unlogisch waren. Während meines ersten Schuljahres hatte unsere Lehrerin jedem von uns eine Nummer gegeben. Sie hatte jedem eine bestimmte Zahl zugewiesen, und jedes Mal, wenn sie unsere Nummer aufrief, waren wir an der Reihe und sollten antworten. Ich hielt dies für eine witzlose Idee. Und natürlich weigerte ich mich, dabei mitzumachen. Die Lehrerin rief meine Eltern an, erzählte ihnen alles und beschwerte sich darüber. Meine Eltern gaben mir Recht, dass dies eine dumme Idee von meiner Lehrerin gewesen war, und bestanden darauf, dass sie mich von nun an mit meinem Namen ansprechen sollte.

In dem gleichen Jahr sollten wir jeden Tag in der Schule einen kurzen Mittagsschlaf halten. Ich erinnere mich noch lebhaft daran, wie die Lehrerin ankündigte: „Kinder, nehmt eure Matte und haltet euer Mittagsschläfchen." Ich weigerte mich wiederum. Wieder rief die Lehrerin meine Eltern an. Wieder mussten meine Eltern in die Schule kommen.

„Liane, warum willst du nicht schlafen?", fragten meine Eltern mich.

„Weil ich nicht kann."

„Da sehen Sie es!", sagte die Lehrerin selbstgefällig.

„Warum kannst du das nicht?", fragten meine Eltern weiter.

„Weil ich keine Matte habe."

„Natürlich hast du eine Matte. Da ist sie doch, an deinem Platz", antwortete die Lehrerin.

„Ich habe keine Matte."

„Sehen Sie jetzt, was ich meine?", sagte die Lehrerin zu meinen Eltern. „Sie ist ein stures Kind."

„Warum sagst du, dass du keine Matte hast?", fragten mich meine Eltern weiter, sie gaben mich nicht auf.

„Ich habe keine Matte. Das da ist ein Teppich", sagte ich offenherzig, und ich hatte damit eine Tatsache ausgesprochen.

„Das stimmt", sagte mein Vater. „Wirst du auf deinem Teppich ein Schläfchen halten?"

„Wenn sie es mir sagt, dass ich es tun soll", antwortete ich tatsächlich.

„Sagen Sie ihr, dass sie auf ihrem Teppich ihr Schläfchen halten soll", sagte mein Vater, als sich meine Eltern zum Gehen wandten. Ich glaube, dass ich ihnen sogar dankbar war dafür, dass sie mich in Schutz genommen hatten. Ich wollte nicht schwierig sein. Ich wollte einfach nur das Richtige tun. Das Problem war, dass die Lehrerin annahm, dass ich ihre Worte so wie alle Kinder verstehen konnte. Das konnte ich aber nicht.

Die meisten Kinder liebten Chaos und Lärm. Kleine Kinder rennen dauernd herum, kreischen laut und bewegen sich viel. Sie waren immer mit irgendetwas beschäftigt, brachten alles durcheinander, waren nie damit zufrieden, leise oder ganz für sich allein etwas zu spielen. Ich spielte gern in der Küche unseres Kindergartens. Ja, ich wollte kaum irgendwo sonst spielen. Wieder einmal eines der Probleme, mit denen ich meinen Erzieherinnen große Kopfschmerzen bereitete. Wenn ich nicht gerade mit den Gegenständen aus der Küche spielte, las ich. Lesen und mich dabei entspannen, das waren Dinge, die ich bereits im Alter von drei Jahren beherrschte. Vielleicht sollte ich sagen, ich tat so, als ob ich lesen würde. In der Tat konnte ich die meisten der gedruckten Wörter laut vorlesen. Aber ich konnte die Geschichten nicht unbedingt verstehen, wenn sie für ältere Kinder als für Erstklässler geschrieben waren. Dennoch fand ich es sehr tröstlich, die schwarzen Buchstaben so schön auf den weißen Seiten aufgereiht zu sehen. Ich mochte das rhythmische Muster sehr gerne und liebte den Fluss, in dem sich mein Auge von links nach rechts und von oben nach unten bewegte. Ich mochte es, wenn man nach den Punkten am Ende des Satzes anhalten musste und wenn Kommas oder neue Absätze meinen Fluss unterbrachen. Ich liebte die Art und Weise, wie die meisten Wörter mit meiner Zunge spielen konnten. Ich mochte es, wie verschiedene Teile meines Mundes dazu gebracht wurden, sich zu bewegen. Aber wenn ich an ein Wort kam, das meinen Ohren wehtat - das waren in der Regel Wörter mit vielen hypernasalen Lauten -, sprach ich es nicht aus. Ebenso weigerte ich mich, Wörter laut zu sagen, die hässlich aussahen, weil sie sich zu sehr in eine Richtung neigten, zu schwerfällig waren, phonetisch zu ungewöhnlich. Ich kann mich nicht daran erinnern, dass mir Bilderbücher besonders gut gefallen haben. Wahrscheinlich gefielen sie mir deshalb nicht, weil ich hier mit dem, was ich sah, eine Bedeutung verknüpfen musste. Bücher mit gedruckten Worten verlangten das nicht von mir. Bücher mit gedruckten Worten gaben mir, was ich brauchte, und damit konnte ich mich dann immer weiter beschäftigen.

Bis zum Alter von ungefähr acht Jahren war ich sehr gewandt geworden im Verständnis und der Benutzung von Worten. So lange es dabei um Tatsachen ging. Belletristik war für mich sehr viel schwerer zu begreifen, weil hier von mir erwartet wurde, dass ich mit meinen Gedanken über ein wörtliches Verständnis hinausging. Ich mochte Biographien am allerliebsten und verschlang jede einzelne, die es in unserer Bücherei gab. Die Bibliothekarin forderte mich wiederholt auf, doch einmal etwas anderes auszuleihen. Aber mir gefiel es sehr, über das Leben existierender Menschen zu lesen und über ihre wahren Erlebnisse. Es spielte dabei keine große Rolle, ob es dabei um das Leben von Babe Ruth, Harry Truman oder Harriet Tubman ging. Ich war weniger an Baseball oder Politik oder sozialen Gesichtspunkten interessiert als vielmehr an dem Wahrheitsgehalt der Worte, die ich las. Wenn ich heute an diesen Büchern in dem Regal derselben Bücherei vorbeigehe, dann überkommt mich immer noch das wohlige Gefühl, das ich zu der Zeit hatte, als mir diese Worte so viel bedeutet hatten.

Anders als die meisten anderen Kinder hasste ich Ausflüge, besonders, wenn sie mich an Orte führten, die ich nicht kannte.

Ich hasste sie so sehr, dass bei mir schon bei dem Gedanken daran körperliche Symptome auftraten. Meine Mutter erinnert sich an grässliche Geburtstagspartys, schreckenerregende Ausflüge zu Vergnügungsparks, Festumzüge und Besuche bei der Großmutter. Ich wusste schon im Voraus, dass ich mich auf der Hinfahrt dorthin übergeben musste. Wir können heute darüber lachen, aber wir wissen beide, dass das damals sicher alles andere als komisch gewesen ist.

Niemand von uns konnte verstehen, warum das Leben für mich so schwierig war. Jedes Kind freute sich doch auf Geburtstagsfeiern oder darauf, die Oma besuchen zu können. Jedes Kind, so schien es, aber ich nicht. Woanders zu übernachten war ebenfalls unmöglich für mich, auch wenn ich es immer wieder versuchte. Es hat nie geklappt, und jedes Mal rief ich meinen Vater an, damit er mich vorher abholte und mich wieder mit nach Hause nahm.

Ich hasste es, von zu Hause weg zu sein. Ich fand die Gründe dafür offensichtlich und fragte mich, warum es nicht jedem so ging. Ich wusste, wo meine Bücher standen. Ich konnte mich darauf verlassen, dass mein Hund tat, was ich ihm befahl. Ich konnte mit den Fingern an den Rändern des gelben Geschirrs entlangfahren, das in ordentlichen Stapeln in unserem quadratischen Vorratsraum stand. Ich konnte Dinge unsere Wäscherutsche hinunterschicken, wieder und immer wieder. Ich konnte unseren Holzflur herauf- und herunterrutschen. Ich konnte meine Stofftiere aufbauen und mit ihnen reden, ohne unnötigerweise unterbrochen zu werden. Und ich konnte mich unter meinem Bett verstecken, wenn es sein musste.

Meine Taten führten meine Eltern und mich oft ins Krankenhaus. Ich liebte es, knirschende Gegenstände zu zerkauen, auch wenn sie giftig waren. Als ich mein Aluminiumgeschirr fertig gebastelt hatte, kaute ich darauf herum, bis es zu einem kleinen festen Ball geworden war. Mit meinen Schneidezähnen schliff ich Körner von unserer steinernen Ablage herunter. Es bereitete mir größtes Vergnügen, den Zündstreifen eines Streichholzheftleins auf meinen Backenzähnen zu zerkauen. Ich zerbiss ganze Zuckerpäckchen auf einmal und liebte die Art und Weise, wie der körnige süße Zucker den Geschmack des bitteren Papiers übertraf. Ich mochte Kleister, Spielgeld und Paraffin. Ich hätte die Fahrten ins Krankenhaus vermeiden können, wenn ich es dabei belassen hätte. Unglücklicherweise verspeiste ich auch Sanitätsseife für Toiletten und Mottenkugeln. Meine Eltern sagen, dass die Leute im Krankenhaus allmählich begannen, sie des Kindesmissbrauchs zu verdächtigen. Ich vermute, meine Eltern hatten sich an meine Eigenarten gewöhnt.

So gerne ich auf kratzigen, sandigen Materialien herumkaute, so wenig konnte ich diese Stoffe auf meiner Haut ertragen. Ich hasste es, steife, seidenglatte oder kratzige Kleidungsstücke zu tragen, und ich hasste alles, was mir zu eng war. Wenn ich auch nur daran dachte, sie mir vorstellte, sie innerlich vor Augen hatte ... jedes Mal, wenn meine Gedanken sich mit diesen Dingen irgendwie beschäftigten, bekam ich eine Gänsehaut, Schüttelfrost und ein generelles Gefühl des

Unwohlseins. Ich zog in diesem Fall alles aus, was ich gerade anhatte, auch wenn wir in der Öffentlichkeit waren. Es kam ständig vor, dass ich meine Schuhe auszog und von mir warf, auch wenn wir gerade im Auto unterwegs waren. Wahrscheinlich dachte ich, dass ich diese unangenehmen Kleidungsstücke so ein für alle Mal loswerden konnte! Ich riss sofort die Etiketten aus meinen Kleidern heraus, selbst wenn ich wusste, dass es wegen des Lochs, das dort entstand, wo das Etikett gewesen war, Ärger gab. Ich glaube, ich war beinahe fünf Jahre alt, bevor man mich davon überzeugen konnte, dass ich auch etwas anderes anziehen konnte als meine blauen, knittrigen Shorts aus Polyester.

Ich konnte viele Arten von Geräuschen und helles Licht fast nicht ertragen. Bei hohe Frequenzen oder blechernen Geräuschen spannten sich meine Nerven unangenehm an. Pfeifen, laute Scherzartikel, Tröten, Trompeten oder ähnliche Töne brachten mich um meine Ruhe und Ausgeglichenheit und machten die Welt für mich sehr wenig einladend. Helle Lichter, die Mittagssonne, Spiegelungen, Lichtblitze, flackerndes Licht, fluoreszierendes Licht - an jedem dieser Lichter konnte ich mir die Augen verbrennen, so schien es. Wenn sie zusammen auftraten, waren schrille Töne und helle Lichter mehr als ausreichend, um meine Sinne in eine Überlastungssituation zu bringen. Um meinen Kopf herum fühlte ich dann ein Drücken, mein Magen war aufgewühlt, mein Puls schlug schnell, bis mein Herz nicht mehr konnte und ich in einer sicheren Umgebung angekommen war.

Unter Wasser hatte ich immer schon Trost gefunden. Ich liebte das Gefühl, im Wasser zu treiben. Ich war wie eine Flüssigkeit, friedlich, fließend; ich wurde zur Ruhe gebracht. Das Wasser war fest und stark. Es hielt mich sicher in seiner schwarzen, wunderbaren Dunkelheit und bot mir Ruhe - unberührte, mühelose Stille. Ganze Vormittage zogen vorbei, in denen ich für längere Zeiten unter Wasser schwamm, indem ich meine Lungen dazu zwang, immer länger die Luft anzuhalten, um in dieser ruhigen Dunkelheit bleiben zu können, bis ich so nötig Sauerstoff brauchte, dass es mich wieder nach oben trieb.

Das Schwimmbad war mein liebster Ort, meine Sicherheitszone. Es gab aber darüber hinaus noch andere sichere Plätze, an die ich mich zurückziehen konnte. In einem Ahornbaum, der bei uns hinten im Garten stand, fand ich häufig Trost. Wenn ich in den Baum geklettert war, dann konnte ich alles um mich herum betrachten, ohne dass ich selbst reagieren musste. Ich konnte die Welt aus der Position eines Beobachters erleben. Ich war ein leidenschaftlicher Beobachter. Ich war wie verzaubert von den Nuancen, die ich in den Reaktionen anderer

Menschen wahrnehmen konnte. Ich wünschte mir dann, diese Person zu sein. Nicht, dass ich mich bewusst in die andere Person verwandeln wollte, es regte sich einfach ein starker Wunsch in mir, auch so zu sein. Es schien, als hätte ich keine Wahl. Meine Mutter erzählte mir, dass ich sehr gut darin war, den Charakter und das Wesen anderer Menschen zu erfassen. Manchmal kopierte ich wirklich das Aussehen und die Gewohnheiten anderer. Wenn zum Beispiel eine Klassenkameradin eine Brille bekam, dann entwendete ich meiner Tante ihre Brille und trug sie auf der Nase, auch wenn ich deshalb gar nichts mehr sehen konnte. Wenn sich jemand den Arm gebrochen hatte, dann ging ich nach Hause und beschwerte mich so lange darüber, dass mein Arm gebrochen sei, bis meine Mutter ihn endlich mit Teig eingegipst hatte.

Ich übernahm sehr oft die verschiedensten Verhaltensweisen von anderen. Ich hatte eine geradezu unheimliche Fähigkeit, Akzente nachzumachen, Gesichtsausdrücke, stimmliche Modulationen, Handbewegungen, Gangarten und auch kleinste Gesten zu imitieren. Es war, als wenn ich die Person wurde, der ich nacheiferte. Ich weiß nicht genau, wie ich die Personen auswählte, die ich nachmachte. Aber ich weiß, dass es immer Leute waren, die ich schön fand, wenn sie auch nicht im üblichen Sinne schön zu sein brauchten. Ich glaube nicht, dass ich auf das Aussehen einer Person insgesamt besonderen Wert legte. Ich erinnere mich daran, dass mich das Gesicht von einigen Personen fasziniert hat. Ich mochte ihre Augenfarbe, die Beschaffenheit ihres Haares, die Makellosigkeit ihrer Zähne. Die Nase zog meine besondere Aufmerksamkeit auf sich. Gerade, wohlgeformte, „klassische" Nasen entsprachen meiner Vorstellung von Ebenmäßigkeit. Stupsnasen, Himmelfahrtsnasen, schiefe Nasen und vor allen Dingen kleine, dicke Nasen versetzten mich in Schrecken, und ich starrte die Betreffenden deshalb ununterbrochen an. Ich wäre am liebsten hingegangen und hätte die Nase in dem Gesicht neu gestaltet. Ich verschwendete keinen Gedanken an Knochen und Knorpel, die unter der Nasenoberfläche verdeckt lagen. Für mich war ihre Form nachgiebig und dehnbar. Aufgrund dieser Denkweise fiel mir auch kein guter Grund dafür ein, warum um alles in der Welt eine Nase von der idealen geraden Form abweichen konnte.

Meine Eltern erzählen mir, dass sie meine erstaunliche Fähigkeit, andere Menschen exakt zu kopieren, weniger verwunderte als mein ausgeprägtes Verlangen, dies zu tun. Sie dachten, ich würde einem gesellschaftlichen Druck meiner Altersgenossen nachgeben oder dass ich jemand anderes werden wollte, der ich eben nicht war. Das war während jener Zeit aber gar nicht der Fall. Bis ich etwa zehn Jahre alt war, hielt ich mich zu anderen Menschen auf Abstand. Ich stellte zwischen mir und ihnen keine wirklichen Vergleiche an. Es drang gar nicht in mein Bewusstsein vor, dass ich ein Schulkamerad in der 3. Klasse war oder ein Mitglied ihrer Mannschaft. Ich fühlte mich beinahe, als sei ich unsichtbar. Ich war mir der Tatsache bewusst, dass andere mich sehen und hören konnten oder mit mir sprechen konnten. Aber ich konnte nicht glauben, dass ich mich auch in ihrer Sphäre bewegte. Ich dachte nicht, dass sie mich aus ihrer Welt verbannt hatten, vielmehr war ich es gewesen, der sie ausgeschlossen hatte. Ich konnte sie anstarren, solange ich wollte, und ich verwendete keinen Gedanken darauf, dass sie dadurch vielleicht genervt würden. Ich konnte sie nachmachen und dachte nicht daran, dass sie mich vielleicht für einen Papageien halten mussten. Ich hatte keine Angst davor, dass ich mein eigenes Ich dabei aufgeben würde. Ich wusste das Recht immer auf meiner Seite.

Und wenn ich etwas von mir aufgegeben hatte, dann wusste ich, wie ich es wieder zurückgewinnen konnte. Unter meinem Bett gab es eine wunderbar symmetrische Nische, die von dem Brett an meinem Kopfende gebildet wurde. Die Nische war weniger als einen Meter lang und nur wenig mehr als einen halben Meter breit. In ihr konnte ich immer zu mir finden. Wenn etwas für mich zu verwirrend oder zu laut war oder ich zu sehr abgelenkt wurde, wenn ich mir ganz zerfasert vorkam, dann wusste ich, dass ich in meine Nische kriechen konnte. Ich konnte mich da hineinzwängen, bis ich mir wieder ebenso symmetrisch und rechteckig vorkam wie meine Nische. Ich quetschte meine Knie ein und sammelte meine Gedanken wieder in meinen Knochen, so dass sie ihre Flucht durch meine Adern beenden und für eine Weile ruhen konnten. Ich steckte mir meine Zeigefinger in die Ohren und verschloss sie somit. Ich biss mir auf die Zähne, kniff meine Augen zusammen und ließ mich in der so entstandenen Ruhe treiben. Wenn ich damit fertig war, öffnete ich wieder meine Augen und war wieder ganz ich selbst, sicher und handlungsbereit.

Zu der Zeit, als es auf mein zweites Schuljahr zuging, hatte ich einige Strategien entwickelt, wie ich mich in der Öffentlichkeit verhalten konnte. Andere Kinder schienen mit einem geschickten offensiven Verhalten erfolgreich zu sein, aber ich bevorzugte es, mich zurückzuziehen und mich auf meine ruhige Verteidigungshaltung zu verlassen. Wann immer die Dinge zu unbehaglich oder zu verwirrend für mich wurden, dann räumte ich das Feld, und meine Wut brodelte vor sich hin. Ich bin sicher, dass mein Verhalten nicht besonders charmant gewirkt haben muss, aber ich wusste, dass das immer noch besser als Toben und Raserei war. Nicht dass ich ohne Wutanfälle ausgekommen wäre. Ich hatte welche, und sogar ziemlich häufig, wenn die Tanten, die meine Babysitter waren, die Wahrheit sagten. Sie meinten, ich hätte mich von einer Sekunde zur nächsten von einem friedlichen, gefassten und eher stillen Wesen in ein Kind mit der Energie eines brausenden Orkans verwandelt. Während sie mich gerade noch ruhig mit einer Sache beschäftigt sahen - meistens baute ich Häuser oder Städte aus Papier oder Pappschachteln -, konnte es sein, dass ich im nächsten Moment das Ergebnis meiner harten Arbeit zertrampelte und in einen Haufen kleiner Fetzen verwandelte. Meine Tanten wussten dabei nie, warum ich in Wut ausbrach; ich teilte ihnen die Gründe dafür zumindest niemals mit. Ich glaube, dass ich immer in dem Moment ausrastete, in dem mein sensorisches System überlastet wurde. Ich glaube nicht, dass ich wusste, wie ich eine Sache tun wollte, aber gleichzeitig ein anderes Problem zu lösen hatte, das durch meine sensorische Integrationsstörung entstanden war. Ich denke, dass ich so lange durchhielt, wie ich konnte, nicht erkannte, wann es genug für mich war, und dann meiner Wut freien Lauf ließ.

Ich weiß nicht genau, warum ich mich in der Öffentlichkeit beherrschen konnte und in Gesellschaft niemals aus der Fassung geriet. Ich habe eine vage Idee, wie das zu erklären ist. Ich weiß noch, wie ich anderen Kindern dabei zusah, wie sie Wutanfälle bekamen. Es war schrecklich, ihnen dabei zuzusehen, wie ihre kleinen Körper sich auf unnatürliche Weise verdrehten, wie ihre Gesichter rot und manchmal auch dunkelrot anliefen. In diesem Zustand erschienen sie mir eher Tiere als Kinder zu sein. Vor meinen Augen verwandelten sie sich in hitzige und wilde Wesen. Dass ich mich selbst relativ gut im Griff hatte, lag vielleicht daran, dass ich ein solches Verhalten schrecklich fand. Solange ich meine Wutausbrüche zu Hause auslebte, war ich nicht in Gefahr, zu einer missratenen Kreatur zu werden, der jeder aus dem Weg ging.

Mir ist klar, dass sich meine frühe Kindheit wenig vergnügt anhören mag oder auch etwas befremdlich, aber sie war es nicht. Die Bilder um mich herum kamen mir vor wie in einem Film auf einer Leinwand. Ich genoss meinen Eindruck, dass das Leben dazu da war, um mir zu gefallen, dass es eine Freizeitbeschäftigung für mich war. Ich konnte hineinspringen, wann immer ich es wollte, oder mich davonstehlen, wenn mir das lieber war. Oder ich konnte mich zurücklehnen und als ein Beobachter Zusehen wie ein gerade zufällig vorbeigelaufener Passant. Es kam mir nicht in den Sinn, dass andere Kinder ganz anders als ich dachten. Meinen Eltern sind auch nicht auf die Idee gekommen. Ich denke, dass meine Altersgenossen gewusst haben, dass ich anders war als sie. Sie waren aber viel zu jung und wenig ausgereift, um sich etwas daraus zu machen. Ich wusste, wo ich Wärme und Geborgenheit finden konnte, als ich ein kleines Mädchen war. Als ich älter wurde, habe ich mir oft gewünscht, in diese Zeit und an diesen Ort zurückkehren zu können. Ich sehne mich heute immer noch häufig danach.

Wenn ich jetzt zurückblicke, dann kann ich leicht verstehen, warum meine Eltern, mein Psychiater und mein Kinderarzt meine Handlungsweisen als Frühreife oder kreative Abweichung von der Norm fehlgedeutet haben. An dem Autismus auch nur entfernt verwandte Krankheitsbilder hatten sie nicht gedacht. Kinder mit Autismus leben in ihrer eigenen Welt. Sie verletzen sich häufig selbst, sie kreischen, sie toben und sie sprechen nicht. Sie werden hospitalisiert, leben so dahin ohne Hoffnung auf eine bessere Zukunft. So glaubte es doch bisher jeder. Gedanken an eine simple Lernschwäche kamen ebenfalls nicht in Frage. Ich war begabt. Begabte Kinder hatten keine Lernschwäche. Das haben sie vor vierzig Jahren geglaubt.

Jetzt, wo meine Eltern das Asperger-Syndrom kennen, können sie meine Kindheit aus einer vollkommen neuen Perspektive heraus sehen. Aus dieser Perspektive erscheinen jetzt meine Handlungen von damals - wie auch mein späteres Verhalten als Erwachsene - viel klarer und verständlicher. Und dies umso mehr, wenn man dabei meine Art, die Welt wahrzunehmen, berücksichtigt. Wenn wir die Vergangenheit in diesen Tagen diskutieren, haben wir viele „Aha-Erlebnisse". Wir führen viele Gespräche, die mit „Also deshalb ..." oder „Wir hatten eben angenommen, dass ..." beginnen. Es gibt keine Schuldgefühle, keine Schuldzuweisungen, kein „Was wäre gewesen, wenn. Heute leben wir in Harmonie. Es ist Ordnung in die Dinge gebracht worden. Heute haben wir den Zusammenhalt, den wir damals noch nicht hatten.

2. Der Unterschied wird größer, und ich frage mich warum

Meine Gedanken sind in der Mitte ganz klar, an den Rändern voller Falten, außen ganz zerfetzt.
Ich kann mich dazu bringen, nur das Klare zu sehen, indem ich meine Augen ganz auf die Mitte gerichtet halte, auf die Essenz, den Punkt, der vollkommen deutlich ist.
Ich kann meine Erinnerungen mit dem Hauch meines Flüsterns vermischen
und die Ränder glätten,
wenn ich es muss,
wenn ich es möchte,
wenn mein Äußeres zu sehr strapaziert wird.

Ich denke nicht, dass die Jahre als Teenager für überhaupt irgendjemanden sorgenfrei sind. Für mich waren es aufschlussreiche und faszinierende Zeiten, wenn es auch nicht immer leicht gewesen ist und nicht ohne Probleme ablief. Meine Erfahrungen damals waren einfach, aber auch bereichernd. Es war, als habe diese Zeit aus einer Vielzahl von Rätseln bestanden, denen ich in aller Unschuld gegenüberstand. Kognitiv war ich mir meiner ungewöhnlichen Eigenschaften bewusst, die ich offenbar mit niemandem teilte. Aber aus irgendeinem Grund machte ich mir deshalb keine Sorgen, ja eigentlich machte ich mir darüber überhaupt keine Gedanken. Ich störte mich nicht daran, dass meine Freunde von anderen Voraussetzungen ausgingen, und meine Freunde störte das ebenso wenig. Die freundschaftliche Akzeptanz gab uns gegenseitig viel zu entdecken.

Ich erinnere mich daran, dass sich unter den Mitschülern meiner Schule mindestens drei verschiedene Cliquen gebildet hatten, denen man zugehörig sein konnte. Ich denke, dass es sogar noch weitere gab. Wenn ich jetzt an diese Cliquen zurückdenke, dann kommt es mir so vor, als sei jede von ihnen aufgrund gemeinsamer Interessen entstanden. Für Menschen mit dem Asperger-Syndrom bedeutet das, dass für sie ein Traum wahr wird. Ich kann mich noch lebhaft an die Gruppe von Schülern erinnern, in der ich Mitglied war. Es gab da Athleten, Cheerleader und all die Leute, die sich in der Schülerverwaltung engagierten. Ich war in diesen Freundeskreis geraten, weil ich schon in der Grundschule mit denselben Mitschülern befreundet gewesen war, also Jahre, bevor wir wussten, wie wir in unserer Gymnasialzeit sein würden und was wir dort machen würden. Unsere Freundschaft war für uns etwas, auf das wir uns verlassen konnten. Sie war beständig und gab uns daher Sicherheit - beides Qualitäten, die im Teenager-Alter eine Seltenheit sind. Wir waren diejenigen, die freimütig aussprachen, was wir dachten. Wir setzten uns sowohl praktisch als auch intellektuell für alles Mögliche ein. Nichts ging an uns vorüber, ohne dass wir uns ihm in den Weg stellten, uns zunächst eine Meinung darüber bildeten und uns damit auseinander setzten.

Es fiel mir leicht, meine Sicht der Dinge zu vertreten, ich tat das fast die ganze Zeit. Aus der Gruppe war ich mit Abstand am offensten und schonungslosesten, auch wenn meine Freunde mir häufig sagten, dass ich zu weit ging. Ich wusste nie, wie weit zu weit war. Sogar heute kann ich keinen guten Grund dafür finden, warum ich meine Gedanken für mich behalten sollte. Die Welt scheint mir in diesem Punkt unverständlich zu sein. Manchmal wollen die Leute eine ehrliche Meinung von einem hören, ein anderes Mal dagegen nicht. Zuweilen sagen sie so unglaubliche Dinge, dass man seine Meinung dazu einfach äußern muss. Manchmal sitzen sie still da und tun so, als hätten sie von der Situation, die entstanden ist, gar nichts mitgekommen. Die ganze Logik ist zu verwirrend. Ich kann nie begreifen, wie man mit Sicherheit wissen soll, ob es angebracht ist, seine Gedanken auszusprechen oder nicht. Natürlich denke ich oft darüber nach, ob ich vielleicht zu viel gesagt habe, und frage mich, ob man mich vielleicht falsch verstanden hat. Manchmal wünsche ich mir sogar, dass ich nicht gesagt hätte, was mir gerade herausgerutscht ist. Aber schon vor sehr langer Zeit ist mir klar geworden, dass es für mich einfacher wäre, einen Hund davon abzubringen, einem Knochen hinterher zu rennen, als mich selbst davon abzubringen, meine Gedanken auszusprechen.

Wenn alles, was man von mir im Gymnasium verlangte, meine Meinung gewesen wäre, dann wäre ich jeden Abend fröhlich zu Bett gegangen. Aber ich wollte mehr als das, nicht weil ich irgendjemandem etwas beweisen wollte oder weil ich ein bestimmtes Ziel erreichen wollte. Ich mochte bestimmte Aktivitäten einfach sehr gerne und suchte daher nach Wegen, wie ich sie ausüben konnte. Insbesondere drei Sachen hatten es mir während meiner Gymnasialzeit angetan. Die erste dieser Aktivitäten war das Leistungsschwimmen. Wasser versetzte mich immer noch in Entzücken und hatte eine beruhigende Wirkung auf mich. Schade, dass es aus mir keine gute Schwimmerin machte. Ich hatte ganz naiv angenommen, dass ich, weil ich am Schwimmen Spaß hatte, auch automatisch eine gute Mannschaftsschwimmerin werden würde. Ich hatte mich geirrt. Auf eine gewisse Weise hatte ich zwar eine natürliche Begabung für das Schwimmen. Ich konnte meine Luft sehr lange anhalten, meine Beine waren kräftig und ich war von der Gesamtkondition her sehr gut trainiert. Aber ich versagte in allem, was wirklich wichtig war. Ich konnte stundenlang schwimmen, aber das ging nur dann gut, wenn ich dabei meine beiden Arme gleichzeitig bewegen konnte und meine Beine ebenso synchron. Doch ich litt entsetzlich, wenn von mir bilaterale Koordination verlangt wurde oder mein Gleichgewicht gefragt war. Wenn ich zum Beispiel meinen linken Arm durchzog, konnte ich es nicht koordinieren, gleichzeitig mit meinem rechten Bein zu treten. Meine Schwimmtrainerin hatte mich wohl sofort aufgegeben, nachdem sie mich das erste Mal schwimmen gesehen hatte. Sie ließ mich trotzdem in der Mannschaft bleiben, und ich hatte das gleiche Trainingspensum wie alle anderen auch zu absolvieren. Sie war nie gemein oder grob zu mir. Wie hätte sie das auch sein können? Ich war ja so gut wie unsichtbar für sie.

Ich strengte mich so sehr an, wie ich konnte, um mit den anderen Schwimmern mitzuhalten. Ich kam früher und ging später als sie, aber ich konnte mir nicht beibringen, was mir fehlte. Ich ging zu ein paar Mannschaftstreffen, aber ich hatte die sozialen Aspekte der Gruppendynamik noch nie begriffen. Bei den Treffen saß ich allein da, schaute wiederholt auf die Uhr, bis das Treffen vorbei war und ich endlich gehen konnte. Ich glaube nicht, dass mich jemand vermisst hat, als ich aus der Mannschaft wieder austrat. Ich kann auch nicht sagen, dass ich meine Teamkollegen vermisst habe. Was mir fehlte, war das Wasser.

Manchmal träume ich davon, wie es gewesen wäre, wenn ich von jemandem trainiert worden wäre, der meinen individuellen Bedürfnissen gegenüber einfühlsamer gewesen wäre. Von jemandem, der erkannt hätte, dass meine Koordinationsprobleme einen anderen Hintergrund hatten als die Tatsache, dass ich mich nicht zum Leistungssportler eignete. Wie sehr hätte ich mir gewünscht, dass mir jemand mehr zur Seite gestanden hätte. Aber in der Gymnasialzeit herrschte eben das Recht des Stärkeren. Ein Schüler musste schon dringend und offensichtlich Hilfe brauchen, bevor ihm geholfen wurde. Alle anderen standen allein da und mussten sich selbst darum kümmern, wie sie klar kamen. Nachdem mir bewusst geworden war, dass ich keine erfolgreiche Leistungsschwimmerin werden würde, ging ich stattdessen in einen Spielmannszug der Sportmannschaft, aber nicht als Musikerin. Ich war eine der Tänzerinnen in der wirbelnden Tanzgruppe. Was für eine lächerliche Wahl ich getroffen hatte. Wie konnte es sein, dass ich nicht begriff, dass die gleichen bilateralen Koordinationsprobleme, die ich beim Schwimmen hatte, mich davon abhalten würden, ein guter Cheerleader zu werden?

Wenn wir die Tanzeinlagen probten, stand normalerweise einer der Kapitäne der Tanztruppe gegenüber und machte uns die Bewegungsabläufe vor. Ich weiß nicht, wie die anderen es auf die Reihe brachten, aber es schien so, als ob jeder außer mir seinen Körper dazu bringen konnte, sich in die entgegen gesetzte Richtung von dem zu bewegen, was uns da vorgemacht wurde. Wenn also unsere Mannschaftsleiterin ihren linken Arm bewegte, bewegten sie auch ihren linken. Ich tat das nicht. Wenn jemand mir gegenüberstand und den linken Arm bewegte, dann bewegte ich meinen rechten. Wenn die anderen ihren rechten Arm bewegten, bewegte ich meinen linken usw. Ich bemerkte die ganze Zeit über, dass das nicht richtig war. Aber wie sehr ich es auch versuchte, wie oft ich zu mir sagte: „ihr rechter Arm entspricht meinem linken Arm", ich konnte dieses Wissen einfach nicht in die entsprechende Bewegung umsetzen. Nach einigen Wochen bilateraler Quälerei fand ich heraus, dass ich ein wenig erfolgreicher die Tanzschritte lernen konnte, wenn ich es von der letzten Reihe aus versuchte. Dieser Ausgangspunkt erlaubte es mir, die Leute vor mir, die wie ich nach vorne schauten, direkt nachmachen zu können. Irgendwann einmal, nach Stunden und Stunden des Übens, war ich so weit, dass ich die Tanzschritte mit der annähernd gleichen Fertigkeit wie meine Kolleginnen ausführen konnte, wenn jemand vor mir stand, der mir das vormachte. Das war natürlich nicht die einzige Fähigkeit, die man als Tänzerin benötigte. Es war nur die erste Grundlage, sich an die Schritte erinnern zu können und so lange zu üben, bis sie zur Routine wurden. Im nächsten Schritt sollte man sie dann zur Musik synchronisieren können. Und dieser zweite Schritt war um ein Vielfaches schwieriger, als es der erste gewesen war. Ich war ständig aus dem Rhythmus. Ich bettelte dauernd darum, in der letzten Reihe bleiben zu können, auch wenn ich nicht gerade groß war. Ich war immer diejenige, die stolperte.

Aus eben diesen Gründen habe ich in der Gymnasialzeit nie wirklich Tanzen gelernt, und aus denselben Gründen habe ich Aerobic nie machen können, das nach meiner Schulzeit in Mode kam. Der Unterschied dabei war aber, dass ich mir als Erwachsene durchaus bewusst war, dass meine Chancen immer dann schlecht standen, wenn ich etwas lernen wollte, das Geschicklichkeit voraussetzte. Als ich noch ein Teenager war, wusste ich nicht, wie tief die Wurzeln meiner Koordinationsprobleme reichten. Aber vielleicht war das auch besser so. Ich hätte nicht halb so viel ausprobiert, wenn man mir vorher gesagt hätte, dass all meine Versuche zum Scheitern verurteilt waren. Ich glaube, es war gut so, dass ich zu egozentrisch war, um in diesen Kategorien zu denken. Und ich hatte Erfolg, denn ich fand letztendlich eine Aktivität, die mich bezauberte, mir große Freude bereitete und mich erfüllte. Ich fand die Schauspielgruppe.

Ich denke, dass viele, deren Leidenschaft die bildende Kunst oder das Theaterspiel ist, das Asperger-Syndrom haben. Falls nicht, sind sie zumindest nahe daran. Sie sind jedenfalls als Freunde sehr zugänglich für Menschen mit dem Asperger-Syndrom. Ich fand bei meinen Schauspielgenossen eine große Akzeptanz vor. Die meisten von ihnen waren sehr tolerant, und sie waren offen gegenüber unterschiedlichen Auffassungen sowie persönlichen Blickrichtungen. Ich blühte in dieser warmen und unterstützenden Umgebung auf. Es war der beste Ort für mich, um meine Asperger-bedingten Eigenschaften in wahre und produktive Kräfte umzuwandeln. In dieser Gesellschaft wurde ich von anderen exzentrischen, kritischen Denkern inspiriert. Sie haben mich gelehrt, dass unsere Sprache nicht nur ein Mittel dazu ist, einfache Bedürfnisse zu formulieren, sondern viel mehr Möglichkeiten eröffnet. Endlich hatte ich den Platz gefunden, an den ich gehörte.

Ich habe schon immer ein lebhaftes Interesse für die Sprache und den Sprechakt selbst gehabt, aber ich habe erst damit begonnen, die darin verborgenen Reichtümer zu entdecken, als ich auf dem Gymnasium war. Worte und überhaupt alles, was mit Worten zu tun hat, ziehen mich in ihren Bann wie nichts anderes sonst. In meinem vollgestopften Bücherregal finden sich mehrere Wörterbücher, ein halbes Dutzend Lexika, Sammlungen berühmter Zitate und einige Hefte mit persönlichen Aufzeichnungen. Ich mag besonders, dass Sprache häufiger präzisen Regeln als der Subjektivität unterliegt. Wenn ein Schreiber Worte in der richtigen Reihenfolge aneinander reiht und dabei Tonfall, Perspektive, Zusammenhang und Absicht berücksichtigt, dann kann er die Worte hin und her drehen, bis sie exakt das aussagen, was er beabsichtigt. Mich fasziniert die Vielfalt der Möglichkeiten, die Worte bieten können. Ich liebe alles an ihnen, insbesondere die Macht, die in ihnen liegt. Es gibt Wörter, an denen sich meine Augen erfreuen, besonders wenn sie eine Symmetrie ergeben und die Form haben, die ich mag. Andere Worte faszinieren mich durch ihre Sprachmelodie, die man erhält, wenn man sie ausspricht. Wenn man richtig mit ihnen umgeht und immer achtsam mit ihnen ist, dann können Worte wahre Wunder bewirken: Sie können meine Sensibilität und meine Auffassung der Welt in Sprache verwandeln. Denn jedes Wort hat seine eigene Persönlichkeit, seine eigene Nuance, möchte etwas ganz Bestimmtes aussagen. Manchmal kann mich die Aufmerksamkeit, die ich meiner Wortwahl widme, in ein zwanghaftes Ritual hineinbringen. Ich verbringe dann viel zu viel Zeit damit, nach den richtigen Worten zu suchen, überarbeite die einzelnen Sätze viel zu lange, bis ein Satz endlich richtig aussieht und sich richtig anhört. All das wird durch eine Fixierung verursacht, die meine Gedankengänge zum Erliegen bringt. Wenn ich in solch einem Zustand bin, dann kann ich mich auf nichts anderes konzentrieren, überhaupt nichts anderes mehr, und zwar so lange, bis ich den treffenden Ausdruck, die richtige Redewendung gefunden habe. Diese Veranlagung kann meine Sätze sehr weitschweifig machen, aber sie werden hierdurch trotzdem nicht unwichtig oder sinnlos.

Wenn ich meine Stimme erhob und die von mir verfassten Monologe oder andere Arbeiten vorlas, ereigneten sich oft erstaunliche Dinge. Ich spielte mit meiner Stimme und trieb sie immer weiter, um neue Tonfälle und Tonhöhen erreichen zu können, die unterschiedlichsten Lautstärken und eine Unzahl von verschiedenen Rhythmen. Ich mochte das Gefühl, das meine Stimme in meinem Ohr verursachte, das ich bei der Lautbildung im Hals fühlte und das Empfinden, das die Worte bei mir hinterließen, wenn sie mir über die Lippen kamen. Meine Stimme trug ebenso viel wie meine Gedanken zu der Wortwahl für meine Arbeiten bei. Nach Worten, die kitzelten, nach weich konturierten Worten oder Worten, an denen ich mich erwärmen konnte, wenn ich sie aussprach, suchte ich lange und gründlich. Wenn ich Worte fand, die gut aussahen, sich gut anhörten oder anfühlten, dann wusste ich, dass ich etwas Besonderes zustande gebracht hatte. Und wenn ich wusste, dass ich etwas Großartiges geschrieben hatte, dann trug ich es gut genug vor, um mit schöner Regelmäßigkeit eine Auszeichnung zu erhalten oder einen Preis zu gewinnen.

Meine Zeit der Wettbewerbe in öffentlicher Rede ist vorbei, doch ich arbeite immer noch viel mit meiner Stimme, wenn auch in einer anderen Richtung. Ich habe mir angewöhnt, die Sprechweise anderer Leute zu imitieren, besonders wenn ihre Stimme sehr nasal klingt, hoch und schrill ist oder einen starken Akzent hat. Ich muss ihre Aussprache einfach nachmachen, denn sonst hat ihre Stimme auf meine Ohren die Wirkung eines gegen mein Trommelfell geschlagenen nassen Waschlappens. Wenn ich verschiedene Weisen zu sprechen imitiere, kann ich mit ihnen herumspielen, bis sie zu einem einzigartigen Gemisch verschmelzen, das sich richtiggehend schön anhört.

Der größte Anteil meiner öffentlichen Rede gehörte in die Kategorie Radio und Fernsehen. Bei diesen Wettbewerben saß ich hinter einem Mikrophon und las eine Abschrift der Nachrichten, die ich zuvor angefertigt hatte, laut der Jury vor. Meistens gewann ich oder wurde am Ende Zweite. Zweifelsfrei war das zu diesem Zeitpunkt meine Lieblingsbeschäftigung, aber ich mochte auch öffentliche Auftritte gern, bei denen meine nonverbalen Ausdruckmöglichkeiten und meine Körperhaltung gefordert waren. Ich sah mich gern als eine Art Puppe, die ich zum Leben erwecken konnte. Es bereitete mir Freude, systematisch zu planen, wie ich einem Text oder einem Gedicht durch meinen Gesichtsausdruck oder Augenkontakt, einen leichten Wink meiner Hand oder eine Gewichtsverlagerung meines Körpers größere Bedeutung verleihen konnte. Das war wie ein Puzzle, das ich zusammensetzen konnte. Mir ist damals nur sehr wenig bewusst gewesen, was für eine wunderbare Übung das für mich war, um nonverbale Kommunikation zu erlernen, was mir auch außerhalb der Wettbewerbe sehr zugute kam. Ich begriff, dass geschriebene Worte manchmal geschrien werden mussten, um gehört zu werden, dass andere mit entschiedener Stimme ausgesprochen werden mussten, starke Ausdrücke auch flüsternd vorgetragen werden konnten und dass die Kombination dieser Formen am ausdrucksstärksten war.

Wenn ich in der Öffentlichkeit vorzutragen hatte, war ich deswegen niemals aufgeregt oder ängstlich. Ich kann es nicht verstehen, warum es so vielen Leuten so geht, dass sie dann Angst bekommen. Ich frage mich dann, ob mir etwas fehlt, ob ich ein offensichtliches Problem dabei übersehe, das über mein Verständnis hinausgeht. Vielleicht gefällt es mir deshalb so gut, in der Öffentlichkeit zu reden, weil es eine einseitige Kommunikationsform ist und als solche nicht von meinen Schwierigkeiten des Verständnisses der Körpersprache und der nonverbalen Ausdrucksformen anderer betroffen ist. Wenn man mir die Wahl geben würde, würde ich mich dafür entscheiden, lieber vor einer großen Gruppe zu sprechen als mit ein oder zwei anderen Personen. Für meine Nerven bedeutet Konversation in kleinen Gruppen etwa das Gleiche, als würde ich auf einem eisigen Untergrund auf Stelzen gehen. Wenn ich mit anderen rede, habe ich Schwierigkeiten, Gesprächsübergänge mitzubekommen. In fast allen Konversationen falle ich anderen ins Wort, stottere meine eigenen Gedanken herunter. So benahm ich mich nicht, wenn ich einen Monolog gehalten habe oder einen anderen meiner Texte vortrug. Das war einfacher. Ich habe nie herumgestottert, kein kleines bisschen. Auf der Bühne zu stehen war eine Erleichterung für mich, auch wenn ich immer solo auftrat und dabei also jedes Mal ganz allein war. Es war dann, als wenn die Gedanken, die ich den ganzen Tag für mich behielt, all meine seltsamen Lebensbeobachtungen und all meine komischen zwanghaften Überlegungen mein Bewusstsein verlassen konnten. Sie fanden dann bei jemandem anderes ein neues Zuhause. Wenn ich einmal meine Gedanken laut ausgesprochen hatte, dann konnte ich endlich loslassen und über etwas anderes nachdenken und mich um andere Dinge kümmern.

Bei den Vortragswettbewerben habe ich viel über mich gelernt; wenn ich von der Bühne herunter war, wurde mir das besonders bewusst. Auf der Bühne konnte ich das gesamte Spektrum menschlicher Gefühle austesten, auch diejenigen Emotionen, mit denen ich normalerweise wenig zu tun hatte. So leicht es mir gelang, sie anzunehmen, so leicht konnte ich sie auch wieder bis zum nächsten Mal ablegen, wo ich sie wieder brauchen würde. Aber wenn ich von der Bühne herunter war, dann verfügte ich nicht mehr über die Fähigkeit, nach Belieben etwas Vorspielen zu können. Ich kann mich noch an den Moment erinnern, an dem mir klar wurde, dass da ein großer Unterschied bestand zwischen dem, was ich auf der Bühne leisten konnte, und dem, was ich zustande brachte, wenn ich ohne Scheinwerferlicht dastand. Wenn ich Leute um mich herum hatte, die ich noch nicht lange kannte oder die ich zum ersten Mal traf, dann war es, als versteinerte ich.

Heute weiß ich, dass dies mein Asperger-Syndrom war, das meine Sicht der Realität beeinträchtigte, das auf- und überkochte, bis es zu einer kalten Hand geworden war, die meine Gelassenheit zu Eis erstarren ließ. So sehr ich es auch versuchte, ich konnte zwischen der Welt des Normalen und meiner ungeordneten Welt nicht hin- und herwechseln. Ich schien bei meiner Ankunft immer laut zu schreien, wenn ich von einem Ort zum anderen überging. Wenn ich mich gerade bei den normalen Menschen aufhielt, war ich relativ selbstsicher und größtenteils in der Lage, die Fassung zu bewahren, obwohl ich die meiste Zeit über Angst hatte, dass jemand mein Außenseitertum entdecken könnte. Aber wenn ich den Schritt zurück in meine ungeordnete Welt unternahm, dann schien sich der Kleber, der mich zusammenhielt, etwas zu verflüssigen, und ich begann dahinzuschmelzen. Ohne jede Vorwarnung lagen meine Nerven blank und machten es mir unmöglich, mich auf meine interpersonellen Kommunikationstechniken oder Körpersprache zu besinnen, die ich auf der Bühne immer hatte zeigen können. Mit mir geschah etwas Seltsames, und ich suchte Zuflucht an den Orten, an denen ich mich als kleines Kind versteckt hatte. Ich konnte meine Aufmerksamkeit nicht mehr auf das lenken, was um mich herum geschah, auch das Gelächter und die Witze nahm ich nicht mehr wahr, die freundschaftlichen Diskussionen über bevorstehende Ereignisse, die die anderen interessierten, und die guten Wünsche, die man mir zusprach. Ich versuchte, meine Gedanken abzulenken, ich zählte immer und immer wieder von vorn bis zehn und wünschte mich an einen stillen Ort, weg von all dem Lärm. Vielleicht erlebte ich gerade eine der sensorischen Überlastungssituationen. Vielleicht war ich auch bloß deshalb fix und fertig, weil ich überhaupt nicht vorhersehen konnte, was als Nächstes passieren würde. Oder ich fühlte mich nur deshalb unwohl, weil ich mit fremden Leuten auf so engem Raum sein musste. Was ich sicher weiß ist, dass diese Momente in meiner Erinnerung schrecklich waren. Gesichter verschwammen und gingen ineinander über, Stimmen schienen aus dem Einklang zu geraten, und meine Wahrnehmung begann mir Streiche zu spielen. Die Ereignisse schienen dann in Zeitlupe abzulaufen, und eine Ewigkeit schien zu vergehen, bis ich endlich eine ruhige Ecke oder einen leeren Raum gefunden hatte und ich mich wieder sammeln konnte. Es

fiel mir nicht leicht, mich in diesem Zustand wieder zu beruhigen, aber wenn ich mir Zeit ließ, gelang es mir jedes Mal früher oder später.

Ich bin oft verführt, diese Zeiten noch einmal in einem neuen Lichte zu besehen, denn jetzt habe ich ein ganz anderes Wissen als Hintergrund. Jedes Mal, wenn ich das tue, dann denke ich darüber nach, ob ich vielleicht mehr gelernt hätte, wenn ich mich nicht von meinen Altersgenossen so isoliert hätte. Hätte ich mehr über personelle Interaktionen gelernt, wenn ich nicht immer solo aufgetreten wäre, sondern in einer Theatergruppe mitgespielt hätte? Hätte ich schon früher realisieren können, dass Gefühle und Ausdrucksformen so lange tot bleiben, bis man sie mit anderen teilt? Hätte ich feststellen können, dass Kommunikation nicht nur flach und zweidimensional abläuft, sondern dass es eine dreidimensionale Komponente dabei gibt? Ich kann hierüber nur spekulieren.

Ich war sicherlich besessen von den Phänomenen der Sprache, aber noch intensiver war meine Zuneigung zu allem, was mit dem Wilden Westen und den romantischen Hollywood-Komödien zu tun hatte. Wenn ich diese Filme gerade nicht im Fernsehen sah, dann beschäftigte ich mich mit meiner stattlichen Sammlung von Filmzeitschriften oder den Dutzenden von Büchern, die ich zur Filmgeschichte besaß. Ich verschlang jedes Buch, das ich zum Thema Cowboys, Eisenbahnräuber, Indianer oder Pioniere und Siedler des Wilden Westens finden konnte. Ich liebte alles an der Art und Weise, wie man im späten 19. Jahrhundert in Amerika lebte. Ich ritt mein Pferd ohne Sattel, weil so die Indianer geritten waren. Ich kaufte mir mit meinem ersten als Babysitter verdienten Geld einen Cowboyhut. Ich betrieb sogar etwas Ahnenforschung, um herauszufinden, ob ich vielleicht mit dem berühmt-berüchtigten Spieler und Revolverheld Doc Holliday verwandt war. Andere Mädchen im Teenager-Alter schienen mein Interesse am Wilden Westen nicht zu teilen, aber auch die Jungen taten dies nicht. Nicht, dass sie besonders abgeschreckt waren, wenn ich mich immer wieder darüber ausließ, wie faszinierend diese Zeit doch gewesen sein muss. Sie gaben sich höflicherweise tolerant mir gegenüber, aber sie waren auch nicht geneigt, dem etwas hinzuzufügen. Nach einer Weile gab ich es auf, mit meinen Freunden über meine Lieblingsthemen zu sprechen, aber ich beschäftigte mich selbst immer weiter damit und hatte auch allein meine Freude daran. Ich sah mir Western- und alte Hollywood-Filme auch ohne Begleitung an und bedachte dabei nicht eine Sekunde, dass das vielleicht uncool sein könnte. Ich nahm Westernserien aus dem Fernsehen als Audiokassetten auf und hörte sie mir immer und immer wieder an, anstatt das Radio anzumachen. Ich durchsuchte ganz alleine das Archiv der Bibliothek und träumte nicht einmal davon, dass vielleicht jemand Lust haben könnte, mit mir zusammen das Archiv nach Büchern über Annie Oakley oder Wild Bill Hickock oder Sitting Bull zu durchforsten. Ich stritt mich mit meinen Lehrern herum, wenn sie mich dazu überreden wollten, einmal etwas anderes als Westerngeschichten zu lesen, und ich sagte ihnen, dass es mein erklärtes Ziel war, jedes Buch der Bücherei über Westernhelden zu lesen, das ich finden konnte. Ich denke, dass ich das auch getan und dieses Ziel erreicht habe.

Ich verfolgte meine Lieblingsinteressen mit einer solchen Besessenheit, dass ich drohte, meine feste Verankerung in meinem Freundeskreis zu verlieren. Ich war sehr erstaunt, dass das nicht der Fall war - offensichtlich ließen sich meine Freunde durch mich und meine Eigenarten nicht verschrecken. Um die ganze Wahrheit zu sagen: Sie hätten sich wahrscheinlich von mir abgewandt, wenn ich nicht sehr gut mit Craig befreundet gewesen wäre. Mein Freund Craig war sehr schlau, lustig und überaus beliebt. Wenn er an meiner Seite war, wurde mir sofort ein besonderer Status zuteil, und zwar innerhalb der Gruppe und auch darüber hinaus. Er war fast schon seit Ewigkeiten mein Freund gewesen, und mit den Jahren war aus ihm so etwas wie mein Beschützer geworden. Ich weiß nicht, ob ihm bewusst war, was für Kämpfe ich auszustehen hatte, wenn mein soziales Können gefragt war, mir aber niemand eine Gebrauchsanweisung für die mir bevorstehenden Aufgaben lieferte. Ich glaube nicht, dass er wusste, wie sehr ich Bauchschmerzen bekam, wenn ich von Unbekannten umgeben war oder in mir ungewohnten Situationen steckte. Aber ich spürte die ganze Zeit über, dass er für mich da war und mir beistehen würde, wenn ich stromaufwärts zu schwimmen hatte oder ich mir eingepfercht vorkam. Er stand mir auf eine für andere mehr oder weniger offensichtliche Art und Weise bei, indem er für mich beim Mittagessen einen Platz freihielt, mich zu meinem Klassenraum begleitete oder mich mit dem Auto abholte, um mich auf eine Party zu bringen. Er beruhigte mich, wenn ich vor einem Date aufgeregt war. Er brachte mich zum Lachen, wenn meine Nerven gerade dabei waren, außer Kontrolle zu geraten. Er war mein Begleiter, wenn ich in einer großen Gruppe wieder einmal alleine dastand. Einmal sprang er ein und fuhr mit mir und meiner Familie in die Ferien, als die Person, die ich eingeladen hatte, absagte. Craig war immer da und sprang ein, um mich zu retten, bevor ich überhaupt wusste, dass ich Hilfe nötig hatte.

Meine Freundschaft mit Craig war perfekt für mich, alles lief ganz problemlos. Freundschaften, in denen mir meine Freiheit gewährt wird, in denen ich meine eigene Art ausleben kann, sind gut für mich. Ich fühle mich bei einigen wenigen Freunden geborgen. Ich bin glücklich mit Freunden, die mich gut kennen und auch meine Schattierungen wahrnehmen und verstehen können. Aber ich erinnere mich kaum an einen Zeitpunkt, an dem ich es nicht vorgezogen hätte, allein zu sein, ob ich meine besten Freunde nun im Hintergrund hatte oder nicht. Ich war nicht so wie die meisten anderen Leute, die ich kenne. Ich hatte nie das Bedürfnis, mit anderen Menschen enge, tief gehende Freundschaften einzugehen. Ich denke nicht, dass ich jemals bewusst nach einem Freund Ausschau gehalten hätte oder jemanden wissentlich als Freund abgelehnt hätte. Ich war nett zu allen, die ich kannte, und freundlich zu den Menschen, die mir auf den Gängen der Schule begegneten. Mir lagen die schnellen Elemente eines Gesprächs am meisten, die raschen, schlagfertigen Entgegnungen, die sich mehr nach einem der Dialoge anhörten, die ich im Theaterunterricht aufgeschnappt hatte, als nach einem richtigen Zwiegespräch.

Insgesamt würde ich sagen, dass ich in den Beziehungen zu meinen Altersgenossen ziemlich flüchtig und interesselos war. In Wirklichkeit bedeuteten sie mir nicht allzu viel. Nicht, dass ich die Leute in meiner Clique nicht mochte, das tat ich. Nur wäre ich auch nicht wirklich traurig gewesen, wenn ich ganz allein dagestanden hätte ohne eine Gruppe von Freunden, mit denen ich mich identifizieren konnte. Meine Gespräche mit mir selbst und meine ganz eigenen Gedanken waren eben immer näher als meine besten Freunde. Ich war glücklich dabei, Zeit alleine zu verbringen. Es machte mich zufrieden, wenn ich mit mir selber reden konnte, wenn ich mich alleine unterhalten konnte. Ich denke, die Tatsache, dass meine Eltern mir immer wieder rieten, ich solle Freunde zu mir einladen, und dass ich wusste, dass meine Freunde dies von mir erwarteten, waren die einzigen Gründe dafür, dass ich jemals Leuten Verabredungen mit mir anbot und zu mir eingeladen habe. Ich kannte die Gesetzmäßigkeiten des Teenager-Dschungels in etwa so, wie ich auch die Spielregeln für Baseball beherrsche.

Ich war mir sehr bewusst über die Regeln, die meine Freunde sich selbst und allen anderen Gruppenmitgliedern auferlegt hatten, besonders was die erwarteten Verhaltensweisen und andere soziale Fähigkeiten anging. Die Art, wie ich laufend das Verhalten anderer Leute bewertete, war so, als hätte ich ein Organisationsschema in meinem Kopf. Ich bemerkte mit einer Mischung aus Anerkennung und wirklicher Neugier, worin sie sich von anderen unterschieden, und beachtete auch die Details ihrer Eigenarten. Sehr geringe, für andere wenig auffällige Angewohnheiten beobachtete ich aufmerksam. Ich bemerkte, wie sie ihr langes Haar hinter die Schultern warfen, ihren Pony hinter die Ohren strichen und ihre gesamte Erscheinung in ein Kunstwerk aus geflochtenem Haar, Schleifen und Locken verwandelten. Die Art, wie sie ihre Hände bewegten, während sie sprachen, fesselte mich. Sie brachten sie in eine Form, die kleinen Gebäuden ähnelte, oder wirbelten sie herum, als wenn ihre Hände eine wichtige Botschaft mitteilen sollten. Ich beobachtete andere Leute in derselben Art und Weise, wie Wissenschaftler den Ausgang ihrer Experimente verfolgen. Immer war ich mir bewusst, dass ich in meiner eigenen Welt blieb und sie in der ihren.

So wie ich im Kopf Aufzeichnungen darüber angelegt hatte, wie andere Leute sich verhielten, so fertigte ich auch mentale Notizen über die Kleidung meiner Freunde an. Modetrends haben mich schon immer mehr amüsiert, als dass ich sie ernst genommen hätte. Ich habe sie nie als etwas betrachtet, das irgendeinen Sinn hätte oder irgendwie bedeutsam gewesen wäre für mein Leben. Mir war klar, dass alle anderen Mode ernst nahmen, denn all meine Freunde machten jeweils den Stil der anderen nach. Ich wusste sehr gut, dass man von mir erwartete, dass auch ich den durch die Mode vorgegebenen Regeln folgte. Doch so sehr ich es auch versuchte - ich durchbrach diese Regeln die ganze Zeit über. Ich kämpfte immer noch mit bestimmten Geweben, Farben und Mustern, wie ich es schon als Kind getan hatte. Ich konnte mich einfach nicht überwinden und dazu bringen, bestimmte Kleider zu tragen, egal wie viele Regeln ich damit übertrat. Enge Jeans, die gerade „in" waren, Hemden in lehmähnlichen Farben, grobe Wolljacken, die meinen Hals wund rieben, usw. - das alles war einfach nichts für mich. Ich fand meinen Stil etwas abseits der aktuellen Trends. Ich suchte mir ein paar Kleidungsstücke zusammen, die sich gut genug in den allgemeinen Geschmack einfügten, um staunende Blicke in meiner Umgebung zu vermeiden, aber auch wieder nicht so sehr dem Trend folgten, dass ich in ihnen unglücklich herumlaufen musste. Wenn diese beinahe im Trend liegenden Kleidungsstücke schmutzig waren, dann zog ich an, was auch immer mir zuerst in die Finger kam, auch wenn diese verschiedenen Kleidungsstücke untereinander nicht gut zusammenpassten. Ich bemerkte es nicht einmal. Ich kleidete mich komfortabel und bequem, ich wollte nicht modischen Trends unterliegen. Dies versetzte meine Freundinnen in Aufregung. Sie wiesen mich immer und immer wieder darauf hin, dass ich auf meine Erscheinung mehr achten solle. Sie nahmen mich mit vor einen Spiegel und gaben mir Ratschläge darüber, wie ich Make-up aufzutragen hatte und mein Haar tragen könne. Sie erinnerten mich daran, wie unanständig es war, wenn ich meine Beine nicht rasierte oder mein Hemd nicht in die Hose steckte oder dieselbe Kombination von Kleidungsstücken mehrmals in der Woche anzog. Besonders meine Schuhe hassten sie, aber nicht so sehr, wie ich es hasste, meine Füße in Tennisschuhe aus steifem Segeltuch zu stecken oder in das glitschige Leder von Modeschuhen. Ich steigerte die Aufregung meiner Freundinnen noch weiter, indem ich mit Hausschuhen zur Schule ging. Ich fand, das waren interessante kleine Schuhe, und sah darin nichts Schlimmes, egal, wie laut der Protest meiner Freundinnen war.

Solange Dinge gewissen Regeln unterlagen, kam ich einigermaßen zurecht. Regeln waren - und sind immer noch - meine besten Freunde. Ich mag Regeln. Sie schaffen Ordnung und helfen, diese auch beizubehalten. Wenn es Regeln gibt, dann weiß man, wie man sich zu verhalten hat, vorausgesetzt, man kennt die Regeln. Ärger gibt es dann, wenn sich Regeln ändern oder wenn sie sich nicht ändern und Leute die vorhandenen Regeln brechen. Ich mag es überhaupt nicht leiden, wenn eines von beiden passiert. Bestimmte Dinge im Leben nimmt man einfach als gegeben hin. Auf „bitte" sagt man „danke". Man hält anderen Leuten die Tür auf. Ältere Menschen behandelt man mit Respekt. Man kränkt andere Leute nicht bewusst, man wartet in einer Schlange, bis man an der Reihe ist. In einer Bibliothek redet man nicht laut. Man sollte Augenkontakt aufnehmen, wenn man mit jemandem spricht. Die Liste geht immer weiter, aber das Prinzip ändert sich nicht: Regeln sind wie Landkarten unsere Richtungsweiser, die uns wissen lassen, wie wir uns zu verhalten haben und mit was für einer Reaktion wir rechnen können. Wenn sie durchbrochen werden, wird die Welt auf den Kopf gestellt.

Wenn alle Regeln für Teenager offensichtlich gewesen wären und alle Dinge durch sie in richtig und falsch klassifiziert gewesen wären, dann glaube ich fast, dass ich durch meine Gymnasialzeit hätte hindurch kommen können. Unerkannt, ohne dass irgendjemandem aufgefallen wäre, dass ich die Welt mit anderen Augen sehe als alle anderen. Aber wie häufig musste ich feststellen, dass Regeln immer dann aufgehoben werden, wenn sie jemandem unbequem werden. All die durchbrochenen Regeln hinterließen bei mir Risse, und ich wurde gezwungen, meine eigenen Regeln entwickeln. Meine Regeln unterschieden sich von all denen, die ich zuvor gelernt hatte. Meine eigenen Gesetzmäßigkeiten erlaubten es mir, meine eigenen Trends zu setzen, mein eigenes Tempo zu gehen. Sie erlaubten es mir auch, einige meiner weniger offensichtlichen Eigenheiten zu zeigen.

Während ich viele Dinge so machte wie die meisten anderen Teenager auch, stellte ich dabei irgendwann fest, dass fast jeder Mensch irgendeine komische kleine Angewohnheit hatte. Sie fielen besonders auf, wenn man unter Stress stand oder seinen Gedanken nachhing. Ich beobachtete Fingernägelkauen, Lippenbeißen, das Kauen von Haarbüscheln und die winzigen Muskelanspannungen. Ich hörte, wie meine Freunde vor sich hinsummten, wie sie an ihren Zähnen herumsaugten oder mit den Füßen immer wieder klopften. Ich wusste, dass dies Tätigkeiten waren, mit denen sich andere Leute beruhigen konnten oder sich die Zeit vertrieben. Aber ich denke trotzdem, das meine liebste Beschäftigung unter all diesen verschiedensten Angewohnheiten ziemlich einzigartig war, wenigstens unter all den Freunden, die ich hatte: Runde Zahlen liebte ich sehr, auch wenn ich Mathematik hasste und sehr schlecht darin war. Diese Faszination übertrug ich auf eine Menge Tätigkeiten, die ich jeweils in runden Zehnern durchführte. Ich fuhr jeden Tag zehn Kilometer mit dem Fahrrad, ganz genau zehn. Nicht mehr und nicht weniger, selbst wenn ich mein Fahrrad das letzte Stück des Weges tragen musste oder es in Kreisen und Schlangenlinien bis in die Garage fahren musste, damit die Zehnkilometermarke auf meinem Tachometer noch erreicht wurde. Ich betrieb Sport in Vielfachen der Zehn. Ich schwamm im Pool eine runde

Zahl von Bahnen. Ich machte zehn Mal zehn verschiedene Übungen bei meiner Gymnastik. Auf der Schaukel ging es zehn Mal hin- und her, dann hörte ich auf. Ich nahm jede Treppe in genau zehn Schritten und ließ dabei Stufen aus oder nahm welche doppelt, damit ich mit genau zehn Schritten oben angelangt war.

Es hat Jahre gebraucht, bis mir allmählich klar wurde, dass ich viele Dinge tat, die andere Menschen offenbar nicht tun, und dass ich anders als andere Menschen dachte. Während meiner Oberstufenzeit begann ich gerade erst damit, zu realisieren, wie eigenartig meine Welt doch war. Nicht falsch oder peinlich oder unwesentlich - nur eigenartig und andersartig. Das war in Ordnung so, damals machte mir das nichts aus. Ich hatte mir noch nie etwas daraus gemacht, auf Distanz zu gehen oder etwas abseits von der Gruppe zu stehen. Meine Freunde stießen mich nie von sich, sie vergaßen mich nicht und hielten sich nicht fern von mir. Die meisten Leute machten einfach weiter ihren eigenen Stiefel und gingen weiter ihren eigenen Weg.

Meine Jahre als Teenager sind in meiner Erinnerung mit vielen guten Ereignissen und guten Menschen verbunden. Sogar wenn mir gerade etwas einfällt, das ein wunder Punkt oder eine unschöne Erinnerung für mich war, dann betrachte ich es als etwas, das aber nur sehr wenig Einfluss auf mich hatte. Die Erlebnisse, die ich in meiner Gymnasialzeit hatte, ließen mich eine strahlende Zukunft erwarten. Sie gaben mir Stärke, viele wichtige Einsichten und das Selbstbewusstsein, mich als ein Individuum und nicht als ein Abbild anderer zu sehen. All das konnte mir meine direkte Umgebung, meine Freunde und Lehrer, damals geben. Als ich diese Menschen zurückließ und sie nicht mehr um mich hatte, da konnten sie mich nicht vor dem großen Angstschauer bewahren, der mich später fast umwerfen sollte.

3. Vom Weg abkommen

Wenn ich könnte, würde ich die Welt bitten, mir Schlittschuhe zu schenken,
dann würde ich mich aufs Eis begeben und hätte freien Lauf, und endlich könnte ich lächeln, lachen, tanzen, fröhlich sein.

Ich würde die Begrenzungen sehen, in einer gefrorenen Welt, und sie würden mir Sicherheit geben, weit entfernt von den Orten,
wo das Wasser wärmer ist, weit weg von den starren Blicken, den Gedanken, die schmelzen, und den Tränen.

Ich würde die Welt bitten, mit mir Schlittschuh zu laufen, das Glück mit anzusehen, das ich gefunden habe,
zu wissen, wirklich sicher zu wissen,
dass da nichts mehr übrig ist, vor dem ich mich fürchten muss.

Ich denke, dass wenn wir alle die Freiheit hätten,
so zu leben, wie wir es könnten,
mit mehr Gemeinsamkeiten als Unterschieden,
dann würde sich
der Nebel lüften,
die Verwirrung würde sich legen, und zwischen uns gäbe es ein wirkliches Verständnis.

Ich schreibe dieses Kapitel nicht gerne. Ich denke wirklich nur sehr ungern an meine späten Teenager-Jahre und die Jahre Anfang Zwanzig zurück. Ich habe im Nachhinein einiges an Verständnis über diese Jahre erwerben können, aber das reicht nicht aus, um mir die schlimmen Erinnerungen an die Scham, die ich in dieser Zeit empfunden habe, zu ersparen.

Die Vorstellung an die Zukunft blendet Achtzehnjährige häufig. Sie werden durch unendliche Helligkeit geblendet, und es besteht die Möglichkeit, dass sie sich versengen und verbrennen. Welche Erfahrungen jemand macht, das hängt nicht nur von den Möglichkeiten dieses jungen Menschen ab, sondern auch sehr stark von der

Unterstützung durch Freunde, die Familie, Lehrer, Mentoren und Arbeitgeber. Dies ist sehr wichtig für Menschen, die besondere Ansprüche an ihre Umgebung stellen. Oft genug sind diese Bedürfnisse jedoch nicht sichtbar für uneingeweihte Beobachter. In meinem Fall schien auf mich eine Zukunft zu warten, die so hell wie ein Stern am Himmel leuchtete. Aufgrund meiner weit überdurchschnittlichen Zeugnisnoten und meines ebenso überdurchschnittlichen Intelligenzquotienten durfte ich schon zu Beginn der Gymnasialen Oberstufe Universitätskurse für eigentlich schon fortgeschrittenere Studenten belegen. Die Ergebnisse der meisten standardisierten Meßmethoden ließen keinen Zweifel daran zu, dass ich die Anforderungen, die die Universität an mich stellen würde, ohne weiteres erfüllen würde. Als ich die Schule soweit abgeschlossen hatte, dass ich mich offiziell an einer Universität einschreiben konnte, hatte ich bereits ein Stipendium zugesagt bekommen. Jede Universität, an der ich mich beworben hatte, bot mir einen Studienplatz an. Ich konnte mir einen Studiengang aussuchen; alle Fächer standen mir offen. Objektiv gesehen gab es keinen Grund für die Vermutung, dass ich besondere Betreuung benötigen würde, spezielle Beratung oder die Hilfe eines Mentors. Es schien so, als hätte es für mich nicht mehr gebraucht als eine Umgebung, wie sie jeder andere Studienanfänger auch vorfindet. Es schien so, als brauchte ich nicht mehr als einen Stapel Bücher, einen straffen Stundenplan und einen Platz im Studentenwohnheim, das von nun an mein Zuhause sein würde.

Der Schein kann leicht trügen. Ich hatte mir irgendwann überlegt, dass ich nur an einer großen Universität studieren wollte. Ich war von diesem Entschluss so überzeugt, dass ich dafür das Stipendium einer kleinen, privaten Universität, die zudem auch noch einen ausgezeichneten Ruf hatte, links liegen ließ. Ich schrieb mich stattdessen an einer großen, staatlichen Universität ein.

Das war mein erster Fehler. Der verwirrende, weitläufige, überfüllte Campus war zu viel für meinen nur sehr begrenzten Orientierungssinn. Es war für mich extrem schwierig, mich auf dem Gelände der Universität zurechtzufinden - und zwar sowohl im direkten als auch im übertragenen Sinne. Ich erinnere mich daran, wie ich nach der Vorlesung aus dem Hörsaal herauskam und keine Ahnung hatte, in welche Richtung ich gehen musste, um auf dem direkten Wege zu dem Ort meiner nächsten Vorlesung zu gelangen. Trauben von Studenten bevölkerten die Flure oder standen an den geöffneten Türen herum. Es gab nur wenig Zeit für mich, um einen klaren Gedanken fassen zu können. Meistens lief ich einfach den anderen hinterher, gelangte so ins Freie und tat dabei einfach so, als wüsste ich, wo es langginge.

Wenn sich die Menschenmengen wieder lichteten, versuchte ich mich wieder zurechtzufinden. Ich hielt nach markanten Punkten wie Statuen oder architektonisch auffälligen Strukturen Ausschau. Dann versuchte ich mir anhand dieser Orientierungspunkte eine Karte vorzustellen. Wenn ich zum Beispiel das Gebäude verlassen hatte, in dem meine Vorlesung über Shakespeare stattfand, dann kam ich entweder an einen Brunnen, an eine Straße oder an einen Parkplatz. Hier konnte ich innehalten und neu entscheiden, in welche Richtung ich gehen musste, um zu meiner Vorlesung über sprachliche Kommunikation zu gelangen, die auf der anderen Seite der Straße war und dann noch am anderen Ende des Hofs. Wenn ich also das Gebäude in der Nähe des Brunnens verlassen hatte, dann ging ich nach rechts, da würde die Straße sein. Aber wenn ich beim Parkplatz das Gebäude verlassen hatte, dann musste ich nach links abbiegen und die Straße in der Richtung suchen. Danach wusste ich dann, dass ich auf dem Weg in Richtung Innenstadt gehen musste, bis ich an eine Treppe kam, die mich direkt an den Hintereingang des gesuchten Gebäudes führte.

Wenn ich einmal in dem richtigen Gebäude war, dann hatte ich meistens noch eine ganz furchtbare Zeit zu überstehen, bis ich mich zurechtgefunden hatte. Normalerweise bestand diese in einem zufälligen Ausprobieren der verschiedenen Richtungen, wenn es nicht gerade eine besonders einprägsame Inneneinrichtung gab wie zum Beispiel Kunstgegenstände, Vitrinen mit Ausstellungsstücken oder ein auffälliges Farbschema, die ich dann als visuelle Hinweise verwenden konnte. Meistens fand ich nichts dergleichen vor, und ich stand stattdessen vor einheitlich beigen Wänden, die hier und dort durch Informationstafeln unterbrochen wurden, die überhaupt nichts zu meiner Orientierung beitragen konnten. Ich wusste meistens noch, in welchem Stockwerk ich mich gerade befand, aber wenn ich auf der richtigen Ebene war, dann ging ich die Flure auf und ab, bis ich den Raum anhand der Nummer fand, die oberhalb des Türrahmens angebracht war. Das war dann meist zu einem Zeitpunkt, an dem die Vorlesung schon seit mindestens 10 oder 15 Minuten im Gange war. Ich war dann nass geschwitzt und verängstigt bis aufs Mark. In der ersten Zeit nahm ich an den Vorlesungen auch noch teil, wenn ich so spät eintraf. Aber nach einer Weile empfand ich es dann als extrem unangenehm, wenn ich den Raum betreten musste, während der Professor mitten im Vortrag war. Ich wusste, dass das sehr unhöflich von mir war, ich wusste, dass der Professor dies sehr unhöflich von mir fand und, was am schlimmsten war, ich kam mir dabei wie ein Schwachkopf vor. Manchmal setzte ich mich einfach in den Gang vor die Tür und versuchte, so noch etwas von der Vorlesung mitzubekommen. Es dauerte nicht lange, bis ich mich dazu entschloss, jede Vorlesung aus meinem Stundenplan zu streichen, wenn ich sie nicht innerhalb der zehn Minuten Pause finden konnte, die uns am Vorlesungsende bis zum Beginn der nächsten Vorlesung blieben.

Ich war mir darüber im Klaren, dass ich eigentlich in jeder einzelnen Minute hätte dabei sein und meinen Vorlesungen zuhören sollen, aber aus irgendeinem Grund tat ich das dennoch nicht. Damals wusste ich es noch nicht, aber heute weiß ich, dass es meine durch das Asperger-Syndrom bedingten Verhaltensweisen waren, die mich davon abhielten, scheinbar einfache Dinge bewältigen zu können, wie zum Beispiel einen Raum zu finden oder eine Vorlesung hindurch einfach still dazusitzen. Ich war nicht bloß eine gewöhnliche Studentin an einer amerikanischen Universität, die in der üblichen lockeren Art und Weise durchs Leben schreiten wollte, ohne sich große Gedanken über ihr Verhalten zu machen. Ich denke, dass ich zu der Zeit unwissentlich in einem Katz-und-Maus-Spiel gefangen war, das durch mein Asperger-Syndrom mit mir gespielt wurde. Ich war die verängstigte Maus und mein Asperger-Syndrom die Katze, die mich immer dann anspringen würde, wenn ich es gerade am wenigsten erwartete, und mir alle rationellen Gedanken wegfing, zu denen ich vielleicht in der Lage gewesen wäre. Immer und immer wieder verhielt ich mich, als wären mir die Auswirkungen meines Verhaltens egal. Ich ließ meine Biologievorlesung einfach sausen, obwohl nicht einmal das halbe Semester herum war. Dabei hatte ich überhaupt nicht daran gedacht, dass ich dadurch sicher die schlechteste Punktzahl bekommen würde, die überhaupt möglich war. Aber in dem Moment, in dem mein Professor nach Formaldehyd stinkend und schwitzend vor mir auftauchte, konnte ich diesen intensiven Geruch einfach nicht mehr aushalten, der mich durchdrang. Ich besuchte meine Algebravorlesung nur sporadisch, weil die Stimme des Vortragenden sich über das für mich Erträgliche hinaus verschärfte und zu laut wurde, und ich kümmerte mich dabei wiederum nicht im Geringsten um meine Note. Ich verließ auch eine meiner liebsten Veranstaltungen, die Schauspielgruppe, weil der Raum, in dem wir uns trafen, dunkel, muffig, fensterlos und insgesamt recht gruselig war. Es war ein Raum von der Sorte, der mit Kisten abgelegter Dinge gefüllt gehört, den man aber nicht einfach mit jungen Studenten bevölkern sollte.

Meine Wahrnehmung vernebelte sich von Tag zu Tag mehr. Dieser Nebel hatte nun einmal eingesetzt, und er wollte sich nicht wieder verziehen. Die Schwierigkeiten, mich räumlich zurechtzufinden, Fehlfunktionen bei der Integration der Information meiner Sinnesorgane, eine nur mäßig ausgeprägte Fähigkeit zur Problemlösung, dazu kam noch, dass ich mich bei meinen Gedankengängen zu sehr auf visuelle Eindrücke verließ - mein Asperger-Syndrom hatte mich wieder einmal angesprungen und hielt mich gefangen, auch wenn ich das damals nicht realisierte.

Durch meinen sehr begrenzten Vorlesungsbesuch stürzten meine Noten sehr schnell ab. Ich wusste wohl, dass dies nur bedeuten konnte, dass ich gerade in einem Mordstempo auf eine Katastrophe zuraste, aber ich wusste einfach nicht, wie ich das verhindern konnte. Ich bezweifle, dass ich, wenn es zu dieser Zeit, den späten 70er und frühen 80er Jahren, eine Betreuung für Studierende mit besonderen Bedürfnissen gegeben hätte, diese wirklich aufgesucht hätte. Ich wäre damals nie auf die Idee gekommen, dass ich irgendwann einmal eine solche Hilfe würde annehmen können und eine Beratungsstelle besuchen würde. Bisher hatte ich ja keine andere Diagnose zu hören bekommen, als dass man mich für besonders begabt hielt. Ich hatte also keinen Grund dazu, misstrauisch zu sein. Es gab nichts, das mich daran denken ließ, dass ich vielleicht von einem Training meiner Lernfähigkeiten, von meinen Studienkollegen als Ratgeber, einer Förderung meiner sozialen Fähigkeiten oder gar von einer gezielten Karriereplanung profitieren könnte. Ich versuchte mich stattdessen alleine durchzuschlagen, auch wenn meine Schwierigkeiten allmählich zu einem ganzen Berg angewachsen waren. Der Universitätscampus und mein Stundenplan waren wahrscheinlich die Stolpersteine, die am offensichtlichsten waren, aber sie sind bei weitem nicht meine unangenehmsten Erinnerungen. Wenn das die einzigen Probleme gewesen wären, dann hätte ich mich damit abfinden können. Ich denke, dass ich in diesem Fall meine Universitätszeit gerade so überlebt hätte, wie es den meisten anderen Studenten auch geht. Ich kann mir vorstellen, dass die meisten anderen Studenten vielleicht in dem einen oder anderen Kurs auch sehr schlecht abschneiden. Es kann auch gut sein, dass es viele von ihnen gibt, die sich nie so recht daran gewöhnen, weit weg von zu Hause alleine zu leben und alles Bekannte hinter sich lassen zu müssen. Meine wirklichen Schwierigkeiten begannen damit, dass ich mir selbst einredete, dass mein Anderssein nicht nur oberflächliche Verhaltensweisen beträfe, sondern dass es tiefe Risse in meiner Selbstachtung hinterlassen würde.

Ich war mir bewusst, dass das Leben an der Universität viele Veränderungen mit sich bringen würde. Ich wusste, dass ich in einer völlig anderen Gegend leben würde, dass hohe akademische Anforderungen an mich gestellt würden und dass ich neue Verpflichtungen übernehmen und Verantwortungen eingehen würde. Aber ich hätte nie gedacht, dass sich mein Sozialleben derart ändern würde. Ich hatte noch keine Ahnung, dass mir wegen meines Asperger-Syndroms das anderen angeborene Verständnis dafür fehlte, wie wichtig es ist, Freundschaften zu gewinnen, sie zu pflegen, sich einzupassen, mit anderen kooperativ und effektiv zusammenzuarbeiten. Die meisten anderen, die auch in ihren Familien immer sehr gefördert worden sind, springen von ihrer Kindheit in ihre Jugend gerade so hinein, als wenn sie sich auf einem Trampolin bewegten. Sie besitzen die neurologische Balance, schwungvoll und sorgenfrei zu leben. Wenn sie auf ihrem Weg ihre Erfahrungen machen, dann stoßen sie hier und da einmal an, wenn sie Fehler machen. Aber sie können diese Fehler verkraften in der Gewissheit, dass sie sich wie auf einem Trampolin sogleich wieder abfedern können. Sie werden sofort wieder aufgerichtet und setzen ihren Weg fort. Wenn Menschen, die unter AS leiden, einmal fallen, dann stellen sie fest, dass es für sie kein Trampolin gibt, von dem sie wieder aufgerichtet werden. Es gibt für sie keine nachgiebigen, weichen Dämpfungskissen, die sie nach einem Fall wieder in die Ausgangsposition zurückbringen und sie für den nächsten Sprung besser vorbereiten. Das Asperger-Syndrom erschwert es einem, aus dem zu lernen, was man zuvor erlebt hat, Verallgemeinerungen anzustellen und Problemlösungsstrategien zu finden. Menschen mit AS haben keine eingebaute Federung, die sie auffängt, wenn sie fallen, und sie ermutigt, es noch einmal zu versuchen. Menschen mit AS fallen daher häufig zu Boden und brechen sich dabei etwas oder verletzen sich dabei. Ich erinnere mich an sehr viele Situationen während meiner Universitätszeit, wo mir genau das passiert ist.

Ich muss wohl gedacht haben, dass die anderen Leute, die ich an der Uni treffen würde, sich so einfach in mein Leben einpassen würden, wie die Freunde in meiner Heimatstadt das getan hatten. Ich hatte nicht mit in meine Rechnung einbezogen, dass das zu Hause wesentlich mehr als eine Gruppe zufällig zusammen gewürfelter Leute gewesen war. Es war eine Gruppe einander eng verbundener Freunde, die im Laufe von vielen Jahren gelernt hatte, den jeweils anderen mit allen seltsamen Angewohnheiten und persönlichen Eigenarten zu akzeptieren. Ich hatte die Möglichkeit gar nicht in Betracht gezogen, dass mein Wechsel an die Universität mir eine andere Situation bescheren würde, als ich sie an der

Schule gehabt habe. Dort war ich anerkanntermaßen eine junge Frau gewesen, die akademisch recht begabt war und der aus diesem Grund die Anerkennung der Altersgenossen sicher war. Ich hatte nicht geahnt, wie grausam junge Studenten zu denen sein können, die sich nicht in ihren Kreis des Durchschnittlichen einpassen.

In dem Frühjahr, bevor mein erstes Jahr an der Universität beginnen sollte, bekam ich eine Menge Briefe von verschiedenen sozialen und studentischen Verbindungsorganisationen, die mich als Mitglied anwerben wollten. Ich denke, dass der Grund für diese vielen Briefe meine guten Noten gewesen sind. Ich war nicht wirklich an diesen Briefen interessiert. Ich dachte bei mir, wie komisch es doch war, dass sich andere Menschen so häufig dazu entschließen, in Gruppen zu leben und zu arbeiten. Ich hatte nicht vor, einer dieser Gruppen beizutreten und Mitglied zu werden. Ich konnte mir allenfalls vorstellen, als informeller Besucher bei einem Treffen zuzuhören, wenn ich es einmal wollte, weil ich mich gerade danach fühlte. Ich stellte mir es vor allem interessant vor, einige Freunde zu finden, weil ich durchaus neugierig auf andere Menschen war. Wenn ich erst einmal in der großen weiten Welt war und fern von zu Hause studierte, dann würde ich schon jemanden finden, der so wie ich war. Jemanden, der wie ich in großen Menschenversammlungen vor Angst zitterte und sich bei viel Lärm die Ohren zuhielt. Jemanden, der sich in seinem eigenen Hinterhof verlaufen konnte. Jemanden, der mich dann und wann in die Bibliothek begleitete und hin und wieder mit mir Fahrrad fahren wollte. Ich war einfach davon ausgegangen, dass das Universitätsleben für mich eine Befreiung werden würde, weil keine festen Vorgaben galten und keine wirklichen Schubladendenkweisen existierten. Ich hielt Verbindungsmitglieder und Mitglieder anderer organisierter Gruppen für so etwas Ähnliches wie Schafe in einer Herde. Ich missgönnte ihnen dabei ihre Lebensweise oder ihre Existenz nicht. Dass Mitgliedschaften von Bedeutung sein könnten, das habe ich noch nie begriffen. Ich hatte mir ausgerechnet, dass ich auch ohne irgendeinen Mitgliedsausweis ein oder zwei Freunde finden würde. Ich hatte die Bedeutung der Zugehörigkeiten unterschätzt.

Ich erwartete nicht viel von meinem Sozialleben als Studentin an einer Universität, und ich brauchte auch nicht viel. Ich war daran gewöhnt, an Freundschaften geringe Ansprüche zu stellen. Für mich waren Freunde ganz einfach Leute, mit denen ich gerne einige Minuten oder Stunden verbrachte. Es kam vor, dass ich ihren Namen nicht wusste. Wichtiger war es doch, dass ich ihr Gesicht vor mir hatte, einige ihrer Interessen kannte und vielleicht ein oder zwei Dinge aus ihrem

Alltagsleben wusste. Wenn mir zum Beispiel zufällig immer wieder dieselbe Studentin auf meinem Weg in eine Vorlesung begegnete, wenn ich bereits wusste, dass sie einen Abschluss in den Kommunikationswissenschaften anstrebte und aus derselben Ecke des Landes kam wie ich, dann betrachtete ich sie von nun an als meine Freundin. Nicht als meine beste Freundin oder jemanden, mit dem ich jede Minute meines Lebens verbringen wollte. Aber doch als eine Freundin, die ich gut genug kannte, um sie anzulächeln, und mit der ich einige Minuten auf dem Weg in unsere gemeinsame Vorlesung sprechen konnte. Vielleicht betrachtete ich sie sogar als eine Freundin, mit der ich in die Bücherei gehen oder abends gemeinsam essen konnte. Ich brauchte nicht mehr als das, und ich erwartete nie wirklich mehr als das. Zunächst schien es, als ob alle anderen Studienanfänger auch nicht mehr als das brauchten oder erwarteten. Aber während unser erstes Semester weiter voranschritt, wurde allmählich offensichtlich, dass ich allein blieb. Ich beobachtete, wie sich Cliquen bildeten, und ich war in keiner von ihnen. Ich stellte fest, dass manche Leute den Freunden ähnelten, die ich in meiner Heimatstadt gehabt hatte, aber sie schienen mich nicht zu bemerken.

Ich stellte bald fest, dass mein Lächeln unerwidert blieb, dass meine Schritte nicht von anderen gefolgt wurden und dass mein Telefon immer still blieb. Es kam mir fast so vor, als ob ich unsichtbar sei. Bis zu einem gewissen Grad störte mich das nicht. Ich konnte meine Zeit gut allein verbringen und mochte den Freiraum um mich herum, den ich hatte. Aber Tag für Tag lastete die Ablehnung der anderen immer schwerer auf meinen Schultern. Ich konnte einfach nicht verstehen, warum ich ausgeschlossen wurde. Sich auszusuchen, dass man sich absondern möchte, das ist die eine Sache, aber ausgeschlossen zu werden, ist doch etwas ganz anderes. Ein Lächeln und einige Minuten hatten mir früher ausgereicht, um jemand Unbekanntes als Freund zu gewinnen, und jetzt konnte ich einfach nicht begreifen, warum das nicht mehr so war.

Im zweiten Semester begann ich mich dann allmählich abgesondert zu fühlen, ich war tatsächlich ganz kurz davor, einsam zu sein. Dies feststellen zu müssen, machte mich sehr ärgerlich. Ich wusste schon immer, dass ich anders dachte als andere Menschen, und es gab viele Momente in der Vergangenheit, in denen mich mein Anderssein isoliert hatte und ich mich dadurch schlecht fühlte. Aber da wusste ich, wie ich mit meinen Problemen umgehen konnte. Ich ging am nächsten Tag einfach in die Schule und begann mich mit der Person am Nebentisch zu unterhalten, und sofort fühlte ich mich wieder besser. An der Universität konnte ich das nicht machen, niemand ließ mich das tun. Ich verabscheute die Art, wie andere mit mir umgingen. Ich hasste es, dass andere damit allmählich Einfluss auf mein Leben gewonnen hatten. Ich war dann gar nicht so, wie ich sonst war. Ich hatte mir doch sonst nie etwas daraus gemacht.

Ich frage mich heute, ob damals mein Asperger-Syndrom allmählich nachzulassen begann. Ob meine plötzliche Auseinandersetzung mit einer vollkommen veränderten Umgebung dafür verantwortlich war, dass ich meiner Andersartigkeit, meiner eigenen Art, Dinge zu betrachten und zu denken, nun direkt ins Auge sehen musste. Ohne die schützende Zuneigung meiner mich umgebenden Kindheitsfreunde und meiner Familie musste ich jetzt mitten auf das Gesicht fallen. Vielleicht musste ich das wirklich. Wenn ich nicht gefallen wäre, dann hätte ich niemals herausgefunden, wie ich die verborgenen Möglichkeiten, die in mir waren, fördern und damit zum Leben erwecken konnte. Ich hätte nie erfahren, dass ich das große Glück hatte, in einer Kaleidoskopwelt zu leben.

Ich fing an daran zu zweifeln, dass ich jemals in der großen weiten Welt heimisch werden und meinen Platz finden würde. Ich wusste nicht, warum das so war oder was ich dagegen unternehmen konnte. Ich entschied, dass ich das nutzen würde, was allen Studenten als Eintrittskarte in die soziale Welt des Campus zur Verfügung stand: Ich würde einer der Organisationen beitreten.

Weil das Glück es eben so wollte, traf ich zu jener Zeit einen meiner Freunde aus der Heimatstadt, und er lud mich zu einer Veranstaltung ein, die durch seine Burschenschaft abgehalten wurde, zu der auch junge Frauen kommen konnten. Ich denke, dass er mitbekommen hatte, dass ich gerade dabei war, vor seinen Augen zu ertrinken. Er wollte sein Bestes geben, um mir zu helfen, damit ich überleben konnte. Ich glaube, dass er wahrscheinlich begriffen hatte, dass er zu diesem Zeitpunkt nicht mehr viel für mich tun konnte. Dennoch war er irgendwie niedlich und sehr bemüht und organisierte alles, damit ich ihn im Verbindungshaus treffen konnte. Ich begann meine erste Phase des Ausprobierens. Ich erklärte mich mit seiner Idee einverstanden, obwohl mir das ganze Konzept zuwider war und ich mir wie ein abgelegtes Spielzeug hoch oben auf einem Regal vorkam, das jede Nacht nach unten klettert und hofft, irgendeine Seele auf dieser Welt müsse sich doch erbarmen und es retten. Ich erinnere mich noch an meine Vorbereitungen auf dieses Ereignis. Ich weiß noch, wie ich in die Stadt ging, um nach einem passenden Kleid zu suchen, wie ich in meinem Zustand der völligen

Verwirrung herumlief, der mich immer in überfüllten Geschäften überkam. Nichts stand mir, nichts passte mir, und was ich auch anprobierte, die fünf Kilo, die ich zugenommen hatte, ließen sich einfach nicht verstecken. Am Ende kaufte ich ein langweiliges graues Kleid mit einem burgundroten Besatz, in dem ich eher aussah wie eine Lehrerin als eine Studentin. Das macht auch nichts, dachte ich mir. Die Hauptsache war dabei, dass ich abgesehen von meinem Lieblingsoutfit, das aus einem Overall und einem Herrenflanellhemd bestand, irgendetwas anzuziehen hatte.

Mein Freund brachte mich zu der Party und tat sein Möglichstes, damit ich mich wohl fühlen sollte. Aber als ein neues Mitglied der Verbindung hatte er auch andere Verpflichtungen. Ich war von Anfang an allein und blieb auch bis zum Schluss allein. Ich kann mich lebhaft daran erinnern, dass ich mir wie ein unwillkommener Eindringling vorkam, der auf dieser Veranstaltung eigentlich nichts zu suchen hatte. Ich weiß noch genau, wie ich mit mir selbst gerungen habe, wie ich mich selbst anbettelte, dass ich doch eine Hand schütteln und ein Gespräch beginnen möge, aber ich konnte mich nicht dazu bringen, eines von beiden zu tun. Ich hatte schon festgestellt, wie locker die anderen Mädchen mit den jungen Männern umgingen. Mir war auch aufgefallen, dass sie keine Hände schüttelten und überhaupt nicht viel sprachen. Sie kicherten vor sich hin, lachten und warfen ihr Haar über die Schultern, legten sanft ihre Hand auf den Arm eines der jungen Männer und wirkten doch ganz verloren vor lauter Aufmerksamkeit, die sie bekamen. Ich hatte durchschaut, was ihre Masche war, aber ich konnte mich nicht dazu bringen, diese Masche anzuwenden. Langsam wurde deutlich, wer im Mittelpunkt stand, während andere zur Seite geschoben wurden und abseits standen. Ich beobachtete, wie einige Verbindungsmitglieder sich auf ein Sofa in einer ruhigen Ecke setzten, andere den Flur entlanggingen, der zu ihren Zimmern führte. Ich sah ein paar Mädchen lächeln, sich bedanken und auf die Tür zugehen, die sie nach Hause führte. Ich erinnere mich daran, dass ich mich wie ein Wissenschaftler fühlte, der neugierig beobachtete, wer sich verführen ließ und wer nicht. Ich realisierte erst, als mein Freund zu mir kam, um zu fragen, ob alles in Ordnung sei, dass ich ganz allein dastand, fast zehn Meter von den kleinen Grüppchen oder dem größeren Kreis der schwatzenden, lachenden jungen Leute entfernt. Erst da begriff ich, dass ich zur Seite geschoben worden war.

Ein oder zwei Monate später traf ich zufällig einige Studienkolleginnen aus einer meiner Vorlesungen. Zu meiner großen

Überraschung waren sie sehr erfreut, mich wiederzusehen, und sehr interessiert daran, ein Gespräch mit mir anzufangen. Ich weiß noch, wie ich mich durch ihre Aufmerksamkeit geschmeichelt fühlte und froh darüber war, dass sie mich begleiteten - die Einsamkeit hatte begonnen, in meinem Herzen einen Schmerz zu hinterlassen. Die Mädchen fragten mich, ob ich Lust hätte, mit ihnen bummeln zu gehen. Einkäufen zu gehen war nicht gerade eine meiner Lieblingsbeschäftigungen. Aber ich war trotzdem sehr froh über die Möglichkeit, mich mit jemandem verabreden zu können. Sie sagten mir, wann und wo wir uns treffen würden, und sie fragten mich, ob es mir etwas ausmachen würde zu fahren, weil sie kein Auto hatten. Ich sagte ihnen, dass ich gerne fahren könnte. Es war mir sowieso immer lieber, wenn ich selbst der Fahrer sein konnte. Ich verbrachte die ganze Woche damit, etwas aus meinem Kleiderschrank herauszusuchen, das dem lässigen Studentenlook entsprach. Ich entschied mich für dunkelblaue Jeans und ein Sweatshirt; das war die einzige Auswahl, die mir abgesehen von meinen Overalls und dem Kleid, das ich zur Verbindungsfeier angezogen hatte, noch blieb. Ich fand, dass ich so normal wie alle anderen Studenten wirken musste, jedenfalls war ich genauso angezogen wie sie. Ich dachte, dass das schon ausreichend sein könnte, um einen erfolgreichen Tag mit meinen neuen Freundinnen verbringen zu können.

Endlich war der Tag des großartigen Einkaufsbummels gekommen, und natürlich warteten die Mädchen auf mich genauso, wie sie es gesagt hatten. Wir gingen zu meinem Auto, und ich sagte ihnen, dass ich sie fahren würde, wohin sie wollten. Ich entschuldigte mich, dass ich selbst nicht oft einkaufen ging, und sagte deshalb, dass es mir egal war, wohin wir fahren würden. So zeigten die Mädchen mir den Weg zu dem Einkaufsbereich mitten im Stadtzentrum, und ich musste nicht zugeben, wie schwer es mir fiel, mich in der Stadt zurechtzufinden. Ich fand auf Anhieb einen Parkplatz, und nach einigen Versuchen gelang es mir auch, rückwärts einzuparken. Alles verlief also bestens, bis wir ausstiegen. Als ich den Wagen abgeschlossen hatte, standen die Mädchen schon auf dem Bürgersteig und riefen mir zu, dass wir uns dann genau in drei Stunden wieder am Auto treffen würden. Sie wandten sich dann einander zu, begannen ein neues Gespräch miteinander und spazierten die Straße entlang, und zwar in so großer Entfernung zu mir, wie es ihnen nur möglich war. Ich wünschte, ich hätte die jungen Frauen sitzen gelassen, wo sie mich zurückgelassen hatten. Aber natürlich tat ich das nicht, sondern fuhr sie auch wieder nach Hause.

Wenn dieser Reinfall ein einmaliges Ereignis gewesen wäre, dann würde ich mich heute wahrscheinlich nicht einmal mehr daran erinnern. Leider prasselten das ganze Jahr über Episoden wie diese auf mich ein. Die meisten davon waren noch beschämender und sind für mich in der Erinnerung extrem schmerzhaft. Ich denke, dass das wirkliche Problem zu dieser Zeit wieder eine der unter der Oberfläche liegenden, mysteriösen und sehr schwierigen Eigenschaften war, die mir das Asperger-Syndrom bescherte - es war mir unmöglich, die Gespräche mit meinen Altersgenossen richtig zu verstehen. Ich kannte ihre sprachlichen Ausdrücke, ich bemerkte, wenn sie grammatikalische Fehler machten, und ich konnte auf das, was man zu mir sagte, eine Antwort geben. Aber ich begriff nie, was wirklich gerade gesagt worden war. Ich verstand ihre Fachsprache einfach nicht. Selbstverständlich konnte ich zu diesem Zeitpunkt überhaupt nicht zwischen den Zeilen lesen. Alles über den Wortlaut Hinausgehende, jede Anspielung war für mich etwas so Unerreichbares wie ein Vogel, der gerade draußen vor dem Fenster vorbei flog. Es war frustrierend, die Gedankengänge meiner Kameraden nicht nachvollziehen zu können. Noch weitaus schlimmer für mich war aber, dass ich erkennen musste, dass ich nicht aus meinen Erfahrungen lernte. Ich trat immer wieder in dieselben Fettnäpfchen, machte immer wieder die gleiche Art von Fehlern, auch nachdem mich mein Vater gewarnt hatte, dass es sich für ihn so anhörte, als ob andere mich ausnutzen wollten. Selbst als ich entdeckt hatte, dass ein flüchtiger Bekannter aus meiner Schulzeit mein Fahrrad gestohlen hatte, oder nachdem ich mitgehört hatte, wie eine Mitbewohnerin aus meinem Wohnheim zu ihrem Freund sagte, ich sei eine fette, gemeine Schlampe, berücksichtigte ich einfach nicht, was ich sah oder hörte. Ich verstand dessen Bedeutung nicht. Ich passte einfach nicht zu meiner Umgebung.

Als die Sommerferien begannen, fuhr ich nach Hause; ich war zu Fall gebracht worden und fühlte mich sehr frustriert. Meine Noten zeigten, dass ich eben gerade noch so durchgekommen war. Die dauernde Überlastung meiner Sinne führte dazu, dass ich dabei war, jeden festen Boden zu verlieren und im Schlamm zu versinken. Ich hatte überhaupt niemanden kennen gelernt, der mir ähnlich war. Wenn mir das gelungen wäre, hätte ich mich vielleicht normal fühlen können.

Das Leben zu Hause fiel mir nicht leichter als das Leben an der Universität, es war kein wesentlich besseres Leben für mich. Ich stellte fest, dass all die anderen, mit denen ich aufgewachsen war, jetzt ein neues Leben begonnen hatten, sie verfolgten ihre Ziele und hatten ihre Zukunft vor Augen. Ich freute mich für sie, war aber auch seltsam überrascht, dass sie jetzt alle ein neues Leben angefangen hatten. Ich konnte es nicht begreifen, wie es kam, dass alle anderen so gut zurechtkamen. Warum gingen sie ihren Weg, während ich gerade vom Weg abgekommen war? Was hatten sie, das ich nicht hatte? Warum waren sie glücklich und ich traurig? Trotz aller Analysen, die ich anstellte, habe ich damals keine plausible Antwort finden können.

Meine Rückkehr an die Universität zu Beginn des zweiten Studienjahres war für mich eher eine Pflicht als eine Freude. Aber ich ging zurück, denn ich liebte alles Akademische, all das Wissen, die Möglichkeit, gefördert zu werden, die Wissenschaft und das Schreiben von Veröffentlichungen. Trotz all der Verletzungen und der ganzen Verwirrung ging ich zurück, um zu studieren und zu lernen. Und größtenteils war ich erfolgreich. Nur manchmal, da fiel ich in das alte Muster zurück, das mich schon als Studienanfängerin blockiert hatte. In die Verhaltensweisen, die keinen guten Anfang hatten und nur verschiedene Möglichkeiten auf ein bitteres Ende hin boten. Aber wenn ich all meine Kraft zusammennahm, konnte ich sehr stark sein. Ich begann sehr langsam damit, für mich Wege zu finden, wie ich mit den Schwierigkeiten fertig werden konnte, die sich mir in den Weg stellten.

Aus Jux hatte ich entdeckt, dass mir das Arbeiten mit Ton Freude machte,- also schrieb ich mich in einen Töpferkurs ein. Ohne eine Note dafür zu bekommen, einfach so als Teilnehmerin, der man erlaubte, mit Ton herumzuspielen. Ich erinnere mich gut daran, dass die Kunstwerkstatt so etwas wie eine Oase für mich gewesen ist, besonders abends, da sie dann fast immer leer war. Es war dort so ruhig und schön, so friedlich und unkompliziert. Es nahm mich gefangen. Ohne den Betrieb und das Gedränge der Studenten konnte ich mich konzentrieren und entspannte mich, und ich konnte die Kunst erst so richtig genießen. Ich knetete den Ton und modellierte kleine Skulpturen daraus, die aus eigenartigen kleinen Formen bestanden, die an nichts Reelles oder überhaupt irgendwie Erkennbares erinnerten. Es war mir gleich, ob ich einen schlanken Krug anfertigte oder eine flache Tortenplatte. Ich wollte einfach nur mit dem Ton arbeiten. Es ist das einfachste und dabei das inspirierendste Material, das ich kenne.

In die Kunstwerkstatt ging ich am liebsten, aber gleich danach kam das Architekturgebäude als mein zweitliebster Aufenthaltsort. Ich begeisterte mich für die Zeichenräume, die schrägen Zeichentische, die rechteckigen Lineale, die halbmondförmigen Winkelmesser, die Stahlkompasse und die Stapel mit Füllern oder mechanischen Bleistiften. Ich liebte es, den Studenten dabei zuzusehen, wie sie an ihren Tischen saßen, ihnen helles Licht über die Schulter fiel, während sie sich auf ihre Entwürfe konzentrierten, gefesselt und aufmerksam. Ich beneidete sie um ihre Ausstattung, ihre Ruhe und Konzentration, ihre Fertigkeiten. Ich hätte alles getan, um bei ihnen mitmachen zu können. Aber ich wusste, dass ich nicht die Begabungen mitbrachte, die erforderlich waren, um schwierige mathematische und bautechnische Dinge zu bedenken, während man gleichzeitig damit beschäftig war, gerade Linien und winzige Figuren zu zeichnen. Ich wünsche mir manchmal, dass ich die Nerven dazu gehabt hätte, einen Einführungskurs in die Architektur zu belegen. Es wäre glänzend gewesen, ihren Raum und die Vorrichtungen benutzen zu dürfen, einfach des Vergnügens und der Freude an der Sache wegen, ohne eine Note für den Kurs zu bekommen und ohne besonders produktiv zu sein.

Bis heute ist Architekturdesign eines meiner liebsten Themen. Jetzt, wo ich älter bin, kann ich mich dieser Neigung auch hingeben und mich daran erfreuen. In vielerlei Hinsichten ist das für mich die beste Medizin gegen alles, was mich bedrückt. Wenn ich gerade ganz durcheinander bin und mich angespannt fühle, dann nehme ich mir meine Bücher über die Geschichte der Architektur und über Design in die Hand und suche mir einen Platz oder ein Gebäude heraus, das mir gefällt, und schaue sie mir genauer an. Lineare, gerade Linien und ebene Flächen an Bauwerken drücken auf den Bildern eine starke Balance aus. Wenn mir zu viele Fehlentscheidungen und Kommunikationsprobleme zugesetzt haben, dann setze ich mich an meinen Computer, spiele mit dem Designprogramm herum und versuche mir ein richtig schönes Heim zu konstruieren. Irgendetwas scheint mir an den Vorgängen, die mit Architekturdesign zu tun haben, besonders zu liegen; in meinem Kopf scheint es dann „klick" zu machen, und meine Welt ist wieder in Ordnung.

Als ich anfing, die Dinge für mich herauszufinden, die mir zu einer inneren Balance verhalfen, machte es mir immer weniger aus, dass ich anders war als andere Leute und dass ich deshalb Menschen oft nicht verstehen konnte. Vielleicht war ich es auch einfach leid geworden, soziale Fähigkeiten zu studieren, wie ich für einen Universitätskurs lernte, eine Fremdsprache paukte oder in der Forschung beobachtete. Ich verlor das Interesse daran, die Eigenschaften anderer Menschen zu beobachten, aber nie mein Interesse an den Menschen selbst. Ich machte mir Sorgen, wenn ich andere Studenten dabei beobachtete, wie sie sich alleine einen Film ansehen mussten oder Tennis gegen eine Wand spielten oder niemandem zulächelten, an dem sie vorbeigingen. Ich hatte begriffen, dass Freundschaftsspiele von kichernden, gemischten Mannschaften gespielt wurden und nicht von deprimierten Einzelspielern. Und ich wusste, dass meine eigene Situation irgendwo dazwischen lag. Wenn ich alleine ging oder saß oder etwas alleine unternahm, dann hielt ich meinen Kopf nicht gesenkt, meine Schultern hingen nicht herab, und ich ließ mich insgesamt nicht hängen. Es kam vor, dass sich mir wegen meiner sensorischen Dysfunktion der Magen umdrehte, dass ich sehr verwirrt und orientierungslos war, weil ich nicht einordnen konnte, was geredet wurde. Aber ich fühlte mich nie unwohl oder verhielt mich so, als ob mir das Alleinsein unangenehm wäre. Ich wusste, dass es da einen großen Unterschied gab zwischen meiner Situation und denen, die so traurig aussahen. Das war der Zeitpunkt, an dem ich entdeckte, wie ich meine Einsamkeit ein wenig lindern konnte.

Ich war ein idealer Freund für alle, die keine Freunde hatten, weil ich sie nicht brauchte, nichts Bestimmtes von ihnen wollte oder erwartete. Eine kleine Begrüßung, gelegentliche kurze Unterhaltungen - das war genau das Richtige für die Leute, die sonst nirgends hineinpassten. Obwohl unsere Gründe unterschiedlich waren, warum wir in unserem sozialen Umfeld etwas außerhalb standen, so waren wir doch immer noch Nachbarn in unserer Isolation. Und so ergriff ich die Initiative, meine Freundschaft ein wenig anzubieten, so gut ich es eben konnte und wann immer ich es konnte. Ich bin mir nicht sicher, ob die Leute, denen ich vorsichtig meine Freundschaft anbot, jemals meine Sorge um sie verstanden haben. Ich weiß, dass ich ihnen dabei half, dass sie ihren Kopf wieder mehr oben halten konnten. Und ich weiß, dass sie mir geholfen haben. Ich war stolz auf mich, wenn jemand mein Lächeln erwiderte, wenn ich ihn an- gelächelt hatte. Ich war den ganzen Tag fröhlich, wenn ich einen einsamen Studienkollegen dazu gebracht hatte, in der Schlange in der Cafeteria eine Unterhaltung mit mir zu führen. Ich war begeistert, wenn meine Initiative, eine Konversation zu beginnen, dazu führte, dass sie diese fortsetzen wollten. Ich wusste, dass ich angefangen hatte, eine freundschaftliche Verbindung zwischen uns zu knüpfen, und das war alles, was es dazu gebraucht hatte.

Wenn ich in den Jahren, in denen ich an der Universität war, direkt einen Beruf ausgeübt hätte, dann wäre ich trotzdem in das gleiche Chaos geraten und hätte den gleichen Kummer gehabt. Die Tatsache, dass ich mich weiterbilden wollte, war nicht mein Problem. Die Probleme, die auftraten, lagen in der Natur der Sache, und ich weiß, dass jeder andere Mensch, der unter dem Asperger-Syndrom leidet, ihnen auch auf seinem Weg durch das Leben begegnet. Mir ist bewusst und ich habe im Gefühl, dass ich auf meinem Weg manches hätte anders machen können. Aber dazu hätte ich mehr über das Asperger-Syndrom wissen müssen. Es wäre etwas anderes gewesen, wenn ich objektiv verstanden hätte, was eine mangelnde Flexibilität der Denkprozesse bedeutet, was eine ungenügende Modulation des sprachlichen Ausdrucks ist, was eine Störung ist, soziale Beziehungen einzugehen, was Echolalie bedeutet und was bilaterale Koordinationsprobleme sind, was eine sensorische Integrationsstörung und eine auditorische Diskriminationsstörung ist. Das sind für mich jetzt sehr gegenwärtige Worte, die treffend beschreiben, wie ich war. Ich hätte in diesem Bewusstsein vielleicht eine kleinere, freundlichere Universität ausgesucht. Und ich hätte begriffen, dass ich eine Reihe von Bedürfnissen und Wünschen hatte, die mich von meinen Studienkollegen unterschieden, aber dass das nie bedeutete, dass ich weniger Beachtung gebraucht hätte als sie oder unfähiger war. Und was am wichtigsten ist, ich hätte um die Unterstützung gebeten, die ich gebraucht hätte.

Ich war damals überzeugt, dass meine überdurchschnittliche Intelligenz und meine bisher sehr guten Noten bedeuteten, dass ich stark genug war, um alles zu bewältigen, das sich mir in den Weg stellte. In Wirklichkeit hatten sie mir nur ein falsches Sicherheitsgefühl gegeben. Denn diese Sicherheit verließ mich immer dann, wenn ich von den Belastungen überwältigt wurde, die ich wegen meines Asperger-Syndroms aushalten musste, und ich war dann ganz meiner Angst überlassen.

Ich war schwer getroffen, als ich feststellen musste, dass es in dieser Welt nicht genug war, wenn man schlau war. Ich war wie vor den Kopf geschlagen, als ich feststellte, dass es niemanden gab, der die Dinge so sah wie ich. Es lähmte mich, dass es mehr dazu brauchte, als ich geben konnte, um Freunde zu gewinnen. Wenn ich zurückblicke, dann wundert es mich gar nicht, dass ich in meiner ersten Zeit an der Universität keine Freunde fand. Ich war nicht sehr gut darin, die Gedanken anderer Menschen nachzuvollziehen. Ohne die Freundschaften, die meiner Vorstellung von Freundschaft entsprachen, hatte ich sehr wenig persönliche Unterstützung. Ohne dass mir andere Menschen zeigten, wie ich mich am besten einpassen konnte und wie ich das meiste aus dem machen konnte, was ich zu bieten hatte, konnte ich nicht mit anderen verbunden sein. Ich stürzte ab.

Nachdem ich sechs Jahre an der Universität verbracht hatte, fühlte ich mich noch angeschlagen, allzu oft hatte ich versagt, und ich war zutiefst verzweifelt, weil ich immer noch nicht wusste, warum die Dinge, die anderen einfach erschienen, für mich so unerreichbar schwierig waren. Aber ich war noch nicht erledigt und ließ daher nichts unversucht. Mein langsamer Übergang in den Zustand völliger Verwirrung und meine überwältigenden Angstattacken brachten mich dazu, eine Beratungsstelle der Universität aufzusuchen, und dort gab man mir einige der besten Ratschläge, die man mir jemals gegeben hat. Die zuständige Dame erklärte mir, wie wichtig es war, dass ich meine Stärken und Schwächen herausfinden sollte. Ich sollte aufschreiben, was ich erreichen wollte und wie ich es erreichen konnte. Sie riet mir, einen Erfolgsplan zu erarbeiten, der vernünftig war und daher eine hohe Wahrscheinlichkeit mit sich brachte, dass er für mich realisierbar war. Und sie sagte mir auch noch Dinge, die noch mehr auf den Geboten der allgemeinen Vernunft gründeten als alle zuvor genannten Gedanken zusammengenommen. Sie sagte mir, dass es wichtig für mich sei, öfter einmal herauszukommen und unter Menschen zu gehen, dass ich an der frischen Luft Sport treiben sollte, dass ich mir eine Stelle suchen sollte, bei der ich wahrscheinlich neue Leute kennen lernen würde und Freunde finden könnte. Dass ich mir Zeit für Dinge nehmen sollte, die mir wichtig waren, meinen Interessen und Hobbys nachgehen sollte, und was am wichtigsten war - dass ich mich niemals zu entschuldigen brauchte für meine kleinen Fehler und Eigenarten. Sie brachte es fertig, mich in nur wenigen Stunden so weit aufzubauen, dass ich mich wieder für eine junge Frau mit vielen Fähigkeiten und Möglichkeiten hielt. Ich glaubte wieder daran, dass ich aus meinem Leben viel machen konnte und dass ich, wenn ich meine Möglichkeiten nur nutzte und mein Leben in die richtige Richtung lenkte, diese Dinge auch verwirklichen konnte. Es waren exzellente Ratschläge für jedermann, aber wirklich lebensrettende Hinweise für jemanden, der unter dem Asperger-Syndrom leidet.

Jahrelang tat ich so, als sei meine Studienzeit so fabelhaft gewesen, wie man es normalerweise erwartet. Ich durchforstete meine Erinnerungen nach großartigen Erlebnissen und Geschichten und versuchte, ein paar repräsentative schöne Beispiele zu finden, die dann für die gesamte Zeit stehen sollten. Erst dachte ich, ich würde mich damit selbst auf den Arm nehmen, indem ich mich wieder einmal verstellte und vorgab, jemand anderes zu sein. Aber in den letzten Jahren bin ich objektiver geworden, und ich denke, dass ich diese Jahre nun aus meinem heutigen Blickwinkel nachträglich besser beurteilen kann. Die Dinge, die in der Erinnerung voller Verachtung und Demütigung sind, hinterlassen immer noch einen bitteren Geschmack in meinem Mund, aber in der letzten Zeit kann ich mich auch an Situationen erinnern, die eine sanftere, menschlichere Seite zeigen. Wenn ich noch einmal zurückblicke, dann kann ich mich auch an Leute erinnern, die offenbar an meiner Freundschaft interessiert gewesen sind. Ich kann mich an einen jungen Mann erinnern und sehe ihn vor mir, als sei es erst gestern gewesen. Ich habe die Unterhaltungen in lebhafter Erinnerung, die wir geführt haben, und weiß noch, welche gemeinsamen Interessen wir hatten. Und was noch wichtiger ist, ich habe sein Gesicht noch vor mir und den Ausdruck, den es annahm, wenn wir redeten. Wenn er mich heute noch einmal so wie damals ansehen würde, dann würde ich die Freundlichkeit und die Sanftheit erkennen können, die darin verborgen lag. Ich habe nie viel mit diesem jungen Mann unternommen, als ich noch die Gelegenheit dazu hatte. Ich habe damals sein Angebot, mit mir befreundet zu sein, nicht annehmen können. Heute würde ich sein Gesicht verstehen und sein Angebot nicht mehr vorüberziehen lassen.

Ich erinnere mich auch an meinen Freund, mit dem ich während meines letzten Jahres an der Universität zusammen war. Ich war zu dem Zeitpunkt offensichtlich über die schlimmsten Zeiten meines Asperger-Syndroms im jungen Erwachsenenalter hinweg. Er war der einzige enge Freund, den ich während meiner gesamten Universitätszeit hatte. Die einzige Person, die es wirklich geschafft hatte, zu mir durchzudringen, und er hatte dafür zweifelsfrei einen langen Weg mit viel Geduld hinter sich gebracht und eine hartnäckige Entschlossenheit gezeigt, herausfinden zu wollen, wer ich wirklich war. Dieser Freund hatte einen Weg gefunden, wie er mir in meiner Welt begegnen konnte, ohne von mir zu verlangen, dass ich ihn in seiner Welt treffen sollte. Ironischerweise denke ich nicht einmal, dass er sich darüber bewusst war. Für ihn war ich einfach eine Freundin, mit der er sehr gerne zusammen war, mit der er sein Leben gerne für eine Weile teilen wollte. Er zuckte mit keiner Wimper, als er sah, dass ich mit zwei Hunden und fünf Katzen lebte anstatt mit anderen Studentinnen. Er beklagte sich nicht darüber, wenn ich andere Leute in die Mangel nahm, um mehr aus ihnen herauszubekommen - ich verlangte oft zu viel von anderen. Er fragte mich niemals über mein Verhalten aus oder kritisierte mich, er ließ mich einfach so, wie ich war. Wenn nur jeder Mensch so großzügig sein könnte, dann müssten wir wahrscheinlich nicht einmal mehr das Asperger-Syndrom als Krankheitsbild definieren.

4. Der langsame Weg nach Hause

Werde ich es bemerken, wenn ich den richtigen Weg eingeschlagen habe?
Wird sich dann etwas ändern, oder wird alles beim Alten bleiben?
Es bedeutet mir nicht viel, ob ich hier oder dort oder irgendwo dazwischen bin, solange ich nur weiß, wohin ich gehe.

Als ich auf die Mitte Zwanzig zuging, da war ich wohl irgendetwas zwischen einer strahlenden jungen Universitätsstudentin und einer merkwürdigen Dame, die im Park mit den Tauben redet. In Wirklichkeit hatte ich von beiden etwas. Zu diesem Zeitpunkt war ich mir bereits darüber im Klaren, dass ich mich nicht einfach so benehmen konnte, wie es mir gerade einfiel, sondern dass ich mich gewissen Umständen anzupassen hatte. Mir war bewusst, dass ich in einem Vorstellungsgespräch besser nicht mit mir selbst, sondern mit meinem Gegenüber reden sollte. Ich hatte gelernt, dass ich bestimmte Kleidung tragen musste, um nicht von anderen angestarrt zu werden. Und ich hatte auch begriffen, dass es in bestimmten Kreisen unangebracht war, wenn ich erwähnte, dass mein Zuhause eine Art Zoo mit Hunden und Katzen war. Ich begann, mein Leben objektiver zu sehen. Ich realisierte auch langsam, dass ich bestimmte Regeln so gut ich konnte einzuhalten hatte, selbst wenn ich nicht den Sinn dieser Regeln begriff oder, noch schlimmer, nicht begriff, welchen Schaden ich anrichten würde, wenn ich sie einfach ignorierte und überschritt. Gelegentlich fand ich Menschen, die mich gewähren ließen, und ich konnte in ihrer Gegenwart die Dinge so tun, wie ich es für richtig hielt. Aber die meisten Leute erwarteten von mir, dass ich ganz selbstverständlich auf ihre Gewohnheiten einging. Als ich etwas über Zwanzig war, wusste ich, welche Regeln es gab, das Problem dabei war nur, dass ich immer noch nicht die Mechanismen besaß, die es mir erlaubt hätten, sie so häufig zu befolgen, wie es von mir verlangt wurde.

Nachdem ich meinen Studienabschluss, einen Mastertitel, erworben hatte, zog ich aus der relativ sicheren Umgebung meiner Universitätsstadt nach Houston, Texas. Houston ist eine Großstadt, die jeden überwältigen könnte. Ich hatte keine festen Vorstellungen von meiner Zukunft, als ich dorthin zog, keinen wirklichen Grund, um dort zu sein, jedenfalls keinen anderen, als dass ich in der Nähe von meinem zukünftigen Ehemann sein wollte. Dieser Plan trug leider nur wenig dazu bei, um mich auf das, was mich dort erwartete, irgendwie vorzubereiten. Es war wohl so, dass mein erster Studienabschluss mir zu einem übersteigerten Selbstvertrauen verholfen hatte, und ich dachte, dass ich einen weiterführenden Studienabschluss oder auch jedes andere Ziel, das ich mir setzen würde, spielend erreichen konnte. Ich dachte jedenfalls nicht daran, dass mir das Leben allein in einer fremden Stadt schwer fallen würde. Ich erinnere mich noch daran, dass ich zu dem Zeitpunkt glaubte, dass mir mein Abschluss auf dem Arbeitsmarkt eine Menge Respekt einbringen musste, obwohl ich nicht einmal wirklich wusste, in welche Richtung ich meine Karriere starten wollte. Ich dachte damals, ich würde in allen Bereichen mit offenen Armen empfangen werden. Ich bildete mir ein, dass das auch über den Bereich Multimedia hinausgehen würde, in dem ich ausgebildet worden war. Ich war mehr als naiv. Ich war sehr kurzsichtig und immer noch empfänglich für meine Asperger-typischen Eigenschaften, die mich sehr verwirrt hatten. Doch ich war stärker, als ich es jemals zuvor gewesen war, und so hatte ich immer noch eine Chance auf Erfolg. Es kam so, dass man mir die erste Arbeitsstelle anbot, für die ich mich überhaupt beworben hatte. Auch wenn ich es damals noch nicht wusste, aber diese Arbeit war abgesehen von der möglichen Arbeit als freie Schriftstellerin die einzige Art von Beschäftigung, die gut zu mir passte. Zwei Wochen, nachdem ich nach Houston gegangen war, nahm ich eine Stelle als Dozentin an der Universität Houston an.

Ich weiß nicht, ob mir das Unterrichten von Studienanfängern so viel Freude bereitete, weil ich dabei sehr große Freiheiten hatte, oder ob es mir so sehr gefiel, weil ich meine Lebensgewohnheiten, die ich mir als Studentin an einem amerikanischen College angewöhnt hatte, nicht großartig verändern musste. Den Unterricht am College abhalten zu dürfen, war mindestens so gut oder sogar besser, als wenn man als Zuhörerin dabei war. Mir gefiel der Aufbau der Kurse ebenso wie die freie Zeit, die mir zwischen meinen Stunden blieb. Ich mochte sowohl die Lehre selbst als auch die Vorbereitungen dafür sehr gern. Ich freute mich mit jeder Seite, die ich in meinem Lehrbuch durchging, über meine neu hinzugewonnenen Kenntnisse. Und mir gefiel vor allem der sehr ungezwungene, zeitlich begrenzte Umgang zwischen mir als Dozentin und den Studenten. Dies war die perfekte Art von menschlicher Nähe für mich.

Alles an dieser Arbeit war für mich nahezu perfekt, bis auf eine sehr störende Sache, nämlich die örtlichen Gegebenheiten des

Universitätsgeländes. Die Gebäude, in denen ich arbeitete, lagen inmitten einer belebten und überfüllten Gegend im Zentrum der Stadt. Für mich war das ein Alptraum, mit dem ich Tag für Tag konfrontiert wurde. Ich konnte meinen Weg zur Arbeit nie finden, ohne dass ich mich auf dem Weg dorthin irgendwo verirrte, eine Einbahnstraße in die falsche Richtung hinunterfuhr, meine Abfahrt verpasste und an der falschen Stelle wieder umkehrte. Um es für mich noch schlimmer zu machen, fuhr ich einen kleinen Kombi, der keine automatische Gangschaltung und auch keine Klimaanlage besaß, mit anderen Worten, der für das heiße und feuchte Wetter in Houston vollkommen ungeeignet war. Meine sensorische Integrationsstörung wurde durch all diese Faktoren immer wieder in ein totales Chaos versetzt. Immer wieder erreichte ich die Universität in Schweiß gebadet, klebrig, von Angst gelähmt und vollkommen verwirrt. Glücklicherweise brachten mich meine Freude am Lehren, mein Interesse an den Studenten und an meiner Umgebung auf dem Campus normalerweise wieder aus diesem Zustand heraus. Nachdem sich meine Sinnesorgane wieder von diesem Schreck erholt hatten, machte mir meine Arbeit sehr, sehr viel Spaß. Bis sich eines Tages alles änderte.

In dem Versuch, den Verstrickungen zu vieler sensorischer Eingänge zu entfliehen - den Menschenmassen, dem schrecklichen Lärm während der Staus auf den Straßen, dem stickigen Wetter und noch dazu der ständigen Sorge, zu spät zur Arbeit zu kommen - und um eine totale Überlastung meiner Sinnesorgane zu vermeiden, hatte ich mich entschieden, mich im Morgengrauen auf den Weg zur Universität zu begeben. Während diese Änderung meines gewohnten Tagesablaufes mich davor bewahrte, durch meine Asperger-typische sensorische Überempfindlichkeit in einen Lähmungszustand zu verfallen, wurde eine andere Schwierigkeit dadurch verstärkt - das klassische Symptom der Asperger-Erkrankung: die Beeinträchtigung sozialer Fähigkeiten.

Ich liebte es, mich morgens um 6.30 Uhr auf dem Unigelände zu bewegen. Ich genoss es, die leeren Universitätsgebäude zu betrachten, die linearen Flure, die von ihren geraden Linien in rechteckige Räume übergingen, in denen Tische und Stühle fein säuberlich aufgereiht waren. Ich mochte diesen Zustand der Ordnung sehr gern, wenn die Studenten ihn nicht störten, indem sie quasselten, mit ihren Füßen da herumschlurften und viel zu viele Farben und Muster mit hineinbrachten. Ich liebte die Ruhe. Ich mochte auch die Einsamkeit sehr gern. In dieser lautlosen Universität konnten sich nach der Fahrt meine Ohren in der Stille wieder erholen. Ich entspannte mich. Ich fühlte mich sicher und hatte alles unter Kontrolle. Es war sehr tröstlich für mich, dass sich meine Sinnesorgane in dieser Umgebung der Ruhe bald wieder erholen würden. Mein sensorisches System war vor einem Überfall sicher, mein übriges Ich war das aber durchaus nicht.

Ich erinnere mich noch daran, wie ich an einem bestimmten Morgen zu meinem Vorlesungsraum ging. Ich war wie gewöhnlich bepackt, hatte eine Tasse Kaffee in der Hand, um gelegentlich einen Schluck davon zu nehmen, meine wissenschaftliche Arbeit unter den Arm geklemmt, mit der ich mir die Zeit vertreiben würde, und mein bis obenhin gefüllter Rucksack hing schwer auf meinem Rücken. Mit all diesen vertrauten Gegenständen bei mir kam ich mir vor, als bewegte ich mich auf sicherem Boden und fühlte mich mit mir und meiner Umgebung im Einklang. Normalerweise wäre ich weiter in diesem Zustand der Ruhe und Ausgeglichenheit verblieben, bis es an der Zeit war und meine Studenten den Raum betraten. Aber an diesem Tag hatte ich einen Besucher. Ich erinnere mich noch daran, wie ich an meinem Schreibpult saß und gerade in die wissenschaftliche Veröffentlichung vertieft war, als ein Mann den Raum betrat, den ich noch niemals zuvor gesehen hatte. Ich erinnerte mich daran, wie früh am Morgen es eigentlich war und dass es noch eine Weile dauern würde bis zum Beginn der Vorlesung. Dennoch ließ ich mich nicht weiter stören. Ich bemerkte, dass der Mann älter war als die meisten meiner Studenten und dass er auch anders angezogen war als die meisten Studenten. Er hatte keine Jeans an und war nicht gekleidet, als ob er sich überhaupt mit anderen Studenten treffen konnte. Er trug eine verschlissene, lehmfarbene Hose und ein abgetragenes Flanellhemd, das nach oben hin sein aschgraues, lederartiges Gesicht freigab. Immer noch war ich nicht alarmiert, auch wenn mir sein Aussehen und seine gesamte Erscheinung nicht sonderlich gefielen. Ich höre seine Stimme heute immer noch, wie es klang, als er anfing, mit mir zu sprechen. Es war eine monotone Stimme, die auf der gleichen Tonhöhe verharrte und dem Rhythmus seiner Schritte folgte, mit denen er sich mir näherte. Ich hielt inne und musste mich über seine Gegenwart in diesem Vorlesungsraum nun doch wundern. Ich war eher neugierig und von der störenden Wirkung gefesselt, die er auf diesen Ort hatte, als dass ich um meine Sicherheit besorgt gewesen wäre. Er sagte zu mir, dass er im Gefängnis gewesen war und gerade erst freigekommen sei. Eine winzige Alarmglocke regte sich in meinem Kopf und ließ mein Misstrauen wach werden, aber ich beachtete das Klingeln nicht wirklich. Ich war in seine gammelige Erscheinung zu sehr vertieft, als dass ich über seine möglichen Absichten nachdachte.

Ironischerweise war es wohl mein Asperger-Syndrom, das mich zwar nicht erkennen ließ, dass dieser Mann hier bestenfalls fehl am Platze war und im schlimmsten Falle Böses wollte, das mich andererseits aber bemerken ließ, dass ich in Gefahr war. Die winzige Glocke wurde weiter verstärkt und klingelte in dem Moment laut Alarm, als er nur noch eine Armlänge von mir entfernt war. Ich fühle mich durch jeden Menschen gestört, der mir zu nahe kommt, aber in diesem Fall ängstigte ich mich zu Tode. Ich wäre wohl mehr angeekelt als voller Angst gewesen, und ich hätte mich über ihn nicht wesentlich mehr als über andere Dinge auch geängstigt, wenn er nicht so intensiv gerochen hätte. Ich denke, dass ich vom Verstand her gewusst habe, dass er kein Student sein konnte oder irgendeine freundliche Person, die nur einmal so vorbeischaute. Ich bin mir sicher, dass ich wusste, dass das niemand war, in dessen Nähe ich mich aufhalten sollte. Aber bis zu dem Zeitpunkt, als sein intensiver Geruch zu mir vordrang und er mir zu nahe kam, konnte ich nicht logisch denken.

In dem Moment, als er mir zu nahe gekommen war, wich ich aus, indem ich mich von seiner Erscheinung und allem, was für mich daran abstoßend war, nach hinten entfernte. Immer weiter kam er in meine Richtung, Zentimeter für Zentimeter, sehr langsam, wie in einem Film in Zeitlupe, der nach jedem Einzelbild einen Moment lang anhält. Ich dachte nicht daran, dass ich vielleicht um Hilfe rufen könnte. Ich kam gar nicht auf die Idee wegzulaufen, obwohl ich nicht aufhörte, weiter langsam rückwärts zu gehen. Ich denke nicht, dass meine zögerlichen Reaktionen durch einen Schockzustand zu erklären sind. Mir war der Raum vor meinen Augen gegenwärtig, und ich wusste auch, dass es ganz ruhig war, dass es draußen dunkel war und dass wir allein waren. Ich erinnere mich nicht daran, dass ich in dem Moment Angst gehabt hätte, so wie ich sie verspüre, wenn meine Kinder in einer belebten Straße beinahe davonlaufen oder wenn ich einen schrecklichen Unfall fast passieren sehe. Ich denke, dass ich einfach unfähig gewesen bin, meine gefühlten Emotionen von meiner sensorischen Überlastungssituation zu trennen, der ich an dem Tag unterlag; alles war miteinander vermischt und durcheinander gebracht.

Zum Glück betrat gerade in diesem Moment ein Student, der bisher noch nie zu früh gekommen war, den Vorlesungsraum und stellte sich rasch und selbstsicher dicht neben mich - zwischen den Mann und mich. Aus irgendeinem Grund störte mich die Nähe des jungen Studenten überhaupt nicht, während sie den anderen Mann gewaltig störte. In dem Bruchteil einer Sekunde war er aus der Tür verschwunden. Ich kann mich daran erinnern, wie mich der Student fragte, nachdem der Mann aus dem Raum verschwunden war, ob alles in Ordnung sei und ob der Mann mir wehgetan habe. Ich weiß noch, dass ich sehr ruhig geblieben bin und dass ich mich fast über seine Besorgnis gewundert habe. Dann dachte ich an den Geruch des Mannes und die Art und Weise, wie er sich mir genähert hat, und ich wusste, dass Angst die normale Reaktion darauf gewesen wäre. Ich hatte einen schrecklichen Fehler in der Beurteilung der Situation gemacht. Mir wurde klar, dass ich einfach nur sehr, sehr viel Glück gehabt hatte.

Ich lernte aus dieser Situation, so wie ein Student Wissen für ein Examen erwirbt. Ich hatte meine Lektion über menschliches Verhalten gelernt; dieses Wissen hatte ich nicht instinktiv in mir gehabt. Seit diesem Zeitpunkt begebe ich mich selbst nicht mehr in Situationen, wo man mich ganz schutzlos antreffen könnte. Ich gehe immer noch an viele Orte ganz allein, aber ich sehe mich immer nach einem raschen Ausweg um und sage mir, dass ich immer noch laut rufen könnte, wenn mir jemand zu nahe kommt, und ich mache mir klar, dass es in dieser Welt wirklich Menschen gibt, die anderen Böses wollen. Es war sehr hart für mich, das einsehen zu müssen, aber manche Lektionen haben einen sehr hohen Preis. Der Preis, den ich zahlen muss, um Menschen verstehen zu können, ist häufig höher als das, was ich aufbringen kann.

Diese Erfahrung, die ich an der Universität machen musste, führte mir noch einmal vor Augen, wie wenig ich eigentlich menschliches Verhalten verstehen konnte. Ich konnte jetzt objektiv sehen, wie mich meine Unfähigkeit, die Absichten anderer Menschen nachzuvollziehen, nur knapp einer gefährlichen Situation hatte entkommen lassen. Aber ich besaß dadurch immer noch nicht die Fähigkeit, andere Menschen einschätzen zu können. Wie sollte ich entscheiden, bei wem ich sicher aufgehoben war, mit wem ich viel Spaß haben würde, wer es wert war, dass ich viel Zeit in die Beziehung investierte, und wen ich dagegen eher meiden sollte? Ich habe immerhin erkannt, dass es bei Freundschaften gewisse Regeln zu befolgen gibt, dass gewisse Parameter Freundschaften möglich machen, sie durch wieder andere Parameter erhalten werden. Es war mir aber völlig unklar, was genau diese Regeln und Parameter sein sollten. Und um ganz ehrlich zu sein, ganz sicher weiß ich es heute auch noch nicht.

Nachdem ich kurze Zeit später die Universität verlassen hatte, nahm ich eine Anstellung als Lehrerin an einer Grundschule an. Jede Sekunde, die ich mit den Kindern verbrachte, genoss ich sehr, ebenso wie mir alles daran gefiel, Unterricht zu geben. Die Erwachsenen, mit denen ich arbeitete, machten mich dagegen ganz verlegen. Wenn ich es mit einer ganzen Gruppe von Leuten zu tun hatte, dann griff ich automatisch auf meine Bühnenerfahrung zurück. Ich lächelte buchstäblich wie nach Anweisung, machte witzige Bemerkungen und erzählte interessante Geschichten. Wenn mir meine Geschichten ausgingen, dann entfernte ich mich so, als ob ich gerade eine Bühne verlassen und abgehen würde. Ich versuchte so gut ich konnte, eine freundliche und höfliche Kollegin zu sein, aber ich habe den Dreh nie wirklich herausgekriegt. Beispielsweise habe ich bis heute keine Ahnung, wie lange ich warten muss, bis ich jemandem ein kleines Geschenk überreichen darf, das zeigen soll, dass ich an ihn oder sie gedacht habe. Was ist, wenn ich am gleichen Tag, an dem wir uns kennen gelernt haben, in einem Geschäft etwas sehe, von dem ich denke, dass es dem neuen Freund oder der Freundin gefallen wird? Darf ich das Geschenk dann schon kaufen, sollte ich es für, sagen wir einmal, sechs Wochen weglegen und darf ich es dann schenken? Oder kann ich es doch schon am gleichen Nachmittag verschenken? Oder habe ich das gesamte Geschenkkonzept missverstanden, ist das nur etwas, das einem die Werbung suggeriert hat und nicht etwas, bei dem ich wirklich mitmachen muss? Muss ich wirklich mit jemandem telefonieren, auch wenn ich finde, dass das Gespräch langweilig ist und eine Zeitverschwendung bedeutet? Wenn ich in einer Unterhaltung etwas Falsches sage, soll ich dann auflegen oder einen Witz erzählen oder einfach nur dasitzen und warten? Was ist, wenn ich jemanden wirklich sehr gerne mag, aber wenn ich feststelle, dass ich ein bestimmtes Verhalten oder eine Angewohnheit nicht leiden kann? Sage ich es auf der Stelle, oder warte ich noch eine Weile, und wenn ich noch warten muss, dann wie lange? Und wenn ich es nicht sage, wie kann ich es dann erreichen, dass mir diese blöde Angewohnheit nicht dauernd auffällt, wie kann ich mich davon ablenken? Fragen gibt es endlos viele, und der Berg mit Sorgen ist riesengroß. Das ist auch der Grund dafür, warum zwischenmenschliche Beziehungen gewöhnlich über meine Grenzen hinausgehen. Sie erschöpfen mich. Sie bringen meine Gedanken ganz durcheinander. Sie bringen mich dazu, andauernd darüber zu grübeln, ob das, was ich gerade gesagt habe, richtig war und wie die Reaktion der anderen darauf wieder gemeint war und wie das alles zusammenpasst und was sie als nächstes sagen werden und was ich dann wieder sagen werde. Schulde ich ihnen etwas, schulden sie mir etwas, und warum ändern sich die Regeln dauernd, je nachdem, was für Seiten der jeweilige Freund bis dahin gezeigt hat und welche noch nicht ... Es bringt mich wirklich vollkommen durcheinander, und ich werde auch ziemlich verängstigt dadurch.

Wenn ich all meine Zeit als Lehrerin mit meinen Schülern verbringen könnte, dann würde ich wahrscheinlich heute noch als Lehrerin arbeiten. Aber das geht natürlich nicht. Ich musste mich mit Verwaltungsangestellten, Eltern und anderen Lehrern abgeben, auch wenn mir das nicht gerade angenehm war. Mir machte es keinen Spaß, mit meinem Schulleiter meine Lehrfähigkeit zu besprechen, mit meinen Kolleginnen im Lehrerzimmer herumzusitzen und mit den Eltern meiner Schüler über irgendetwas anderes als ihre Kinder zu plaudern. Ich musste mich zwingen, an Besprechungen des Kollegiums teilzunehmen, und ich hasste den Gedanken, dass man mich als Mitglied eines Teams ansah und von mir erwartete, dass ich mich auch so verhielt. Ich erklärte mich bereit, im Chor unseres Kollegiums mitzusingen, nur weil ich wusste, dass man es von mir erwartete. Ich rang mir selbst immer wieder ein Lächeln ab, wenn Eltern mich nach der Schule immer wieder mit den Ereignissen ihres Tages und ihren Lebensplänen überhäuften. Glücklicherweise konnte ich mich interessiert geben, wenn ich es musste, und ich ließ mich durch die Diskussionen der Leute um mich herum anregen und motivieren. Dafür musste ich mich zerteilen. Ein Teil von mir konnte zustimmend nicken, Bemerkungen dazwischen werfen und kreative Monologe hervorbringen. Mein anderes Ich hörte nur auf meine inneren Gedanken, spürte meine Irritation in den verschieden Situationen und verstand, dass ich mich am liebsten an einen anderen Ort weggewünscht hätte. Keiner dieser Teile von mir konnte bei langen Dialogen gut zuhören, aber beide Anteile konnten immerhin den ersten Worten oder Bruchstücken eines Satzes zuhören, auch wenn sie die darauf folgenden Sätze missachteten.

Es war gar nicht so sehr der Fall, dass mich die Leute mit ihren Sätzen und ihrem Verhalten irritierten oder langweilten; es ging um viel mehr als das. Andere Menschen, besonders wenn ich sie nicht häufig sah und keinen Gedanken an sie verschwendete, brachten mich vollkommen durcheinander, wenn sie dann plötzlich vor mir standen. Sie nahmen mir jegliche Ruhe und setzten bei mir viel zu viele Gedanken, viel zu viele Eindrücke in Gang. Mein Verstand schmolz dahin angesichts des Lärms und des Lichtes und der Stimmen, der asymmetrischen Formen, der Gerüche und Bilder. Ich versuchte dann nur noch verzweifelt, den Worten irgendeine Bedeutung zuzuschreiben, die die Menschen um mich herum vor sich hinmurmelten. Wenn ich einmal keinen Grund dafür erfinden konnte, warum ich der Konferenz des Kollegiums fernbleiben musste, und ich hatte schon viele Gründe dafür erfunden, dann hielt ich mich über Wasser, indem ich meinen Gedanken erlaubte, einigen meiner beliebtesten zwanghaften Rituale nachzugehen. Es kam vor, dass ich immer und immer wieder bis zehn zählte. Ich schrieb in meinem Kopf Sätze auf einer Tastatur, und ich nahm meine linke Hand für die ersten zwei Buchstaben, dann meine rechte, dann wieder links, dann rechts, bis der gesamte Satz in einer Reihe von unterschiedlichen symmetrischen Möglichkeiten erstellt worden war. Manchmal biss ich mir auf die Zähne und folgte dabei einem Rhythmus, der in meinem Kopf spielte.

Ich kann mir gut vorstellen, dass jedermann verschiedene Angewohnheiten hat und sich mit diesen Ritualen so geben kann, als ob ein Interesse vorhanden wäre, was in Wirklichkeit gar nicht der Fall ist. Darin unterscheide ich mich wohl nicht allzu sehr von anderen Menschen. Aber der Unterschied wird dann ersichtlich, wenn ich mit diesen Tätigkeiten aufhören sollte.

Nachdem ich mit vielen Menschen über diese Dinge geredet habe, habe ich begriffen, dass andere das Ritual sofort beenden können, wann immer sie es wünschen. In dem Moment, wo es die Situation erfordert, tun sie es auch. Ich halte aber darüber hinaus noch an meinen ablenkenden Ritualen fest. Ich führe sie so lange weiter aus, bis eine Symmetrie erreicht ist oder der Rhythmus geendet hat. Meine Gedanken kommen von dem Einfluss dieser zwanghaften Rituale nicht so ohne weiteres wieder los. Jedenfalls nicht, bevor ein bestimmtes Muster zu Ende geführt ist. Ich versuche es immer wieder, in diesen Situationen meine Aufmerksamkeit beieinander zu halten, besonders wenn ich weiß, dass man mich hin und wieder aufrufen wird, ich mich an dem Gespräch beteiligen soll und meinen Beitrag liefern soll. Ich weiß, dass es sehr wichtig ist, dass man bei den Projekten dabeibleibt und dass man mit anderen so gut es geht zusammenarbeitet. Meistens gelingt mir das auch, jedenfalls bei kürzeren Besprechungen. Aber zu der Zeit, als ich noch unterrichtete, musste ich mich sehr anstrengen, um mit meinen Gedanken bei der Sache zu bleiben. Ich versuchte, meine Augen ruhig zu halten, mich auf die Gesichter der Leute zu konzentrieren und ihre Gesten zu übersehen. Gesten machten ihre eigenen Aussagen, sie lenkten mich ab und machten es noch schwerer für mich, der eigentlichen Unterhaltung zu folgen. Ich fing an mitzuschreiben, in der Hoffnung, dass ich, wenn ich alles aufgeschrieben hatte, es später wie ein Puzzle zusammensetzen konnte. Alternativ dazu versuchte ich auch, die Gesprächsführung vollständig zu übernehmen. Ich brachte dann meine eigenen Gedanken und Ideen vor, als wenn ich der selbsternannte Experte zu dem Thema war. Wenn all das nichts half, dann griff ich auf meinen bewährten Einpassungs-Trick zurück, der eigentlich nichts weiter als eine weiterentwickelte Form der Echolalie ist. Wie ein professioneller

Schauspieler hatte ich die Persönlichkeit anderer Menschen schneller erfasst, als andere Leute einen Schnupfen bekommen. Dies gelang mir, indem ich zunächst die ganze Gruppe von Leuten beobachtete, die mich umgab, und indem ich dann die Person ausmachte, die mich am meisten fesselte. Ich beobachtete diesen Menschen dann sehr aufmerksam, prägte mir alle persönlichen Eigenschaften ein. Und so unmittelbar, wie ein Licht eingeschaltet wird und angeht, übernahm ich die Persönlichkeit des anderen dann als meine eigene. Ich kann meine Art, mich zu geben, meine Stimme und meine Gedanken bewusst verändern, bis ich mir sicher bin, dass sie wie diejenigen der Person sind, die ich gerade nachmachen will. Mir war klar, was ich da tat, ich war mir auch bewusst darüber, wie peinlich das eigentlich war. Aber es funktionierte, denn ich hatte mit anderen Menschen eine Verbundenheit aufgebaut, und manchmal war das alles, was mir fehlte. Es war für mich ergiebiger, mich der Verhaltensweisen anderer Menschen zu bedienen, als wenn ich lange ausprobieren musste, um meine eigenen zu entwickeln.

Alte Gewohnheiten kann man nur sehr schwer ablegen, und manchmal bemerke ich an mir selbst, wie ich wieder jemanden nachmache, obwohl ich jetzt zu Hause arbeite und ich mich kaum noch dazu zwingen muss, mich irgendwo einzufügen. Sehr interessant finde ich die Tatsache, dass fast niemand es bemerkt, wenn ich gerade eine andere Person imitiere, nicht einmal die Person, die ich gerade nachmache. Das gilt für alle anderen Menschen, diejenigen ausgenommen, die mich sehr gut kennen. Ein paar wenige, sehr aufmerksame Freunde haben es festgestellt, wenn ich mich für eine Weile in dem Schatten von jemand anderem verloren habe. Aber niemand bemerkt es so rasch und vollständig, wie es meine Tochter tut, die ebenfalls unter dem Asperger-Syndrom leidet. Sie bemerkt es in dem gleichen Augenblick, in dem ich meine Stimme oder meine Bewegungen an die eines anderen anzupassen beginne. Es bringt sie völlig durcheinander. Ganz sicher wird sie im gleichen Moment lautstark von mir verlangen, dass ich damit aufhöre, mich wie wer weiß wer zu benehmen, dass ich mich nicht mehr wie jemand anderes geben soll, nicht mehr so tun soll, als ob ich eine andere Person wäre, die ich in Wirklichkeit nicht bin. Obwohl sie die volle Bedeutung ihrer Worte noch gar nicht erfassen kann, sehe ich sehr wohl ein, wie richtig sie mit ihrer Beobachtung liegt und wie berechtigt auch ihre Forderung ist, dass ich damit aufhören soll. Es ist wirklich seltsam, dass sie, die unter dem Asperger-Syndrom leidet, meine Schauspielerei bemerkt, bevor es mir überhaupt selbst aufgefallen ist.

Obwohl es normalerweise für mich einfacher ist, wenn ich jemanden nachmache, bin ich zu dem Schluss gekommen, dass ich damit aufhören muss, vorzugeben, dass ich ein anderer Mensch sei, als ich wirklich bin. Es ist für mich zwar bequemer und normalerweise die erfolgreichere Strategie, mir an der Oberfläche das Verhalten einer anderen Person zuzulegen. Es ist beinahe so, als wenn ich meine Steuerung einem Automaten überlasse. Ich schwebe einfach so dahin und vergesse alle Sorgen darüber, ob ich nun in die Gruppe hineinpasse oder nicht. Hineinpassen werde ich schon, solange ich mich als jemand anderes ausgebe, denke ich dann. Es gibt in dieser Situation freie Fahrt für mich, ich lasse mich einfach dahintragen, so lange, bis es jemand anderes bemerkt. Dies ist aber eine Fahrt, die ich wieder stoppen muss und ein für alle Mal beenden sollte. Mit der Hilfe meiner Tochter und einigen engen Freunden werde ich damit aufhören können. Dies sind alles Leute, die mich wirklich verstehen, denen ich unbedingt trauen kann. Nur so werde ich verhindern können, dass ich einmal in den freien Fall übergehen könnte.

Die Menschen, die immer zu mir halten, unabhängig davon, was ich sage, denke oder tue, haben mir ein großartigeres Geschenk gemacht, als sie jemals begreifen werden. Sie haben mir die Freiheit gegeben, die es mir erlaubt, im Laufe meiner Entwicklung verschiedene Dinge auszuprobieren. Ich lerne dabei immer weiter, meine Instinkte zu schärfen und meine Handlungsweisen zu verfeinern. Diese Freunde schreien nicht laut auf, wenn ich eine soziale Regel überschreite. Es sind Leute, die mir sofort anbieten, eine Sache wieder aus der Welt zu schaffen, wenn ich sie gerade mit meinen Worten oder Taten gekränkt haben sollte. Es sind Kollegen, die mich anrufen und mir ihre Hilfe anbieten, bevor ich ihnen überhaupt erzählt habe, dass meine Probleme mich gerade zu zerreißen drohen. Sie sind meine Stimmungsbarometer, meine Spiegel. An ihrem Verhalten kann ich ablesen, wie gut meine Lage gerade ist. In ihren Augen kann ich mich wiederfinden.

Meine zwei besten Freundinnen, Maureen, die mich fast schon eine Ewigkeit kennt, und Margo, die mich in den letzten Jahren meiner schlimmsten Zeit mit dem Asperger-Syndrom kennen gelernt hat, helfen mir sehr. Durch sie kann ich nachvollziehen, was man tun sollte und was besser nicht, und zwar nicht nur dadurch, dass sie mir stets bereitwillig erklären, wie ich mich richtig verhalten kann oder wie ich etwas richtig verstehen kann. Noch wichtiger ist beinahe, dass sie mich immer wieder darin bestätigen, dass es vollkommen in Ordnung ist, dass ich so bin, wie ich bin. In ihren Augen kann ich so bleiben. Jede von ihnen geht über meine Eigenarten mit einem Lächeln hinweg und einer Handbewegung, die sagen soll: „Schon gut, das ist ganz richtig so, wie es ist. Du bist eben so, wie du bist. Lass den Kopf nicht hängen. Du schaffst es schon." Sie bauen mein Selbstbewusstsein immer wieder auf. Sie sind meine Vertrauten, meine größten Fans und sie sind meine Ratgeberinnen. Sie holen mich wieder zurück, wenn ich zu weit gehe, sie bewahren mich vor meinen gröbsten Schnitzern, sie geben mir Zutrauen, wenn ich eine Seite an mir entdecke, die ich weiter fördern sollte. Aber noch liebenswerter ist, und ich bin mir nicht sicher, ob ihnen das überhaupt bewusst ist, dass sie mich vor denjenigen schützen, die mir gegenüber nicht so gnädig sind.

Sie springen sofort ein und verteidigen mich, wenn jemand über mich richten will, weil ich etwas Unpassendes gesagt oder getan habe. Manchmal reichen schon ein paar Worte oder ein Blick von ihnen aus, um mir zu helfen. Dabei sind sie niemals herablassend und versuchen auch nicht, mich zu bevormunden. Sie heben einfach meine guten Seiten hervor, die aufgrund des Asperger-Syndroms besonders ausgeprägt sind, wie meine Offenheit, meine hohe Anspruchshaltung, meine Kreativität, Hartnäckigkeit und Treue. Erst an zweiter Stelle bemerken sie dann, dass ich auch ein klein wenig anders als andere Menschen bin. Sie helfen mir dabei, dass ich jetzt auch anfangen kann, mich in diesem neuen Licht zu sehen. Und obwohl ich nicht genau weiß, warum das passiert, so fördert doch ihr Glaube an mich meinen eigenen Glauben an mich selbst. Ich scheine weniger ängstlich zu sein, und mir gelingen mehr Dinge. Vielleicht scheint es nur so, als ob mir mehr gelingt, weil ich mehr darauf achte. Vielleicht habe ich einfach durch sie gelernt, wie ich in der Öffentlichkeit meine Schokoladenseiten zeigen kann. Der Grund dafür spielt keine Rolle, aber Maureen und Margo tragen ganz wesentlich zu meinem Selbstbewusstsein bei. Sie sind sehr wichtig für mich, denn wenn mein Asperger-Syndrom mich wieder heimsucht, dann tröstet mich dieses nur für mich spürbare Gefühl, dass es immer noch meine Freundinnen gibt. Es gibt mir Auftrieb zu wissen, dass sie dabei keinen Unterschied machen, was mir passiert und wo es mir passiert - sie sind einfach immer für mich da.

Wenn ich mit meinen besten Freunden zusammen bin, dann ahne ich ein wenig, wie es sein muss, wenn man eine ganze Menge Freunde hat. Und für einen Moment lang denke ich dann sogar, dass ich über die alten Komplexe und Ängste hinweg bin. Ich lade dann meine Freunde zum Mittagessen ein oder erscheine bei ihren Festlichkeiten oder biete sogar jemandem an, gemeinsam bummeln zu gehen. Aber wenn die andere

Person nicht besonders offen und unkompliziert ist, dann gehe ich normalerweise wieder zurück auf meine Bühne, zitiere immer wieder die gleichen Sätze und erzähle immer wieder die gleichen Witze. Mein Magen dreht sich mir um und mein Verstand beginnt mich daran zu erinnern, wie schwierig all das für mich ist. Ich mache mir dann Sorgen über meine Unfähigkeit. Nicht so sehr, weil ich davon betroffen bin, sondern weil ich denke, dass meine Kinder oder andere Menschen, denen ich sehr nahe komme, etwas davon abbekommen könnten. Ich möchte nicht, dass meine Kinder aufwachsen und denken, dass sie einsam sein müssen, nur weil ich es bin. Ich möchte nicht, dass meine Kinder sich für mich schämen müssen, weil ich lieber zu Hause bleibe, als mit anderen Müttern Kaffee zu trinken oder einen Frauenabend zu veranstalten. Und ich möchte andere nicht verletzen, wenn ich ihre Einladungen ablehne oder sie nicht selbst einlade. Ich würde mir wünschen, dass andere Menschen einmal verstehen könnten, dass ich innerhalb weniger Minuten alles von anderen aufnehmen kann, was ich nur brauche, und dann froh und glücklich weiter meines Weges gehe, weil ich soeben mit diesem Freund eine angenehme Zeit verbracht habe. Ich möchte nicht abweisend oder unhöflich sein, aber ich bin einfach in dieser Hinsicht sehr schnell gesättigt.

Ich mag meine Freunde. Ich mag die Leute, mit denen ich wenige Minuten am Tag verbringe, und die Freunde, mit denen ich gemeinsam Mittag esse. Aber ich denke, dass es sehr wichtig ist, im Kopf zu behalten, dass viele Menschen mit dem Asperger-Syndrom niemals enge Freundschaften entwickeln können - selbst wenn sie begriffen haben, wie sie weniger egozentrisch auftreten können, wie sie nonverbale Botschaften verstehen können, und wenn sie gelernt haben, ihre Wünsche und Bedürfnisse angemessen zu formulieren, und verstanden haben, wie man den Geboten der Freundschaft auch in ihren Feinheiten folge leistet, z. B. was das Wahren von Geheimnissen angeht oder die Distanzfrage. Ich möchte damit nur ausdrücken, dass wirklich enge Freundschaften nur sehr selten zu finden sind, und das gilt generell für alle Menschen. Und wenn ich jemanden beraten würde, der das Asperger-Syndrom hat, dann würde ich ehrlich sein und erwähnen, wie schwierig es ist, einen wahren Freund zu finden. Ich würde zum Beispiel erklären, dass manchmal gewisse Dinge passieren können, die die Freundschaft beeinträchtigen, so sehr wir uns auch bemüht haben und wie wunderbar wir uns auch verhalten haben. Ich würde noch weiter ausholen und Geschichten davon erzählen, dass es vorkommt, dass Menschen weit weg in andere Städte ziehen müssen, dass sie sich in ihrem vollgepackten Terminkalender verfangen, dass sie sich in ihrem

Alltagstrott auseinander leben, dass Menschen verschiedene Interessen haben können, sich unterschiedlich beschäftigen, dass jeder seine eigenen Schwierigkeiten und Verantwortungen zu tragen hat. Ich würde ihnen erklären, dass manchmal die Zeit und der Ort und die Umstände gegen eine Freundschaft arbeiten. Wenn diese offene und ehrliche Aufklärung nicht Teil einer Beratung zur Verbesserung sozialer Fähigkeiten ist, dann fürchte ich, dass viele Menschen mit dem Asperger-Syndrom in ihrer direkten Art denken könnten, dass es so etwas gibt wie eine magische Gleichung für alle Freundschaften, die ungefähr lauten könnte: *Nettigkeit + Spielzeuge teilen + Geheimnisse bewahren = Freunde und Einladungen zu Partys.* Ich frage mich, was dann mit ihnen passieren wird, wenn diese Gleichung nicht aufgeht?

Wenn ich es wäre, der sie berät, dann würde ich ihnen sehr deutlich sagen, dass das Leben auch ohne eine Menge Freunde sehr schön sein kann. Ich würde jeden Menschen mit dem Asperger-Syndrom daran erinnern, dass Freundschaften in vielen Formen und Größen existieren, dass sie flüchtig und von kurzer Dauer sein können oder sich als eng und lang dauernd erweisen können. Ich würde versuchen, ihnen dabei zu helfen, nach Freundschaftskreisen Ausschau zu halten, die am wahrscheinlichsten Leute mit einschließen, die ihnen gefallen würden. Menschen, die ähnliche Interessen, Ideen und Moralvorstellungen haben und einen ähnlichen Lebensstil verfolgen. Ich würde sie ermutigen, sich an Interessensgruppen oder Vereinen zu beteiligen. Ich würde ihnen raten, sich einige Momente Zeit zu nehmen, um Menschen, denen sie in ihrer Nachbarschaft, bei der Arbeit, in der Schule oder bei ihren alltäglichen Besorgungen begegnen, besser kennen zu lernen. Es könnte sein, dass ich ihnen raten würde, sich einen vierbeinigen Freund zuzulegen, der sie begleitet. Nicht nur wegen des therapeutischen Effekts, den Tiere haben können, sondern auch weil Haustiere die besten Seiten aus Menschen herausholen können und weil sie fremde Menschen einander näher bringen können. Meiner Meinung nach sollten alle Menschen mit AS mit Hilfe einer ehrlichen Beratung geeignete soziale Kreise finden können und bei einer ausreichend guten Förderung ihrer sozialen Fähigkeiten auch in der Lage dazu sein, Freunde zu finden. Die Frage ist, ob sie es auch werden?

Es bleibt die dunkle Befürchtung, die tief sitzende Angst, die mir bis in die Knochen geht: Wahrscheinlich gibt es Menschen mit AS, die sich zwar sehnlichst wünschen und alles versuchen, um Freunde zu finden, denen es aber nicht gelingt, eben weil sie das Asperger-Syndrom haben. Mir bricht das Herz, wenn ich an diese Menschen denke, weil ich weiß, wie sehr es einen verletzen kann, wenn man einsam und allein auf der Suche nach dem richtigen Weg dahinstolpert und sich dabei immer mehr von den anderen entfremdet. Ich hoffe, dass in unserer Gesellschaft die Grenzen des Normalen immer weiter aufgebrochen werden. Es sind Grenzen, die so viele nicht sehen können und deshalb nicht finden können. Ich hoffe, dass diese Barrieren, die vielen guten Menschen ihr Glück nehmen, in einer tiefen Versenkung verschwinden und auf immer vergessen werden. Vielleicht wird dann endlich die Welt wirklich alle Menschen willkommen heißen.

5. Die Brücke überqueren

In meinem Leben sind es die besonderen Augenblicke, die für sich stehen wie Winden im Morgengrauen:
Sie sind einfach und klein und doch schön und klar.
Durch diese Momente werde ich erschaffen,
sie machen mich zu einem vollständigen Menschen.
Ich stelle mir vor, wie diese Augenblicke Zusammenkommen
und mich zu dem machen, was ich jetzt bin.
Jede Vorstellung beginnt damit, wie ich mich einer Brücke nähere.
Einmal ist sie rutschig und wacklig, aus Seilen gemacht und brüchigen Brettern,
ein anderes Mal ist sie fest und sicher, oft begangen liegt sie hinter einem eisernen Tor.
Alle Brücken versprechen mir eine gute Reise,
wenn ich einfach ihrem Ruf folge
und einen Freund an meiner Hand habe, während ich hinübergehe.

Während sich die meisten meiner Asperger-typischen Symptome weiterhin langsam zurückbilden werden, verteilen sich die hartnäckigsten Eigenschaften wie Seifenblasen in einem Windstoß. Sie tauchen immer wieder auf, mal hier, mal da und oft zu den ungünstigsten Gelegenheiten. Sie ärgern mich und erinnern mich daran, dass ich niemals so wie alle anderen normalen Menschen sein kann. So sehr ich auch versuche, sie einzufangen und zurückzuhalten; dies sind Eigenschaften, die ich niemals vollständig ablegen werde und die ich auch nur sehr schwer verbergen kann. Mir würde diese ständige Erinnerung an mein Wesen nicht so viel ausmachen, wenn sie nicht schreckliche Formen annehmen könnte. Ich schäme mich zum Beispiel nicht unbedingt für meine miserable Rechtschreibung oder meine zentralen auditorischen Diskriminationsprobleme. Die Folgen, die diese Schwierigkeiten haben, sind normalerweise nicht sehr weitreichend, und ich kann sie mir oder anderen erklären. Aber wenn ich feststelle, dass mich meine Achtsamkeit wieder einmal im Stich gelassen hat, dass ich wieder einmal an einen Ort gelangt bin, der meine sensorische Integrationsstörung geradezu hervorruft oder meine Unfähigkeit bloßlegt, den Standpunkt anderer Leute nachvollziehen zu können - dann verliere ich den Halt und mir wird schwindelig, übel und furchtbar heiß. So heiß, dass es mir wehtut, wenn ich mein Gesicht berühre oder meine Augen auf etwas richte. Wenn das passiert, dann halte ich verzweifelt nach der einzigen Person Ausschau, die mich noch davor bewahren kann, vollständig die Fassung zu verlieren. Ich strecke die Hand nach meinem Mann aus.

Auf die Gefahr hin, dass ich mich wiederhole - ich kann einfach nicht deutlich genug machen, wie wichtig eine starke, unterstützende Umgebung für Menschen mit dem Asperger- Syndrom ist. Freunde und Familienangehörige sind natürlich die wichtigsten Stützpfeiler in diesem System. Ich denke nicht, dass automatisch der größte Einfluss von dem Menschen ausgehen muss, mit dem wir uns entschlossen haben, unser Leben zu teilen - *wenn* wir uns überhaupt dazu entschließen konnten, unser Leben mit jemandem zu teilen. Ich staune immer wieder über diejenigen in der Gemeinschaft aller Menschen mit dem Asperger-Syndrom, die ein sehr erfolgreiches Leben führen, ohne dass sie die Unterstützung eines engen Freundes haben - gerade weil ich davon überzeugt bin, dass ich selbst nie so weit gekommen wäre, wenn ich nicht meinen Ehemann an meiner Seite gehabt hätte. Nicht dass unser gemeinsames Leben immer einfach gewesen wäre; im Gegenteil. Wie alle verheirateten Paare haben wir unsere gemeinsamen Probleme gehabt, unter denen die meisten Ehepaare zu leiden haben. Meistens waren es Fälle von missglückter Kommunikation.

Zu dem Zeitpunkt, als ich meinen jetzigen Ehemann zum ersten Mal traf, war ich ziemlich fest davon überzeugt, dass ich nie jemanden gut genug würde verstehen können, um mich auf etwas Dauerhaftes einzulassen. Die Männer, mit denen ich bisher befreundet gewesen war, teilten mit mir einige meiner Interessen und Hobbys, aber bei jedem von ihnen war so etwas Unaussprechliches und Unsichtbares zwischen uns gewesen - so etwas wie der Vorhang, der die Wahrheit des Zauberers von den Menschen von Oz fernhielt. Ich dachte nie viel darüber nach, was der Vorhang vor mir verbarg, denn als ich anfing, darüber nachzudenken, brachte es mich vollkommen durcheinander. Ich konnte nicht intuitiv darauf schließen, was im Schatten lag. Heute weiß ich, dass dort die Grundlagen für wichtige Eigenschaften wie Geduld, Flexibilität, Empathie und Objektivität verborgen liegen. Bevor ich mit mir in Einklang kam, wurden diese Gefühle von mir ferngehalten. Sie lagen gerade noch in meiner Sichtweite, waren aber unerreichbar für mich. Es hat viele Jahre gemeinsam mit meinem Ehemann gebraucht, bevor ich jedes einzelne dieser Ziele erreichen konnte. Es waren lange Jahre, bevor ich sie fangen konnte, und von nun an trage ich sie in meinem Herzen verborgen. Meine durch das Asperger-Syndrom geprägten

Verhaltensweisen - die sensorische Integrationsstörung, das wortgetreue Denken, meine immer wiederkehrenden Gedanken und Handlungen sowie meine Tendenz dazu, auf bestimmten Dingen zu beharren - das alles war wie giftige Pfeile, die nur darauf warteten, jede meiner gerade frisch aufgebauten Beziehungen zu durchbohren und mit ihrem Gift zu durch tränken.

Von dem Moment an, als ich Tom traf, war mir völlig klar, dass er mir sehr ähnlich war. Er interessierte sich für fast alle meine Lieblingsbeschäftigungen, sogar für die Geschichte Amerikas, für die noch nie jemand außer mir irgendein Interesse geäußert hatte. Tom begeisterte sich genau so sehr wie ich für Universitäten: ihre Architektur, ihre Struktur, ihre kuriosen Museen und Galerien, die sie umgebende Landschaft, das Sportstadion, die wissenschaftlichen Bibliotheken und die Buchhandlungen. Es war keine Überraschung für mich, als er viel später einmal sein Interesse daran ausdrückte, Professor an einem College zu werden. Die universitäre Umgebung ist der perfekte Ort für Persönlichkeiten wie ihn und mich. Für viele Dinge hatten wir ein gemeinsames Interesse, aber am stärksten verband uns immer noch unsere Tendenz zur Einsamkeit. Tom mochte auch keine Menschenmengen oder sozialen Zusammenkünfte. Er scheut Orte, die mit Emotionen aufgeladen sind und an denen Chaos herrscht. Er macht sich keine Gedanken darüber, was der Rest der Welt über ihn denkt. Genau wie ich ist er ein Einzelgänger. Ruhe und Beschaulichkeit war das, was uns zusammenhielt. Ich weiß, dass sich das jetzt sehr vereinfachend anhört und vielleicht als zu gering erscheinen mag, als dass es unseren Zusammenhalt herstellen könnte. In unserem Fall aber lieferte es die Grundlage für eine sehr enge Verbindung. Bis heute ist es das Element, das uns in unseren schlimmsten Zeiten noch verbinden kann.

Wenn ich versuche, alle unsere Kommunikationsprobleme aufzuzählen, dann hebe ich automatisch die Schwierigkeiten hervor, die ich dabei hatte, Toms Logik zu folgen. Er ist ein Mann weniger Worte, ich dagegen brauche eine stark ausgeschmückte Sprache, gut gewählte Metaphern und eindrückliche bildliche Vergleiche, um etwas verstehen zu können. Wenn mir beispielsweise Tom mitteilte, dass er enttäuscht war, weil wir uns beim Mittagessen verpasst hatten, dann hatte ich keine Ahnung, ob er mir nun sagen wollte, dass er traurig war (es also einfach zutiefst bedauerte), dass er unglücklich darüber war (was sich etwa in der Mitte zwischen traurig und wütend befindet) oder bedrückt (also einfach traurig war und sich einsam fühlte) oder wütend (was einen dazu bringt, dass man mit jemandem über etwas streiten möchte, was er getan hat), dass er ärgerlich war (was einen in einen Zustand versetzt, in dem man den anderen einfach ignorieren möchte) oder aufgebracht (das ist der Zustand, in dem man den anderen vor Wut am liebsten anfauchen möchte) oder ob er keine der angegebenen Möglichkeiten meinte. Damit ich wirklich verstehen kann, was die andere Person mir sagen will, braucht es mehr als einige wenige mechanisch aneinander gereihte Worte. Ein kurz und bündiger Sprech- und Schreibstil ist einfach nicht ausreichend für mich. Worte allein sind zu ungenau. Reichhaltige Ausschmückungen, die Worten Farbe verleihen, werden in meinem Kopf zu lebendigen Bildern, und diese halten meine Gedanken beieinander. Manchmal reichen aber auch die detailliertesten, aussagekräftigsten Sätze nicht aus, damit ich verstehe, was gemeint ist.

Während der ersten Jahre nach unserer Heirat konnte Tom nicht einsehen, dass ich seine Worte missverstand, weil er sich doch seiner Meinung nach klar und deutlich ausdrückte. Es blieb ihm nur die Möglichkeit zu denken, dass ich ihm nicht richtig zuhörte. Ich dagegen konnte nicht begreifen, dass es ihm nichts auszumachen schien, wenn er mich verwirrt hatte. Meine Freundinnen haben mir davon erzählt, dass auch ihre Kommunikation mit ihren Ehemännern manchmal verwirrend war und sie dadurch zur Verzweiflung gebracht werden konnten. Das betraf bei ihnen meistens intellektuelle oder philosophische Auseinandersetzungen, die mit ihren geistigen Idealen und Wertvorstellungen zu tun hatten. Aber die Diskrepanzen in unseren Gesprächen gab es häufiger als nur hin und wieder. Auch wenn wir uns über sehr weltliche Dinge wie unsere alltäglichen Erlebnisse unterhielten, über Filme, die wir gesehen hatten, Bücher, die wir gelesen hatten, Hausarbeiten, die anstanden, oder Ausflüge, die wir machen wollten, passierte es immer wieder. Sogar dann, wenn es wirklicher Small Talk war, den wir betrieben, um eine Idee an den anderen weiterzugeben oder einige Minuten vorübergehen zu lassen, so kam es doch immer wieder vor, dass meine Gedanken in einen großen Strudel der Unordnung gebracht wurden.

Ich kann gar nicht in Worte fassen, wie umständlich die Diskussionen waren, die wir damals führten. Das war, bevor uns klar wurde, dass der jeweilige Kommunikationsstil des anderen sich verheerend auf die Botschaft auswirken konnte, die wir mitteilen wollten. Es genügt wohl zu erwähnen, dass wir stundenlang argumentierten und dass wir währenddessen beide wohl immer wieder gedacht haben, dass das einfach keinen Sinn ergab, was der andere uns sagte. Ich weiß, dass ich es von meinem Standpunkt aus so empfunden habe, als würde mein Ehemann in einer Fremdsprache mit mir reden. Ich konnte die Worte wohl hören, die aus seinem Mund kamen, aber sie ergaben für mich überhaupt keinen Sinn. Es war, als ob die Wörter zufällig aus einem Wörterbuch zu einem Satz zusammengewürfelt worden waren und dieser jetzt für mich eine komplexe und nahezu unlösbare Puzzleaufgabe darstellte. Ich erinnere mich an viele Gelegenheiten noch sehr lebhaft, bei denen ich mir so vorkam, als würden meine Gedanken gerade von einer starken Strömung mitgerissen, während ich verzweifelt versuchte, mich an irgendetwas Vertrautem festzuhalten. Jahrelang dachte ich, dass es jedem so ergehen musste. Weisen uns unsere Massenmedien oder auch mancher Bestseller nicht immer wieder darauf hin, dass Männer und Frauen nicht miteinander kommunizieren können, dass sie einfach zu verschieden sind, um jemals wirklich übereinstimmen zu können? Ich fing an zu glauben, dass unsere Unfähigkeit, miteinander zu reden, der Normalzustand war. Ich dachte, dass jede Frau sich so fühlen müsste, als wenn die Worte aus dem Mund ihrer Ehemänner rückwärts gesprochen wurden, unter Türschwellen hindurch schlüpften, um sich dann irgendwo zu verstecken, wo sie niemals gefunden werden konnten. Ich glaubte sogar daran, dass Ehefrauen auf der ganzen Welt so wie ich reagierten, wenn ihre Ohren und ihr Verstand so wie meiner irregeführt wurden. Ich dachte, dass sie wie ich nach Atem ringen mussten und um die Kontrolle ihrer Stimme und ihres Bewusstseins kämpften. Doch wenn ich andere Frauen danach fragte, ob sie ähnliche Erfahrungen wie ich gemacht hatten, dann konnten sie bestenfalls nachvollziehen, worüber ich gerade sprach, in keiner Weise aber ihre Erfahrungen mit den meinen in Verbindung bringen. Auch sie hatten Streit, sagten sie, aber nicht in diesem Ausmaß. Sie hatten nie das Gefühl, den Bezug zu der realen Welt zu verlieren, oder den Eindruck, dass ihr Mann gerade in einer anderen Sprache zu ihnen sprach. Sie berichteten ganz einfach, dass sie mit ihren Ehemännern in einem bestimmten Punkt unterschiedlicher Meinung waren, sich dies gegenseitig mitteilten, darüber diskutierten und dann entweder ihre getrennten Wege gingen oder über ihre unterschiedlichen Ansichten hinwegkamen. Ich brauchte nicht lange, um mir darüber klar zu werden, dass ich wieder einmal von dem normalen Weg abwich. Wieder einmal hatte ich den mir durch das AS anhaftenden Eigenschaften ins Angesicht gesehen.

Heutzutage frage ich mich immer sehr genau, ob meine Reaktionen durch das Asperger-Syndrom beeinträchtigt worden sind oder ob ein anderer Faktor mit im Spiel ist. Zum Beispiel höre ich mitten in einer Diskussion mit Tom bewusst auf zu reden und lasse mir die Einzelheiten unserer Auseinandersetzung durch den Kopf gehen, als wäre der ein Computer, der alle vom Asperger-Syndrom abhängigen Variablen suchen, finden und in Ordnung bringen könnte. Ich stelle mir dann in Gedanken vor, ich hätte zwei Stapel mit Karten - auf einem Stapel befinden sich alle unspezifischen Variablen wie Stress, Schlafentzug und Hormone, auf dem anderen Stapel sind alle meine Asperger-bedingten Eigenschaften wie die unflexible Denkweise und wortgetreues Denken. Stück für Stück gehe ich dann nur wenige Sätze auf einmal durch und analysiere dabei systematisch, durch welche Variablen unsere Kommunikation in diesem Fall beeinflusst worden ist. Zum Beispiel frage ich mich dann: Könnte es sein, dass mein Verständnis dieser Aussage durch meine unflexible Denkweise beeinflusst worden ist; stehe ich gerade unter zu großem Stress, um irgendetwas richtig hören und verstehen zu können; habe ich gerade seinen Kommentar zu wörtlich genommen,- missverstehe ich gerade die Bedeutung seiner Worte. Sobald ich entscheiden kann, welcher dieser Einflüsse mit im Spiel ist, lasse ich mir die Sätze noch einmal durch den Kopf gehen. Dabei lasse ich diesmal die Aussagen bewusst außer Acht, von denen ich denke, dass sie durch mein Asperger-Syndrom beeinträchtigt worden sind. In diesem Stadium bin ich dann endlich so weit, dass ich die Unterhaltung noch einmal neu bewerten kann und mir wird dann klar, an welchem Punkt unser Gespräch aus dem Ruder gelaufen ist und warum.

Manchmal gelingt es mir, alles wieder in Ordnung zu bringen, indem ich Tom darum bitte, mir eine bestimmte Sache noch einmal zu erklären oder etwas weiter auszuführen. Es kommt auch vor, dass ich mich dazu entschließe, einige Passagen einfach zu ignorieren, die Tom gerade gesagt hat, weil ich erkenne, dass sie für mich zu komplex sind, als dass ich sie jemals entwirren könnte. Oder ich komme zu dem Ergebnis, dass diesmal mein Mann es war, der einen sehr unhöflichen, falschen oder fehlgeleiteten Kommentar von sich gegeben hat. Wenn ich auch nur den leisesten Verdacht habe, dass es vor allem mein Asperger-Syndrom ist, das mich verwirrt, dann sage ich dies Tom direkt: „Ich denke, dass ich gerade aufgrund meines Asperger-Syndroms durcheinander gekommen bin. Bitte versuche es noch einmal und erkläre mir, was du gerade damit gemeint hast." Dieses Zugeständnis meinerseits hat uns bisher noch immer davon abgehalten, weiter sinnlos zu streiten. Wir hören dann sofort damit auf, und Tom versucht dann noch einmal, mir klar zu machen, was er gerade gemeint hat, aber diesmal gibt er sich viel größere Mühe, sich unmissverständlich und eindeutig auszudrücken. Wenn ich aber zu dem Schluss komme, dass eine der anderen, nicht Asperger-bedingten Variablen für die Auseinandersetzung verantwortlich ist, dann bringe ich, so wie meine Freundinnen das auch tun, meine Argumente vor und gehe dann meines Weges. In den meisten Fällen komme ich zu dem Schluss, dass mein Asperger-Syndrom die Ursache gewesen ist.

Meistens können Tom und ich seine Aussage analysieren, bis ich darauf komme, was er mir sagen will. Es kommt zuweilen aber auch vor, dass es ihm nicht gelingt, mein unflexibles Denkmuster zu durchbrechen - auf überhaupt gar keine erdenkliche Art und Weise. Normalerweise ist mein Verstehen immer dann so unflexibel, wenn mit den Worten eine bestimmte Zeit, Reihenfolge oder Tätigkeit ausgedrückt wird. Wenn Tom mir zum Beispiel sagt, dass er sein Büro jetzt für wenige Minuten verlassen wird, er bei der Bank Vorbeigehen wird, an einem Geschäft anhalten wird und mich dann von der Bücherei abholen wird, dann erwarte ich von ihm, dass er genau diese Dinge in exakt der gleichen Reihenfolge in genau diesem Zeitrahmen auch tun wird. Es geht dann nicht, dass Tom einfach seine Meinung ändert, sein Büro eine Stunde später verlässt, als er es mir angekündigt hat, bei der Bank vorbeigeht, mich dann abholt und mir mitteilt, dass wir noch zu dem Geschäft fahren müssen. Etwas anscheinend so Harmloses wirft mich jedes Mal völlig aus der Bahn. Es würde mich total erschüttern, wenn er sein Büro nicht dann verlassen würde, wann er es mir angekündigt hat, oder wenn er die angegebene Reihenfolge seiner Erledigungen nicht genau einhalten würde. Selbst wenn ich meine Zeit in der Bücherei sinnvoll genutzt habe und mir sowieso überlegt hatte, lieber selbst einkaufen zu gehen, könnte ich ihm seinen Verstoß gegen die angegebenen Zeiten und die Reihenfolge nicht durchgehen lassen. Diese Episoden enden dann mit Perseverationen meinerseits. Wenn die Perseverationen ihre Macht über mich gewinnen, dann kann ich in dem Moment einen bestimmten Gedanken einfach nicht zur Seite legen. Selbst wenn ich alles versuche, um das zu erreichen, gelingt es mir nicht. Es ist, als wenn meine Gedanken durch etwas, das man mir gesagt oder gezeigt hat, gefangen genommen worden sind, und das geht über die Wände eines Hauses mit Spiegeln weit hinaus. Mein Mann hat es lernen müssen, dass er in diesen Momenten nichts weiter tun kann, als die Zeit vergehen zu lassen, die ich benötige, damit meine Gedanken sich wieder beruhigt haben und ich mich etwas anderem zuwenden kann, ohne Panik und Verwirrung.

Ich denke nicht, dass meine unflexible Denkweise meine Kommunikationsfähigkeit so sehr beeinträchtigen würde, wenn ich in diesen Situationen zu etwas anderem übergehen könnte. Das gelingt mir aber meistens nicht. Ich behalte diese Regelbrüche - Abweichungen von den Routinetätigkeiten, sprachliche Missverständnisse, Änderungen der

Reihenfolge, Gelegenheiten, an denen ich zutiefst durcheinander gebracht und dann verärgert war - im Gedächtnis, als ob ich darüber eine Akte anlegen würde. Ich öffne diese Akte immer wieder und gehe auf die verzeichneten Ereignisse jedes Mal wieder ein, wenn mich mein unflexibles Denken gerade erneut überwältigt hat. Immer wenn ich mit meinen Perseverationen über eine bestimmte Sache anfange, erzähle ich wahrscheinlich wieder einmal die gesamte Litanei von ganz ähnlichen Ereignissen und Umständen, auch wenn sie schon über eine Dekade zurückliegen. Glücklicherweise ist Tom meinen Perseverationen und meinen unflexiblen Denkweisen gegenüber nicht sehr empfindlich. Ich denke fast, dass er diese Charaktereigenschaft - so wie meine blauen Augen - als einen Teil von mir akzeptiert hat.

So merkwürdig sich das anhören mag, eines der nettesten Dinge, die mein Mann jemals zu mir gesagt hat, war: „Du bist so komisch." Das sind keine gewöhnlichen Koseworte, aber ich freute mich dennoch sehr darüber, denn sie zeigten mir einen Himmel voller Freiheiten auf. An dieser Art von Kommentaren erkenne ich, dass Tom mein Anderssein wahrnimmt, aber dass er trotzdem weiter mit mir zusammensein will. Er gab mir die Freiheit, meine sensorischen Überempfindlichkeiten zuzugeben, die mich überkamen, verärgerten und verwirrten. Es war für mich eine große Befreiung, dass ich Tom sagen konnte, dass es sich für mich so anfühlte, als würden meine Finger auseinander gerissen, wenn er mit seinen Fingern meine umfasst hielt, dass es sich für mich so anfühlte, als hätte ich Insekten auf meiner Haut, wenn er mich sanft berührte. Dass mein Mund lief und meine Nase brannte und mir schlecht wurde, wenn er ein bestimmtes Eau de Cologne trug. Und dass ich all meine Kraft aufbringen musste, ihn nicht abzuweisen, wenn er mir zu nahe kam.

Er trug all meine Eingeständnisse mit Fassung. Er nickte nur, wenn ich ihm erklärte, was ich fühlte, wenn bestimmte Sinneseindrücke überhand nahmen. Niemals beklagte er sich, wenn ich bei einem Baseballspiel nicht mehr zuschauen konnte und gehen musste, weil mich die ständigen Emotionen und die ganze Unruhe im Publikum überwältigt hatten, mich verwirrten und mich ganz schwindelig machten. Er war weder verärgert noch verletzt, wenn ich ihm erklärte, dass ich nicht so nah bei ihm sitzen konnte oder ihn nicht so oft in den Arm nehmen konnte und überhaupt meine Zuneigung nicht so in der Öffentlichkeit zeigen konnte, wie andere Paare das tun. Es war ihm nicht peinlich, und er war auch nicht verärgert, wenn ich mir wieder einmal im sozialen Umgang einen Schnitzer erlaubt hatte. Doch ich frage mich manchmal, ob ihm nicht in irgendeiner Weise auch etwas an mir fehlen könnte, eine gewisse Zärtlichkeit oder Weichheit, Zartheit oder Güte - irgendeine Eigenschaft, die ich selbst nicht ausmachen kann, weil ich sie nicht besitze. In dem Versuch, eine Art Versicherung von ihm zu bekommen, als Schutz vor der Tatsache, dass ich ihm vielleicht nicht liebevoll oder fügsam genug bin, bitte ich ihn dann darum, es mir immer zu sagen, wenn er etwas an mir schmerzlich vermisst, und mir dann sofort mitzuteilen, was es ist. Weil ich den Verdacht habe, dass er mich niemals damit belasten würde, wenn er der Ansicht wäre, dass ich ihn enttäusche, habe ich damit angefangen, mir etwas anzugewöhnen, das mir bisher ganz gut dabei geholfen hat, mein Verhalten Schritt für Schritt zu modifizieren. Wie andere Leute Listen anfertigen, die sie daran erinnern sollen, dass sie noch Milch holen müssen oder zur Post gehen müssen, so schreibe ich Listen, die mich daran erinnern, wie ich mich verhalten sollte. *Toms Hand jeden Tag für fünf Minuten halten. In einer großen Menschenmenge die Augen zukneifen. „Entschuldigung" sagen statt „Ich muss jetzt gehen. Bis fünf zählen, bevor ich antworte. Tom drei Mal am Tag in den Arm nehmen.* Wenn ich diese Liste durchgehe, dann fällt es mir wieder ein, wie ich mich verhalten sollte.

Ich bin davon überzeugt, dass ich aufgrund dieser Strategie dazugelernt habe, obwohl das zugegebenermaßen eine sehr einfache Methode ist. Sie scheint mir dabei zu helfen, gewisse Dinge in meinem Gedächtnis zu verankern - Regeln oder Fähigkeiten oder Verhaltensweisen, an die ich mich nie erinnern würde, die ich nie ins Auge gefasst hätte, wenn ich sie nicht aufgeschrieben hätte. Aber ich bin doch immer wieder überrascht, dass ich auf ein solches Hilfsmittel zurückgreifen muss. Ich habe ein ausgesprochen gutes Gedächtnis für die meisten Dinge, und ich denke manchmal, dass ich mich auch daran erinnern sollte, in dem Moment etwas Bestimmtes zu tun, wo ich es zu mir selbst sage. Ich glaube, dass es da eine Diskrepanz gibt, weil es hier inhaltlich doch um etwas anderes geht. Die Dinge, an die ich mich leicht erinnere, haben alle etwas mit Ereignissen zu tun, für die ich mich interessiert habe, oder mit Erlebnissen aus meiner Vergangenheit. Aus irgendeinem Grund kann ich mich nicht so gut daran erinnern, wie ich mich gerade jetzt verhalten sollte, wohingegen ich mich an mein Verhalten in der Vergangenheit gut erinnere. Es ist, als hätte ich ein Fotoalbum mit lauter lebendigen Bildern vor mir, sobald ich in die Vergangenheit zurückblicke, aber wenn ich versuche, nach vorn zu blicken, dann habe ich nicht ein einziges verlässliches Bild vor Augen, das mir weiterhelfen würde. Stattdessen verbringe ich viel Zeit damit, mir vorzustellen, was passieren könnte, und ich gehe in meinen Gedanken die verschiedenen möglichen Szenarien immer und immer wieder durch. Ich denke mir Sätze aus, die ich sagen könnte, weise anderen bestimmte Verhaltensweisen zu und überlege mir, wie ich auf ihr Verhalten wiederum reagieren würde. Ich bleibe bei diesem Spiel, bis ich auch die letzte Möglichkeit durchgegangen bin, und dann bleiben meine Überlegungen zwanghaft bei dem Gedanken hängen, welches Szenario sich wohl am wahrscheinlichsten wirklich ereignen wird. Aber natürlich geschehen die wenigsten Dinge genau so, wie ich sie einstudiert habe, und ich bin mir sicher, dass es für mich niemals möglich sein wird, immer im Voraus zu wissen, wie ich mich verhalten muss. Das menschliche Verhalten ist einfach nicht verlässlich genug, als dass ich es Vorhersagen könnte.

Nicht nur soziale Situationen empfinde ich als unzuverlässig und daher als nicht vertrauenswürdig und unangenehm. Durch die Beeinträchtigung meiner visuellen Wahrnehmung werde ich oft an der Nase herumgeführt. Deshalb fallen mir so banale Dinge wie das Nehmen eines Gegenstandes, der inmitten vieler gleichartiger Gegenstände liegt, das Bemerken von Unterschieden zwischen ähnlichen Objekten oder die Beurteilung der Entfernung von sehr nahen oder sehr fernen Gegenständen schwer. Ganz allgemein ausgedrückt weiß ich zwar, dass ich mich auf meine eigene visuelle Wahrnehmung nicht verlassen kann. Aber es ist für mich manchmal unmöglich, auf die Wahrnehmung anderer Leute zurückzugreifen. Es ist peinlich, wenn ich anderen Menschen, besonders Fremden, gegenüber zugeben muss, dass ich mich verlaufen habe, dass ich mein Auto zwischen all den anderen auf einem überfüllten Parkplatz nicht mehr wiederfinde, dass ich den Weg aus einem Einkaufszentrum heraus oder durch einige Gänge in einem Verwaltungsgebäude nicht mehr finde oder dass ich nicht einmal in meiner eigenen Stadt den Weg nach Hause finden kann.

Wenn ich weiß, dass ich mich in eine Situation begebe, in der ich hilflos werden könnte, dann versuche ich so gut ich kann Lösungen für die Probleme zu finden, die sich mir wahrscheinlich in den Weg stellen werden. Zum Beispiel bitte ich meinen Mann, mir eine aufwändige Karte zu erstellen, in der er sowohl schriftlich als auch anhand von Bildern deutlich macht, wie ich fahren muss. Dann besprechen wir das Ganze so lange, bis er sich sicher ist, dass ich mich nicht verfahren werde. Dann übergibt er mir noch das Handy mit der nachdrücklichen Aufforderung, ihn auch bestimmt sofort anzurufen, wenn ich den Weg nicht mehr weiß, als so etwas wie meinen letzten Ausweg. Ich bereite mich auch innerlich darauf vor, was passieren wird, wenn ich mein Ziel dann endlich erreicht habe. Ich versuche, mein Auto so zu parken, dass irgendetwas

Auffälliges in der Nähe ist, an das ich mich erinnern werde, damit ich wieder zu meinem Auto zurückfinden kann. Ich versuche, riesige Einkaufszentren von vornherein zu vermeiden und mich stattdessen an kleinere Läden zu halten, die alles, was ich brauche, führen. Ich spreche auch mit mir selbst, um ruhig zu bleiben, während ich mir meinen Weg durch unübersichtliche Gebäude oder Straßen suche. In Gedanken schreibe ich mir auf, was ich sehe, und ich erinnere mich immer wieder daran, dass ich jederzeit anhalten und jemanden um Hilfe bitten kann.

Ich komme mir niemals dumm oder blöd vor, wenn ich zu Hause anrufe und um Hilfe bitte. Wenn ich das täte, dann würde ich es nicht tun. Ich fühle mich sicher, wenn ich weiß, dass meine Familie sich um mich sorgt und für mich da ist, um mir zu helfen, den für mich richtigen Weg zu finden. Ich bin viel weniger ängstlich, wenn ich weiß, dass sie noch für mich im Hintergrund ist, besonders wenn ich in die schreckliche Situation komme, zugeben zu müssen, dass ich mich hoffnungslos verirrt habe. Ich hasse es, mich zu verirren. Ich hasse es, wenn die Welt plötzlich so erscheint, als sei sie voller Geheimgänge, falscher Ausgänge und Falltüren. Ich reagiere in diesen Situationen übertrieben und bekomme Panik. Schweißperlen bedecken mein Gesicht, mein Nacken und meine Handflächen fühlen sich taub und klamm an, und an meinem schnellen Puls zeigt sich, dass mein Blut durch die Adern rast. Meine Schultern verspannen, mein Mund wässert und aus meinem Magen steigt jede Menge Säure bis in meinen Rachen hinauf. Jawohl, das ist die natürliche Reaktion auf Furcht, das ist die natürliche Angstreaktion, aber für mich bedeutet es noch mehr. Meine Panikattacken sind oft sehr reale Warnzeichen für mich, unhörbare Stimmen, die meinen Sinnen zurufen: *Sei vorsichtig, schau dich genau um und beobachte deine Umgebung. Du befindest dich gerade in einer echten, greifbaren Gefahrensituation.*

Ich erinnere mich noch an eine Reise, bei der Tom und ich aus beruflichen Gründen in San Francisco waren. Seine Tage waren von morgens bis abends mit Arbeit angefüllt, während ich die ganze Zeit frei hatte. Nachdem ich einen Tag in dem Hotelzimmer verbracht hatte, beschloss ich, dass ich unseren Mietwagen nehmen und damit zu einer Teddybären-Fabrik fahren wollte, um meinen Töchtern von dort vielleicht handgemachte Stoffbären mitzubringen. Ich spazierte einfach so in den Raum hinein, wo Tom gerade dabei war, seinen Geschäften nachzugehen, unterbrach seine Arbeit dadurch vollkommen und platzte mit der Forderung heraus, dass ich jetzt die Autoschlüssel bräuchte. Ich erinnere mich daran, dass er mich so ansah, als ob ihn gerade jemand mit einem hellen Licht blenden würde, so überrascht und gleichzeitig besorgt schien er sowohl über mein Verhalten als auch über meine Forderung zu sein. Ich hatte ihn wohl vollkommen überrumpelt, denn er saß völlig sprachlos da und gab mir die Autoschlüssel. Sobald er das getan hatte, erkannte ich, dass ich mich zum Mittelpunkt der gesamten Aufmerksamkeit im Raum gemacht hatte, und bemerkte, dass ich gerade eben wohl wieder einmal eine soziale Regel gebrochen hatte. Ich schämte mich so sehr, dass ich den Raum gar nicht schnell genug verlassen konnte. Ich schnappte mir die Autoschlüssel und rannte in die Tiefgarage, wo unser Auto geparkt war. Nach einer längeren Suche hatte ich es endlich gefunden, und ich machte mich auf den Weg zu der Fabrik, hatte aber nur den kleinen Stadtführer des Hotels bei mir.

Innerhalb von fünf Minuten wurde mir klar, dass ich einen furchtbaren Fehler begangen hatte. Ich verglich die Straßenschilder, an denen ich vorbeifuhr, mit denen auf meiner Karte. Sie waren nicht verzeichnet. Ich entschied mich dazu, an einer Tankstelle anzuhalten und nach dem Weg zu fragen, damit ich wenigstens zum Hotel zurückfinden würde, glücklicherweise war wenigstens diese Adresse auf dem Stadtplan eingezeichnet. Ich gelangte zu der erstbesten Tankstelle und stieg aus, um nach dem Weg zu fragen. Sofort lief ein Obdachloser zu mir herüber, kam ganz nahe an mich heran und bettelte um Geld. Ich bemitleidete diesen Mann und war gleichzeitig auch voller Angst. Seine missliche Lage brach mir das Herz, aber mein Körper zitterte wegen ihm. Ich war mir nicht mehr sicher, was er oder all die anderen Leute, von denen ich erst jetzt plötzlich bemerkte, dass sie mich umringt hatten, tun würden. Aber irgendwie brachte ich es fertig, ihm die Wahrheit zu sagen - dass ich kein Bargeld bei mir hatte. Ich fühlte mich noch mehr verunsichert, als ich bemerkte, dass der Bedienstete der Tankstelle in weiter Ferne hinter seinen Stahlgitterstäben hockte. Als ich mich umschaute, realisierte ich langsam, dass ich in einen Teil der Stadt geraten war, den man unter gar keinen Umständen als sicher bezeichnen konnte. Ich stand wie gelähmt da, und die Angst überwältigte mich, die immer dann kommt, wenn ich mich gerade verirrt habe. Diese Angst teilt mir mit, dass meine Sicherheit bedroht wird. Ich wusste nicht, was ich machen sollte. Ich begann, langsam rückwärts zu gehen, um den Menschen vor mir auszuweichen, und fummelte gleichzeitig mit meinen Autoschlüsseln herum. Je ungeschickter ich mich dabei anstellte, umso aufgeregter wurde ich. In meiner Verwirrung bemerkte ich gar nicht, dass sich mir ein sehr großer Mann genähert hatte. Ich hatte keine Ahnung, woher er gekommen war oder wie es kam, dass er plötzlich neben mir stand, ohne dass ihn zuvor wahrgenommen hatte. Aber in dem Moment, als ich ihn sah, wusste ich, dass er für mich keine Gefahr darstellte. Erst einmal passte er genauso wenig in diese Gegend der Stadt wie ich. Er war sehr gut gekleidet und fuhr ein teures Auto. Er sprach gewählt und mit gut verständlicher, beruhigender Stimme. Er lächelte mich an und fragte mich, ob er mir irgendwie helfen konnte. Obwohl er mir nicht zu nahe gekommen war, hatte er den Leuten von der Straße, die sich gerade in meine Richtung bewegten, doch deutlich genug gezeigt, dass sie sich mir nicht weiter nähern sollten. Wie eine Woge, die sich wieder geglättet hatte, bemerkte ich, wie mein Puls wieder zu seinem Normalwert zurückgekehrt war. Ich redete weitschweifig drauflos, dass ich mich verirrt hatte und jetzt frustriert war, wie schlimm es für diese Menschen war, in so erbärmlichen Umständen zu leben usw. Ich bemerkte wohl, dass meine Worte sich überschlugen, und ich wusste, dass mein Gebrabbel die Aufmerksamkeit von meinem wirklichen Problem ablenkte, aber ich redete immer weiter. Der Mann hörte höflich zu, bis ich endlich wieder so weit beieinander war, dass ich meinen Mund halten und meine Gedanken wieder auf meine reale Situation lenken konnte. Ich hatte mich verirrt und keinen blassen Schimmer, wie ich den Weg nach Hause finden sollte. Mit sanfter Stimme erklärte mir der Mann, wie ich den Weg zum Hotel wiederfinden würde, indem er mich auf bestimmte auffällige Orte auf meinem Weg dorthin hinwies und mir erklärte, wo ich abbiegen musste. Er half mir dann, in den Wagen zu steigen, schloss die Autotüre und stand neben dem Wagen, bis ich wieder sicher in den Verkehr eintauchte. Ich bin ihm natürlich nie wieder begegnet, außer in meinen Träumen, die mich immer wieder an diesen Ort und in diese Situation zurückführen. Dieser Traum zwingt mich dazu, meine Wahrnehmungsschwierigkeiten als das anzuerkennen, was sie sind - eine Beeinträchtigung, die dazu führen kann, dass ich meine Grenzen überschreite.

Ich benötigte mehr als eine Stunde, um den Weg ins Hotel zurückzufinden, aber es gelang mir schließlich. In unserem Hotelzimmer traf ich Tom. Er war außer sich, machte sich rasende Sorgen darüber, was mir zugestoßen sein könnte. Immer wieder sagte er mir, dass ich so etwas nicht noch einmal tun sollte. Ich versprach ihm, dass ich mich nie wieder an mir unbekannten Orten weit von ihm entfernen würde. Und daran hielt ich mich auch.

Langsam, geradezu im Schneckentempo, habe ich gelernt, meine Handlungen in Frage zu stellen, bevor ich sie ausführe. Das bedeutet nicht, dass ich mich nicht in meiner Beurteilung immer noch irren kann, sogar so sehr, dass mich diese Fehleinschätzungen sehr nahe an gefährliche Situationen heranbringen können. Es bedeutet aber, dass ich langsam begriffen habe, dass ich mein Vertrauen in Tom zu meiner Absicherung nutzen muss. Mit anderen Worten, ich habe gelernt, ihn vorher zu fragen, ob es eine gute Idee ist, in einem mir unbekannten Park joggen zu gehen, mit dem Fahrrad durch eine bestimmte Gegend zu fahren oder mit dem Auto einen kleineren Ausflug in eine Kleinstadt in der Nähe zu machen, die ich vielleicht noch nicht kenne. Ich weiß, dass es besser für mich ist, seine Meinung über das Sicherheitsrisiko anzuhören und ihn vorher zu fragen, ob das wirklich eine weise Entscheidung ist, die ich gerade gefällt habe, wenn ich über mein gewohntes Umfeld hinausgehen will. Wie ein Blindenhund führt er mich immer sicher herum, wenn ich ihm vertraue und ihn darum bitte.

Nachdem meine Eltern alles getan hatten, was sie konnten, um mich auf den richtigen Weg zu bringen, ist Tom gerade rechtzeitig gekommen, um mich auf diesem Weg weiterzubringen, auch wenn er mich manchmal treten oder anschreien musste, damit ich endlich weiterging und schließlich einen Ort erreichen konnte, an dem ich mich wohl fühlte. Mit Toms Hilfe habe ich mich vom Autismus meiner Kindheit, von der ich kaum mehr glauben kann, dass es wirklich meine eigene Kindheit gewesen ist, in Richtung der vergleichsweise normalen Umstände, in denen ich heute lebe, verändern können. Als Beweis seiner Übereinstimmung mit mir hat er mir nie mehr als ein Lächeln oder ein Nicken gegeben, um mir zu verdeutlichen, dass ich mich gerade angemessen verhalten habe. Er sorgt dafür, dass ich mich sicher fühlen kann. Er hält mich im Zaum. Er lässt es mich immer wissen, wenn ich in meinen Gedanken zu weit gegangen bin oder wenn ich beim Reden zu weit aushole. Ich sehe ihn an und kann sofort einschätzen, wie das Gespräch läuft, und weiß, wie das Publikum auf mich reagieren wird. Er ist dabei niemals Besitz ergreifend, und er verhält sich niemals egoistisch, weil er sich durch mich gestört fühlt oder sich über mich ärgert. Auch wenn ich nur eine leise Ahnung davon habe, was sein wirklicher Einfluss auf mich für mich bedeutet, weiß ich mit Bestimmtheit, dass er mich weiterbringen will, indem er mich in die richtige Richtung führt. Er tut das nicht, um sich selbst eine Blamage zu ersparen oder mich davor zu bewahren, dass ich mich schämen muss. Ich habe immer schon gewusst, dass er ein sehr selbstbewusster Mann ist, der sich nicht durch seine Wirkung auf andere Menschen leiten lässt. Deshalb weiß ich auch ganz sicher, dass er es nicht zulässt, dass sein Verhalten und unsere Beziehung zueinander von anderen beeinflusst wird.

Er vermisste gar nichts an mir, als er feststellte, dass ich anders als andere Menschen war. Er spricht mit mir nie darüber, außer wenn ich das Thema anspreche. Während meiner langen, verschachtelten Monologe unterbricht er mich nie. Er benutzt meine Krankheit nie als eine Waffe, um meinen Enthusiasmus für unsere Beziehung zu schmälern. Und weil er sein Wissen darüber, wie ich bin, nie gegen mich verwendet hat, kann ich ihm bedingungslos vertrauen.

Vertrauen. Ein trügerisches Konzept, das doch so sehr von der Fähigkeit, verallgemeinern zu können, abhängig ist und ebenso sehr von der Fähigkeit, menschliche Feinheiten verstehen zu können. Kein Wunder, dass es vielen Menschen mit dem Asperger-Syndrom nie gelingt, wirklich Vertrauen zu erlangen. Aber wenn man es einmal gefunden hat, dann ist es ein wahrer Lebensretter. Es ist keine Sackgasse, sondern es ist ein Erwachen und ein Neubeginn. Mit jemandem an meiner Seite, dem ich vertrauen kann, habe ich die Gewissheit gewonnen, dass ich weiterhin wachsen kann, mich weiterentwickeln werde, dass mein Suchen Erfolg haben wird.

Manchmal muss ich einfach nur Toms Gesicht anschauen, und dieser Anblick allein bewahrt mich davor, umzukippen und abzustürzen. In der Struktur seines Gesichts begegnen mir so viele Elemente, die mich faszinieren - ebene Linien, Symmetrie, Geradheit, perfektes Zusammenspiel. Ich bin davon oft wie gelähmt, nicht einfach nur, weil er ein attraktiver Mann ist. Sein Gesicht ist fest und in sich ruhend und entschlossen. Es wirkt so scharf geschnitten, fast wie gemeißelt. Es bedeutet für mich eine visuelle Erleichterung von allem Schmerz. Ich bin sofort seltsam beruhigt, wenn ich seine Gesichtszüge betrachte. Ihn einfach nur anzusehen versetzt mich in ein Wohlgefühl, so wie es andere beruhigt, einen friedlich dahinströmenden Fluss zu betrachten, oder so wie ein Wiegenlied ein Baby zur Ruhe bringt.

Ich denke oft darüber nach, was aus mir und meinem Leben wohl geworden wäre, wenn ich Tom schon als Teenager getroffen hätte, als ich mir noch den schwierigen, gewundenen Weg durch meine Jugend bahnte. Ich glaube fast, dass er mich vor dem ganzen Durcheinander bewahrt hätte, durch das ich habe hindurchgehen müssen, bevor ich meinen Weg endlich gefunden hatte. Ich bin versucht, das zu denken, aber ich bin nicht davon überzeugt. Ich denke, dass es besser so war, dass wir uns erst später in unserem Leben kennen gelernt haben. So hatte ich schon ein jahrelanges Selbststudium hinter mir, um mich selbst zu entdecken, wie ich funktionierte und was ich brauchte. Wenn Tom oder jemand anderes mich immer wieder aufgefangen hätte, wenn ich hinfiel, dann hätte ich wohl niemals herausgefunden, was mit mir los war. Ich musste auf die Nase fallen, mir die Knie dabei anstoßen, das Herz musste sich in mir zusammenkrampfen, bevor ich wirklich begreifen konnte, dass es mehr als nur einen kleinen Unterschied zwischen mir und den anderen Menschen gab. Ich musste all den Schwierigkeiten ins Angesicht blicken, bevor ich zugeben konnte, dass ich die Unterstützung nötig habe, die Tom mir jetzt gibt. Ich kann jetzt weiterhin jeden Tag mehr von meinem Asperger-Syndrom ablegen. Dabei bin ich auf der Hut, dass ich Tom mit meinen Bedürfnissen nicht überfalle, ihn nicht überlaste. Ich achte darauf, dass ich mich nur auf ihn stütze, wenn ich mich gerade im Kreis drehe oder ich gerade eine ungewöhnliche Abzweigung genommen habe. Während ich weiterhin daran arbeite, in allen Einzelheiten zu entdecken, wann und wie Tom mir am besten weiterhelfen kann, versuche ich gleichzeitig, ihm so viel zurückzugeben, wie ich nur irgend kann: Treue, Ehrlichkeit und Verlässlichkeit. Und unsere gemeinsamen Interessen verbinden uns noch dazu. Wie zwei Buchstützen haben wir gelernt, uns gegenseitig zu unterstützen, auch wenn vieles zwischen uns steht.

6. Meine Kinder in den Schlaf wiegen

Um Himmels Willen!
Einakter bestehend aus einer Szene, auf einer wahren Geschichte basierend

Der Ort: *Das Ultraschalllabor eines Krankenhauses*

Die Personen: *Ein technischer Assistent für Ultraschalldiagnostik, eine Krankenschwester, eine werdende Mutter mit dem Asperger-Syndrom, ein nervöser werdender Vater*

Die Situation: *Die Schwangerschaft geht nicht so voran, wie es bei einer normalen Kindesentwicklung der Fall sein sollte. Der betreuende Frauenarzt ist besorgt um die Gesundheit des Kindes: Er hat eine Ultraschalluntersuchung angeordnet. Diese beginnt gerade ...*

Technischer Assistent: *Es geht jetzt los. Es könnte etwas kalt werden (verteilt etwas Gleitgel auf dem Bauch der Frau und fängt an, indem er den Schallkopf aufsetzt). Okay, ich kann alles überblicken, was ich sehen muss. Hier ist der eine Kopf ... (macht eine Pause und holt tief Luft) und hier ist der andere Kopf.*

Werdende Mutter: *Zwei Köpfe! Sie sehen zwei Köpfe! Hat das Baby zwei Köpfe? (Die werdende Mutter ringt nach Luft, schaut mit schreckenserfülltem Blick zu ihrem Ehemann herüber, der sich gerade in Richtung Fußboden verabschiedet.)*

Technischer Assistent: *Hallo, hallo! Sind Sie in Ordnung? Sieht so aus, als hätte uns einmal wieder ein Vater verlassen. (Ruft in Richtung der Anmeldestelle draußen:) Ich brauche Hilfe hier drinnen, wir haben gerade wieder einmal einen Vater, der auf dem Fußboden liegt.*

Krankenschwester *betritt den Raum, kümmert sich um den nervösen Ehemann, hilft ihm dabei, sich aufzusetzen, tief durchzuatmen usw.*

Werdende Mutter: Um Himmels Willen! Ich kann es einfach nicht glauben, mein Baby hat zwei Köpfe. *(Sie bricht in ein unkontrollierbares Zittern aus.)*

Technischer Assistent: Zwei Köpfe! Ojemine. Wussten Sie denn nicht, dass sie Zwillinge bekommen werden?

Werdende Mutter: Zwillinge? Um Himmels Willen!

ENDE

Es wird gesagt, dass der Wahrheit manchmal weniger Glauben geschenkt wird als freier Erfindung. Wenn man mein Leben betrachtet, dann würde ich diesem Satz uneingeschränkt zustimmen. Es ist tatsächlich so gewesen: Während sich die oben beschriebene Szene abgespielt hat, glaubte ich wirklich, dass mein Baby zwei Köpfe hätte. Während ich mir nicht ganz sicher bin, ob meine durch das AS bedingte Neigung zum allzu wörtlichen Verstehen wirklich in seinem ganzen Ausmaß deutlich wird, glaube ich doch, dass die Szene einen angemessenen Vorgeschmack auf das gibt, was eine Mutter tagtäglich erleben muss, wenn sie unter dem Asperger-Syndrom leidet. Die letzten zwölf Jahre lang habe ich mich in der Welt wie auf dem Kopf stehend gefühlt, mit verwirrtem Bewusstsein, irgendwo zwischen dem schwebend, was sein sollte und was wirklich war. Zu Hause bringen mir meine Kinder hinsichtlich der Rollen, die wir spielen, ebenso viel bei, wie sie von mir lernen. Während ich versuche, ihnen eine gereiftere Hierarchie von moralischen und ethischen Standards zu vermitteln, machen die Kinder mir vor, wie ich mich in der Öffentlichkeit zu benehmen habe. In der Tat sind sie es, die mir oft den Weg durch öffentliche Plätze zeigen, an denen ich ohne ihre Hilfe sowohl im direkten als auch im übertragenen Sinne sehr wahrscheinlich hoffnungslos verloren wäre. Die Kinder zwingen mich dazu, in eine Sphäre der Realität einzutreten, die ich kaum kannte, bevor es sie gab. Weil es mir von Herzen wichtig ist, dass es ihnen gut geht - dass sie gut erzogen werden, unbekümmert mit ihren Angelegenheiten beschäftigt sind und überhaupt in jeder Hinsicht zufriedene junge Menschen werden versuche ich so gut ich eben kann, meine Verhaltensweisen und Gedankengänge im Griff zu haben und zu überwachen. Ich versuche eben *die* Mutter zu sein.

Während meine Aufgaben als Mutter meine normalen Seiten in mir verstärken, rücken gleichzeitig auch meine unkonventionellen Seiten, die zuweilen unerträglich belastend sein können, ins Scheinwerferlicht. Wie es bei den meisten Dingen der Fall ist, so kann ich mich auch in meiner Rolle als Mutter mit einem Asperger-Syndrom nicht nach ein oder zwei belastenden Situationen hinstellen und sagen: „Ach, ich bin doch eine Versagerin!" Nein, es braucht mehr als einen Schlag, um mich wirklich zu Fall zu bringen. Es ist der Gesamtzustand meines vollständig durcheinander gebrachten Bewusstseins als Elternteil, der mir Grund dazu gibt, leise vor mich hin zu flüstern: „Oje, jetzt habe ich es wieder einmal völlig vermasselt!"

Es ist meine Erfahrung, dass jedes Lebensstadium meiner Töchter nicht nur neu und ungewohnt für mich ist, sondern mir auch fremd vorkommt. Gerade wenn ich glaube, eine Reihe von Anforderungen und Erwartungen erfüllt zu haben, kommen neue daher und werfen mich aus dem Gleichgewicht. Ich stelle fest, dass ich mit diesem Gedanken nicht allein dastehe. Praktisch alle Eltern, mit denen ich jemals gesprochen hatte, teilten mit mir zu einem gewissen Grade dieselben Leiden, Verwirrungen und Fehler. Ihre Identifikation mit den Situationen und Schwierigkeiten, die sie mit mir besprechen, finde ich verblüffend. Die Erfahrungen und Probleme aller Eltern, die ich kenne, scheinen alle denselben Ursprung zu haben. Meine Sorgen und Fehler jedoch scheinen von Orten herzurühren, die sie gar nicht kennen. Meine Angelegenheiten erscheinen ihnen genauso fremd, wie mir die ihren erscheinen. Es gab eine Zeit, da hat mich das sehr betroffen gemacht. Ich dachte, dass ich deshalb keine gute Mutter sein konnte. Jetzt, wo ich mehr über das Asperger-Syndrom weiß, bin ich nicht mehr so hart zu mir selbst. Ich bin nicht mehr so kritisch. Jetzt kann ich endlich mit anderen Eltern Ansichten über die Erziehung austauschen und dabei zumindest einige Ähnlichkeiten entdecken, z. B., dass es möglich ist, unsere Kinder sehr lieb zu haben, ohne dass wir alles mögen müssen, was mit ihrer Kindheit einhergeht.

Ich war froh zu hören, dass es anderen Eltern auch so erging, dass sich ihnen der Magen umdrehte und ihnen die Ohren wehtaten, als ihre Babys aus dem Krankenhaus nach Hause kamen. Es ließ meine Probleme der Überlastung durch meine Kleinen ein bisschen normaler erscheinen. Ein bisschen, aber nicht sehr viel normaler. Wenn ich mit anderen frisch gebackenen Eltern sprach, merkte ich, dass auch sie unter den Belastungen ihres sensorischen Systems litten, aber nur während der Zeit, in der sie diesen anstrengenden Sinneseindrücken ausgesetzt waren.

Auch sie konnten Geschichten erzählen, in denen es um besonders kräftig stinkende Ereignisse ging oder um wahnsinnigen Lärm mitten in der Nacht. Aber in keiner ihrer Geschichten kamen die starken emotionalen Reaktionen vor, die es bei mir gab. Sie würden Dinge zu mir sagen wie etwa: „Es gibt nichts Schlimmeres als eine schlechte Windel" oder „Es macht mich verrückt, dieses Geschreie die ganze Nacht." Aber das war es dann auch. Wenn ich sie darum bat, es genauer zu beschreiben, mir zu sagen, was es denn mit ihrem Sinnessystem machte, dann antworteten sie etwa: „Ach, es störte mich schon. Nervte mich wirklich." Ich saß dann gespannt da und wartete darauf, dass sie mir etwas erzählen würden, das meinen Erlebnissen näher kam. Ich wartete auf etwas, das über das hinausging, was man mit den Worten stören oder nervös machen beschreiben würde. Aber ich hörte nie mehr als das. Es wurde mir klar, dass meine Erfahrungen über das hinausgingen, was neurologisch normale Eltern erleben.

Nahezu alles in meinem Dasein als junge Mutter hatte das Potential, meine Sinnesorgane vollkommen außer Kontrolle zu bringen. Auch die einfachsten und scheinbar leichtesten Dinge konnten sich als anspruchsvolle Gegner entpuppen, die es sich zum Ziel gesetzt hatten, mich aus der Fassung zu bringen. Als mein erstes Kind geboren wurde, hatte ich es mir zum Ziel gesetzt, das Kinderzimmer perfekt einzurichten. Das Problem dabei war, dass die Babygeschäfte und ich uns keineswegs einig waren, wie ein Kinderzimmer auszusehen hatte. Warum beispielsweise müssen es immer Pastellfarben sein? Warum werden so viele Kinderartikel in Farben hergestellt, die so aussehen, als wären sie von einer Schicht Kalkstaub bedeckt? Ich kann Pastellfarben nur schwer ertragen. Ich habe es einmal wirklich versucht. Ich hatte mein ganzes Haus in hellen Farben gestrichen. Zwei Wochen später habe ich alles mit klaren, kräftigen Farben wieder übermalt. Jedes Mal, wenn ich einen Raum betrete, der in diesen verblichenen Tönen gestaltet ist, füllt sich mein Mund mit Speichel und mein Kopf tut mir weh. Diese Räume lösen in mir etwas aus, so dass ich mich unausgeglichen, übel und unwohl fühle. In geringerer Dosierung kann ich Pastellfarben noch ertragen,- wenn sie in einer ganzen Packung mit Malkreiden Vorkommen oder in einem Stoff, der von dunkleren Farbtönen dominiert wird. Aber ich kann mich nicht in sie versenken; sie drohen mich dann zu ertränken.

Als ich endlich eine Abteilung mit Möbeln und Bettzeug in wirklich erträglichen Farben gefunden hatte, war das noch nicht das Ende meiner Probleme. Eine ziemliche Menge anderer - nicht weniger lästiger - Aufgaben stand mir noch bevor. Ich hatte schon immer eine Fixierung auf symmetrische Formen gehabt und mich immer auf die Symmetrie als einen berechenbaren Standard verlassen. Babysachen waren aber tendenziell immer abgerundet und kreisförmig, ohne Zweifel deshalb, weil scharfe Ecken kleine Hände und Körper verletzen könnten. Mein Verstand hatte die Gründe für dieses Design durchaus begriffen und akzeptiert, aber meine Sinne ließen sich von dieser Logik, die hinter diesen Formen steckte, nicht bestechen. Meine Augen wünschten sich handfeste Formen, die aus Quadraten und Dreiecken zusammengesetzt waren. Sie hassten es einfach, Ketten mit abstrakten schwarz-weißen Mustern anzusehen, Tiere, die wirkten, als wären sie von einem Traktor platt gefahren worden, oder Clowns in Pastellkostümen. Ich konnte mir auch nicht vorstellen, dass mein Baby gerne neben so etwas liegen mochte. Diese Dinge waren beängstigend, nicht beruhigend; missgestaltet, nicht hübsch. Es war ebenso mühsam, geschmackvolle Bettbezüge, Vorhänge und Tapeten zu finden.

Wieder einmal hatte ich Pastellfarben und verschiedene in sich gewundene Muster zur Auswahl, aber jetzt musste ich auch noch ihre Textur ertragen. Ich werde von den verschiedensten Gefühlen ergriffen, wenn ich bestimmte Oberflächen berühre. Es gefällt mir gar nicht, rohes Holz zu berühren, obwohl ich es sehr gerne rieche. Aber ich mag auch wiederum Holz nicht, das durch die Bearbeitung zu glatt geworden ist. Ich fasse gerne Holzmöbel und Holzfußböden an, wenn noch etwas von der Holzstruktur unter dem Firnis zu spüren ist. Ich mag sehr gerne Möbel, die so aussehen, als ob sie auch starkem Wind standhalten könnten, und ich kann es nicht leiden, wenn sie so aussehen, als ob sie gleich zusammenbrechen würden, wenn ich mich darauf setzte. Ich mag sehr fein gewebte Baumwolle, geriffeltes Chenille und rohe Seide. Meine Finger ziehen sich intuitiv zurück, wenn sie Satin, Polyester, Nylon, ungebleichtes Leinen oder haariges Garn berühren. Ich kann nicht unter Bettdecken liegen, die in der Werbung als leicht wie Luft angepriesen worden sind, aber auch nicht unter Decken, die zu schwer sind, um wieder darunter hervorzukommen. Mittelschwere Stoffe mit einer leicht rauen Oberfläche sind mir angenehm. Von allem anderen bekomme ich eine Gänsehaut. Ich war mir nicht sicher, ob meine Kinder meine eigenartigen Vorlieben in diesen Dingen mit mir teilen würden. Aber mir war klar, dass die Materialien mir angenehm sein müssten, mit denen ich sie umgebe; meine Kinder werden sie berühren, und ich werde ebenfalls mit ihnen umgehen. Als alles gesagt und getan war, gelang es mir, das Zimmer meiner Töchter sehr warm und wohnlich auszustatten. Ich konnte aber keine passende Bettwäsche finden, und daher wandte ich mich an meine Mutter, damit sie mir Vorhänge und Bettbezüge aus weißer Baumwolle herstellte. Es war eine Erleichterung zu wissen, dass ich in das Kinderzimmer gehen und mich dort auf meine Töchter konzentrieren konnte. Es war allerdings keine Erleichterung zu wissen, dass meine Sinne in vielerlei anderer Hinsicht nicht so leicht im Zaum zu halten sein würden.

Ich kann schnelle Bewegungen nicht leiden. Mein Magen dreht sich herum, wenn ich ein Karussell auch nur ansehe, mit dem Auto über einen Hügel oder rasch um eine Kurve fahre. Als mein erstes Kind geboren wurde, begriff ich, dass meine Probleme mit dem Gleichgewichtssinn auch über Vergnügungsparks und Autofahrten hinaus von Bedeutung waren. Ich konnte meine Kinder nicht wiegen. Ich konnte sie aber durchaus hin- und herschaukeln, und das sogar im Schaukelstuhl. Während ich mich in dem Stuhl weit nach vorne und hinten beugte, konnte ich die Kinder, wenn sie weinten, nach links und rechts bewegen und sie tätscheln, um sie wieder zu beruhigen. Wenn das Übelkeit bei mir verursachte, so stand ich gewöhnlich auf und schaukelte sie nur wenige Zentimeter in jede Richtung. Wenn das immer noch zu viel für mich war, dann stand ich auf und ging im Raum umher. Dabei habe ich meine Töchter mehrmals hochgehoben und wieder heruntergelassen. Meine dürftigen Versuche waren nicht gerade das, was meine Kleinen am liebsten hatten. Viel mehr Spaß hatten sie an den wilden Spielen, die ihnen ihr Vater bieten konnte. Schade, dass diese Ausrede nicht gut genug war, um ihn davon zu überzeugen, dass er alle Nachtschichten für mich übernehmen sollte.

Jedes Mal, wenn ich mich mit meinen Töchtern beschäftigte, sah ich der Möglichkeit ins Auge, sensorisch überfordert zu werden, besonders dann, wenn Gerüche im Spiel waren. Überhaupt nichts - auch nicht Darmkoliken, die die Nachbarn aufwecken mussten, nächtliche Fahrten zu noch geöffneten Läden, um neue Windeln zu kaufen, oder Fütterungen, die ganze Nacht über andauerten - konnte mit den Gerüchen von Babyspucke, Milchschorfkrusten oder ekelhaften Windeln konkurrieren. Die allerbesten Eltern müssen diese Dinge hassen, aber ich denke, dass ich hierdurch mehr als die meisten beeinträchtigt worden bin. Wenn die Gerüche zu scharf wurden, erblasste ich, musste mich unter Umständen übergeben und mich hinlegen. Überraschenderweise konnte ich den Lärm ganz gut tolerieren, den meine Babys von sich gaben. Ich mochte das Schreien oder Zusammenschlagen von Spielzeugen nicht, aber ich konnte es aushalten. Ich frage mich, ob es deshalb so gut ging, weil ich mich auf den Grund des Schreiens mehr konzentrierte als auf das Schreien selbst. Mein Vater sagt mir immer, ich solle versuchen, etwas zu finden, um mich abzulenken und meine Gedanken und Ängste zu vergessen. Er kennt mich gut. Der Gedanke, dass meine Kinder vielleicht schrien, weil sie ernsthaft krank waren, wirkte Wunder; ich konnte alle anderen Gedanken und Sorgen rasch beiseite schieben.

Es gab Tage, an denen ich abends befürchtete, ich hätte meine Kinder im Stich gelassen, weil ich ihr mit unangenehmen Gerüchen angefülltes Zimmer verlassen oder nach meinem Mann gerufen hatte, damit er sie für mich wiegen sollte. Aber es gab keinen Morgen, an dem ich nicht aufwachte und zu mir selber sagte, dass ich meinen Kindern das Beste von mir geben wollte. Mir war schon früh klar geworden, lange bevor ich das Wort „Asperger" jemals gehört hatte, dass ich auf viele Dinge in dieser Welt ungewöhnlich reagierte, aber das ging nie bis zu dem Gefühl, dass ich nicht eine liebevolle, gute Mutter werden könnte. Ich war von anderer Beschaffenheit als andere Mütter, aber ich war immer noch die Mutter meiner Töchter, und ich war überzeugt, dass sie von mir die liebevolle Pflege bekommen würden, die sie brauchten. Ich war so weit, dass ich die Elternratgeber beiseite legen konnte, wenn ich auf Passagen stieß, in denen suggeriert wurde, dass es nur eine richtige Art und Weise gibt, wie man richtig Mutter sein und sein Kind lieben kann.

Als die Mädchen älter wurden, eröffneten sich mir neue Horizonte, und nahezu alle meine Asperger-typischen Eigenschaften sollten in neuem Licht erscheinen. Und während ich neue Wege fand, um mit meinen sensorischen Integrationsstörungen umzugehen oder sie wenigstens weniger offensichtlich werden zu lassen, kam ich um andere Eigenheiten nicht herum, die mich auf Schritt und Tritt verfolgten. Solange wir zu Hause waren, gab es jede Menge Möglichkeiten, meine offensichtlichsten AS-Eigenschaften unter Kontrolle zu bringen. Ich konnte die Umgebung verändern, Sachen entfernen, die mich störten, oder ich konnte Probleme, die ich nicht lösen konnte, einfach ignorieren. Und es gab immer noch die allerletzte Möglichkeit, meinen Mann zu bitten, mir zu helfen, falls es etwas gab, das ich nicht einfach wegnehmen oder ignorieren konnte. Aber mein Mann konnte nicht immer in meiner Nähe sein. Wenn ich alleine draußen war und durch zu viele Eindrücke und unterschiedliche Situationen durcheinander gebracht wurde, dann geriet ich in Gefahr, meine Kontrolle über das AS zu verlieren. Meine Sprache wurde dann pedantisch, mein Gesichtsausdruck übertrieben, meine Denkweise wurde zu starr, mein Verhalten zu unhöflich, meine praktischen Entscheidungen zu zweifelhaft.

Die Situationen, die die meiste Anstrengung und das höchste Risiko mit sich brachten, betrafen häufig meine Kinder. Ich betrachte meine

Familie als eine geschlossene Einheit, in die ich andere Leute als Besucher hineinbitten kann, wenn das unsere Entscheidung war, wenn wir es gerade wünschten. Ich rege mich sehr leicht darüber auf, wenn andere Menschen nicht begreifen wollen, dass ich eine Art Schutzwall um meine Kinder und meinen Mann herumziehe. Ich greife niemals in die Familiendynamik anderer Leute ein, jedenfalls bin ich mir dessen nicht bewusst. Und ich halte es für mein gutes Recht, dass ich von anderen erwarten kann, unsere Privatsphäre ebenfalls zu respektieren. Meine Erwartungen werden selten erfüllt, und das stört mich gewaltig. Bevor wir Kinder bekamen, hatten mein Mann und ich unsere Umgebung unter Kontrolle. Wenn ein Besuch unerwünscht war, weil wir uns gerade nicht unterhalten wollten, taten wir so, als seien wir nicht zu Hause. Wenn wir in ein Restaurant gingen und feststellten, dass es überfüllt war, verließen wir es wieder. Wenn zu viele Leute zu viel unserer Zeit in Anspruch nehmen wollten, beantworteten wir alle Anrufe für eine Weile nicht mehr. Wenn unsere Umwelt zu sehr in unsere eigene kleine Welt eindringen wollte, dann wiesen wir sie ab und stellten das ab. Wir wollten dabei nicht unverschämt sein. Wir haben nur versucht, ehrlich zu sein. Als die Kinder kamen, war es vorbei mit der Privatsphäre. Unsere verschlossenen Türen wurden zu offenen Fenstern. Unsere ruhigen Spaziergänge um die Häuserblöcke der näheren Umgebung wurden zu öffentlichen Umzügen, denen alle Kinder der gesamten Nachbarschaft folgten. Unser Telefon klingelte so lange, bis wir abnahmen. Es gab Leute, die an unsere Tür klopften und durch das Fenster schauten, uns zuwinkten, damit wir zu ihnen kommen und sie begrüßen sollten. Ich habe zu dieser Zeit viel gelächelt. Ich wusste einfach nicht, was ich sonst tun sollte. Ich schwatzte, lachte und schenkte Limonade ein, backte Plätzchen und plante sorgfältig Partys für meine Kinder und ihre Freunde. Ich lernte allerlei Feinheiten, indem ich in dem Verhalten der Nachbarschaft wie in einem Benimmbuch las. Das einzige Problem war, dass dieses Buch unvollständig war. Es gab viele Hilfen, was man tun konnte, aber wenige Hinweise darüber, was man besser unterlassen sollte. Ich wusste nicht, was ich tun sollte, wenn ich gerade keine Kinder bei mir haben wollte, weil der Lärm zu viel für mich war, wie ich schweigen konnte, wenn ich nichts zu sagen hatte, wie ich es vermeiden konnte, gut gelaunt wirken zu müssen, wenn mir gerade danach war, zurückhaltend zu sein. Meine Gefühle wurden durcheinander geworfen, mein Durchblick wurde getrübt. Ich wusste, was ich zu meiner Zufriedenheit brauchte, aber ich wusste nicht, wie ich meine Bedürfnisse befriedigen konnte, ohne die Bedürfnisse meiner Familie mit Füßen zu treten. Ich wollte die Tür abschließen, aber meine Kinder wollten ihre Freunde hereinlassen, um mit ihnen zu spielen. Ich hätte manche Leute gerne ignoriert, aber dann hätte sich meine Familie wegen mir schämen müssen. Ich hätte die Freundschaft anderer ablehnen können, aber meine Familie hätte dann irgendwann alleine dagestanden. Ich wusste nicht, wie man anderen unauffällig ein Zeichen geben konnte oder was ein passender Abgang ist. Ich wusste nicht, wie man Übergänge einleiten konnte. Ich wusste nicht, wie ich die Bedürfnisse meiner Kinder von meinen eigenen Bedürfnissen trennen konnte, ohne dass wir auseinander gerissen werden würden.

Kinder brauchen eine ganze Mannschaft von Leuten, damit sie glücklich und gesund sein können, alles Nötige lernen und sozial akzeptiert werden. Auch wenn ich mir deshalb Sorgen machte, so war es doch eine anerkannte Tatsache, mit der ich zu leben hatte. Manche Mitglieder dieser Mannschaft waren für mich schwer zu verstehen, bei anderen fiel es mir leichter. Arztbesuche zum Beispiel waren für mich kein großes Problem. Der körperliche Zustand der Mädchen konnte gemessen, festgehalten, in Akten eingetragen und analysiert werden. Ärzte redeten nicht um den heißen Brei herum, sie kamen gleich zur Sache, und dann ging es weiter zum nächsten Patienten. Bei anderen wichtigen Sachen fiel mir der Umgang mit Menschen weniger leicht. Schulangelegenheiten standen ganz oben auf der Liste der Dinge, die mich immer wieder verwirren. Die scheinbar einfachsten Aufgaben warfen mich um. Wie zum Beispiel plant man ein Klassenfest richtig? Ohne über genaue Richtlinien oder Begriffserklärungen zu verfügen, kam ich nicht auf die Antworten, und ich hatte nichts als Fragen. Konnte man die Gäste irgendwie unterhalten oder musste man ihnen etwas Besonderes bieten? Konnte ich irgendwelche Snacks präsentieren oder war es nötig, volle Mahlzeiten zuzubereiten? War es üblich, die Eltern zu befragen und sich nach ihrer Meinung zu richten? Sollten die Eltern dazu eingeladen werden, dem Fest beizuwohnen? Wenn ich ein gemeinsames Basteln plante, gab es dann Vorschriften darüber, welche Materialien die Kinder verwenden durften? Ich wusste nicht, wo ich anfangen sollte, und was noch schlimmer war, schon gar nicht, wo ich aufhören sollte. Es war eine entsetzliche Erfahrung für mich. Ich war voller Angst, dass die anderen vielleicht meine eigenartige Individualität bemerken könnten. Darum fiel es mir auch sehr schwer, andere danach zu fragen, wie sie ihre Partys gestalteten. Alle anderen um mich herum schienen wie von selbst zu wissen, was sich gehörte, sogar diejenigen, die noch nicht lange Mütter waren. Mir war klar, dass ich es riskieren würde, meine Kinder zu blamieren, wenn ich meine Unwissenheit zugab oder meine Gedanken aussprach. Denn wer möchte schon die Tochter einer Mutter sein, die nicht weiß, was sich gehört?

Ich erinnere mich insbesondere an eine Halloween-Party zu der Zeit, als meine älteste Tochter in der Grundschule war. Mein Mann und ich kamen zu der Party, um mit dabei zu sein, wie viele andere Eltern auch. Wir kamen als Erste, saßen gemütlich im hinteren Teil des Raumes und genossen es, zusehen zu können. Ich war glücklich und zufrieden in ihrem Klassenraum, das bin ich immer in dieser Umgebung. Ich mag sehr gerne mit kleinen Kindern und älteren Menschen zusammen sein, denn sie gehen großzügig über meine Eigenheiten hinweg und akzeptieren mich trotz all meiner Fehler. Tom und ich redeten mit den Kindern, als sie gerade in unsere Richtung liefen, und wir lächelten der Lehrerin zu, um ihr zu zeigen, dass wir uns wohl fühlten. Es war alles in allem eine tolle Party, bis dann die anderen Eltern kamen. Es war glasklar, dass ich schon wieder eine ungesprochene Regel verletzt hatte,- sie kamen alle in Kostümen, nur wir waren unkostümiert. Wie kam es, dass sie eingeweiht waren und dass ihnen scheinbar ganz klar war, was wir nicht wussten? Ich hatte die schlimmsten Vorstellungen. Gab es einen privaten Club, dem nur diejenigen angehörten, die ein geheimes Plätzchenrezept kannten? Würden unsere Namen jetzt jedes Halloween wieder erwähnt werden als das Elternpaar, das Halloween in Straßenkleidung erschienen war? Ich hielt zwanghaft an diesen Gedanken fest, bis mich endlich mein Mann davon überzeugen konnte, dass ich keinen großen Fauxpas begangen hatte. Aber ich weiß, dass ich niemals das Gefühl vergessen werde, das ich empfand, als meine Tochter zu mir rannte und mich fragte, warum wir nicht Kostüme anhätten wie die anderen Mamis und Papis.

Aber das Leben geht auch für uns Eltern mit dem Asperger- Syndrom weiter, egal, wie oft wir uns fragen, wie das gerade passieren konnte oder was wir hätten anders machen können. Es gibt keine vorhersehbaren Dinge, auf die Eltern sich verlassen können, keinen objektiven Standard, mit dem die ureigene Subjektivität von Kindern beurteilt werden könnte. Kein Hoffen und Bangen kann das Unvermeidliche aufhalten, wir werden Fehler machen. Die Aufgabe, die ich mir selbst gesetzt habe, ist im Prinzip sehr einfach. Ich habe mir klar gemacht, dass ich nie im Voraus wissen kann, was ich tun muss und wie ich mich zu benehmen habe, wenn ich nicht mit Logik und Verstand das Elternsein erlerne. Ich habe nach und nach einige gute Freunde gefunden, die ich um Rat fragen kann. Es sind Freunde, die mich unter ihre Fittiche nehmen, die mich nie auslachen oder in eine falsche Richtung schicken würden.

Manches meiner Probleme als Mutter gründet in meiner Unfähigkeit, Informationen auf bestimmte Situationen zu übertragen. Ich bin nur in zwei Situationen gut darin, Probleme zu lösen. Entweder wenn es gar kein wirkliches Richtig oder Falsch gibt, so wie in meinen Aufsätzen, die auf reiner Fiktion beruhen. Oder wenn es sehr gut definierte Antwortmöglichkeiten gibt, wie zum Beispiel, wenn ich wissenschaftliche Studien erarbeite und durchführe. Wenn veränderliche Variablen die Situation beeinflussen wie menschliche Emotionen, soziale Faktoren, nicht vorhersehbare Abläufe oder persönliche Vorlieben, stehe ich da ohne einen blassen Schimmer, wie ich mich verhalten soll. Die meisten Dinge, die mit Kindern zu tun haben, werden durch derartige Variablen beeinflusst, die ich nicht wirklich erkennen kann. Unglücklicherweise hat das zur Folge, dass ich in der Erziehung nicht besonderes konsequent bin. Ich setze bei jedem Problem wieder völlig neu an, gerade so, als wäre ich zuvor noch nie in einer ähnlichen Situation gewesen. Ich verbringe zu viel Zeit mit dem Überdenken und Analysieren der Verhaltensweisen meiner Kinder und wie ich darauf reagieren soll. Auch wenn ich gewisse Regeln aufgestellt habe, scheint es mir so, als würden meine Töchter immer neue Wege finden, wie sie diese umgehen können. Bei jeder veränderten Situation muss ich wieder von vorn anfangen, um die Antwort auf das neue Problem finden zu können. Ich bin überzeugt davon, dass dies meine Kinder verunsichert und gelegentlich dazu führt, dass sie undiszipliniert sind. Sie wissen genau, wann ich mich über ihr Verhalten ärgern werde, das ist es gar nicht. Sie können aber nicht genau Vorhersagen, was ich in dieser Situation tun werde.

Aus einer ganzen Sammlung merkwürdiger Situationen aus meiner Vergangenheit gibt es eine, die besonders bizarr ist, sogar für meine Freunde, die mich mit all meinen mir durch das Asperger-Syndrom eigenen Macken akzeptieren. Eines Nachmittags war mir die Zeit davongelaufen, und ich war sehr spät dran, um meine Zwillinge aus der Vorschule abzuholen. Ich habe den Ort, an dem ich mich gerade befand, sofort eilig verlassen und alles, womit ich gerade beschäftigt war, stehen und liegen lassen. Ich fuhr so schnell ich konnte - ohne die Verkehrsregeln zu überschreiten - zur Schule. Als ich zu ihrem Gebäude kam, rannte ich zu ihrem Klassenraum und lief an einigen Leuten vorbei, die mich anstarrten oder zumindest verwundert schauten. Ich wusste, dass es für mich unangebracht war, einen Gang in der Schule entlang zu rennen, aber ich war über den Punkt hinaus, wo mich das gestört hätte. Ich hatte meine Töchter im Stich gelassen und musste jetzt alles tun, um das wieder in Ordnung zu bringen. Endlich sah ich meine Zwillinge dort stehen und war sehr erleichtert darüber, dass sie ganz friedlich in ein Gespräch mit ihren Lehrerinnen verwickelt waren. Ich hörte auf zu rennen und verlangsamte mein Tempo, um den Mädchen etwas Zeit zu geben, ihr Gespräch zu beenden. Die Lehrerinnen hörten in dem Moment auf zu reden, in dem sie mich sahen. Ihre Münder öffneten sich, ihre Augen weiteten sich und sie fingen an zu lachen. Die Mädchen drehten sich zu mir herum, um zu sehen, warum sie lachten. Aber als sie mich sahen, konnten sie nicht einmal lächeln. Ihre kleinen Gesichter schauten mich an, als ob sie mich noch nie gesehen hätten. Ich konnte die Gesichter um mich herum nicht verstehen. Ich wusste nicht, warum die Lehrerinnen lachten und die Mädchen wie gelähmt dastanden. Ich fragte verwirrt eine der Lehrerinnen, was denn los sei. Sie brach in lautes Gelächter aus und sagte: „Nur Sie bringen es fertig, hier *so* aufzutauchen." Verwirrt schaute ich eine meiner Zwillinge an, als sie rief: „Mami, was ist mit dir los?" Und dann die andere Zwillingstochter, der nichts einfiel, was sie sagen konnte. Ich wusste, dass ich wieder einmal einen großen Fehler in der Bewertung einer Situation gemacht hatte. Als ich den Stuhl der Friseuse in aller Eile verlassen hatte, wusste ich sehr wohl, dass ich gerade mitten darin war, meine Haare gefärbt zu bekommen. Ich wusste, dass ich nicht gerade aussah wie in meinen besten Momenten, aber ich hätte nicht einen Augenblick lang daran gedacht, dass alle Welt schockiert reagieren würde, mich so zu sehen. Ich hätte nicht gedacht, dass ich so schrecklich aussah. Ich war von den Reaktionen um mich herum sehr überrascht worden. Für mich hatte es aber für meine Verspätung nur eine Wiedergutmachung gegeben: die Mädchen so schnell ich eben konnte abzuholen. Es machte mir nichts aus, ob ich nun mit rotem Haarfärbmittel bedeckt war oder nicht. Es machte aber meinen Töchtern etwas aus. Eine der beiden weinte auf dem gesamten Nachhauseweg, die andere erklärte mir immer wieder auf die verschiedensten Weisen, wie ärgerlich sie auf mich war. Ich tat das Einzige, was ich in solchen Situationen tun kann. Ich entschuldigte mich bei ihnen und sagte ihnen, dass sie hoffentlich wussten, dass ich sie nicht mit Absicht hatte verärgern wollen.

Ich mache mir große Sorgen darüber, welchen Einfluss ich auf das Selbstvertrauen und Wohlbefinden meiner Töchter haben könnte. Ich möchte nicht, dass durch mich Ängste und Scham in ihr Leben treten. Meine Sorge um sie rückt mich weiter in Richtung des Normalen, selbst wenn ich mir auf dem Weg dorthin blaue Flecken hole. Ich fühle mich schlecht, weil ich sie nicht dazu ermuntere, eine große Anzahl von Freunden mit nach Hause zu bringen, weil ich ihnen nicht bei ihren Mathematikhausaufgaben helfen kann und weil ich schummeln muss, um ihnen bei der Rechtschreibung weiterhelfen zu können. Es tut mir selbst Leid, dass mir Small Talk mit den Eltern der Freundinnen meiner

Töchter nicht leicht fällt. Ich schäme mich, wenn ich nicht weiß, wie ich mich zu verhalten habe. Ich mag mich selbst nicht besonders gern, wenn ich mich selbst sagen höre: „Sei ruhig! Halt, langsam. Ich kann nicht mithalten. Bitte redet nicht alle gleichzeitig mit mir!" Dabei sind die Mädchen einfach nur fröhlich und aufgeregt und wollen die Erlebnisse ihres Tages mit mir teilen. Und ich hasse es jedes Mal wieder von neuem, wenn mir klar wird, dass meine Töchter mir schon viel häufiger etwas beigebracht haben als ich ihnen.

Mir ist bewusst, dass das Leben mit einer Asperger-Mutter sehr schwierig für die Kinder sein kann. Ich kann zum Beispiel sehr bedrängend, zwanghaft oder schonungslos und laut sein. Ich durchbreche oft die Ruhe meiner Kinder und störe sie, wenn sie gerade in ihren Gedanken sind. Ich sage das völlig Falsche zum schlimmstmöglichen Zeitpunkt, erzähle zu viele verschiedene Geschichten mit zu vielen Metaphern zu laut und schnell. Ich mache die unmöglichsten Bemerkungen und stelle die ungewöhnlichsten Forderungen. Ich nehme die Dinge zu wörtlich, halte an den Worten und Verhaltensweisen anderer zwanghaft fest, und normalerweise bin ich die Einzige, die etwas nicht ganz richtig verstanden hat. Ich bin dabei, mich zu ändern, aber das braucht natürlich seine Zeit. Ich versuche es zunächst mit Entschuldigungen, aber dann sollte doch noch etwas mehr folgen. Ich lerne Wege zu finden, ihnen in verständlichen Worten klar zu machen, wer ich bin.

Zum Glück sind Aufrichtigkeit und Ehrlichkeit Eigenschaften, die Menschen mit Asperger wie von alleine zufliegen. Wir können einfach nicht anders, als den Leuten mitzuteilen, was wir denken, und zwar in just dem Moment, wenn es uns gerade in den Sinn kommt. Während das manche Leute, mit denen wir so reden, in große Verlegenheit bringt, kann es auch ein wahrer Segen sein. Ich lasse zum Beispiel meine Kinder nie im Unklaren darüber, was ich gerade denke. Ich spreche meine Gedankengänge normalerweise aus, häufig zu ihrer Bestürzung. Trotzdem - unsere Beziehung wandelt sich beständig und wächst fortwährend weiter.

Früher habe ich gehofft, dass ich mich meinen Kindern gegenüber immer von meiner besten Seite zeigen könnte. Ich wollte, dass sie mich als ein Vorbild ansehen, auf das sie sich verlassen können, dass sie es mir nur nachmachen müssten, dass ich als ihre Mutter ihnen zeigen würde, welche Fehler sie vermeiden sollten und in welche Richtung sie gehen müssen. Es war nie meine Absicht, dass ich mich so auf sie stützen würde, wie ich es tue. In unserer Familie sind die Verhältnisse oft so verkehrt herum, dass ich mich als die Mutter auf das Urteil und die Führung meiner Kinder verlasse. Ich betrachte sie als Vertraute und meine besten Freunde. Ich bitte sie, mir den Weg zu zeigen, um wieder aus einem Einkaufszentrum herauszukommen oder mich durch eine Menschenmenge hindurchzulotsen. Ich bitte sie, meine Hand zu halten, wenn meine Angst sich gerade aufbaut, mich darauf hinzuweisen, wenn ich wieder einmal etwas erzähle, das gerade niemand hören will. Erstaunlicherweise lassen sie mich nie im Stich. Sie nehmen meine Forderungen ernst und helfen mir gerade so, als ob ich sie darum gebeten hätte, ihre Schuhe wegzuräumen oder den Abwasch zu machen.

Ich denke, dass die Mädchen wissen, dass ich an mir arbeite und mich fortwährend weiterentwickle. Ich bin darüber sehr froh, weil es so viel gibt, das wir in dieser Hinsicht noch lernen können. Wenn ich ihnen beibringen kann, dass es in Ordnung ist, Fehler zu machen, und dass Perfektion nicht der Schlüssel zum Glück bedeutet, dann habe ich ihnen eine Portion Glauben an sich selbst mitgeben können. Wenn sie von mir lernen, sich ihre Hartnäckigkeit und ihren Mut angesichts der vielen Verwirrungen und Zweifel zu bewahren, dann gebe ich ihnen den Willen mit, den man dazu braucht, um im Leben etwas zu erreichen. Wenn ich ihnen zeige, dass Individualität und persönliche Ausdrucksfreiheit etwas sind, für das es sich zu kämpfen lohnt, dann zeige ich ihnen eine Möglichkeit auf, wie sie sich selbst finden können. Und wenn sie mit mir an ihrer Seite die Bedeutung von Akzeptanz und Mitleid begriffen haben, dann habe ich den Grundstein für ihr Verständnis von Toleranz gelegt. Wenn sie all diese Dinge in ihre Persönlichkeit integrieren können, dann bin ich letzten Endes doch ein gutes Vorbild für sie gewesen. Ich werde ihnen dazu verholfen haben, dass sie in allen Menschen Gutes entdecken können und dass sie ihre persönliche Zufriedenheit finden werden.

Heute sind meine Familie und ich auf einem guten Weg hin zu gegenseitigem Respekt und aufrichtiger Unterstützung. Natürlich streiten wir uns auch, machen viel Wirbel und sagen Dinge, von denen wir uns hinterher wünschen, dass wir sie nie gesagt hätten. Aber daran ist nichts Ungewöhnliches. Unsere Beziehung ist durch das Asperger-Syndrom nicht schwieriger geworden, als sie es normalerweise auch gewesen wäre. Das Asperger-Syndrom beeinflusst uns zu einem gewissen Grade, aber auch nicht mehr, als unsere anderen Gene es auch tun. Wir betrachten es ja auch als vorherbestimmt, dass vier von uns fünfen eine Brille brauchen und alle außer einer von uns dunkle Haare haben. Wir nehmen es als gegeben hin, dass Mami aufgrund des Asperger-Syndroms bestimmte Probleme hat. Wir wissen, dass es da sehr, sehr viel mehr

Dinge an uns zu entdecken gibt, vieles mehr, das wir in Zukunft noch voneinander lernen können. Auf unserem Weg hierher haben wir bereits gelernt, dass wir uns nicht dafür entschuldigen müssen, wer wir sind. Wir haben gelernt, uns nicht zu wünschen, jemand zu sein, der wir nicht sind. Wir haben gelernt, wie wir eine Familie sein können, in der jeder jeden mit ganzer Kraft unterstützt, und das ist schon eine ganze Menge.

7. Sich selbst finden und sich dabei niemals aufgeben

Jeden Tag kann ich so sein, wie alle anderen auch zu sein scheinen.
Bis ich mich daran erinnere, dass ich nicht so sein muss wie alle anderen.
Das Ich, das ich bin, hat sich endlich mit den Unterschieden angefreundet,
die ich nicht länger zu verstecken versuche.
Es sprudelt aus meinem Herzen hervor, und so kann ich nun ganz einfach das nehmen, was ich möchte, was ich brauche, an den Orten, die ich besuche, und von den Leuten, die ich treffe.
Und mit innerer Freude bin ich fest davon überzeugt, dass ich hoffen kann,
etwas Erfreuliches und Wertvolles hinter mir zurückzulassen.

Schon bevor sie geboren war, wusste ich, dass das zweite meiner Zwillinge ein besonderes Kind sein würde. Sie bewegte sich zu viel, sie war zu hektisch, sie fand nie die Ruhe und Gelassenheit, die ihre beiden Schwestern hatten. Ganz sicher war ihre Geburt nicht einfach gewesen. Wie sehr ich es auch versuchte, ich konnte sie nicht zur Welt bringen. Ihre Zwillingsschwester war ohne größere Anstrengungen geboren worden, aber dieses Baby rührte sich nicht von der Stelle. Eine Ultraschallaufnahme zeigte dann warum - ihre Geburtsstellung war über Kopf und rückwärts. Die Ärzte hatten sich sogleich daran gemacht, sie zu bewegen und nach und nach ihre Position zu verändern, bis sie nach nahezu zwanzig Minuten fast normal stand und ich sie gebären konnte, ohne dass ein Kaiserschnitt nötig gewesen ist. Ich konnte es kaum erwarten, dieses Baby zu sehen, dieses Kind, das so sehr darum gekämpft hatte, nicht auf die Welt gebracht zu werden. Der Arzt hielt sie mir so hin, dass ich sie sehen konnte, aber nur für einen kurzen Augenblick. „Es ist ein Mädchen", das war alles, was ich hörte. Ein schlaffes und lebloses Baby war, was ich vor mir sah. Innerhalb von Sekunden kamen die Schwestern und nahmen es mit in einen Raum, den ich nicht einsehen konnte. Jeder versuchte, mich mit meinen Ängsten zu trösten, mir all meine Fragen zu beantworten und mich zu beruhigen, indem man mir die gesunde Zwillingstochter zeigte, das rosige Baby, das schrie und zappelte und an der klitzekleinen wohl gebildeten Faust nuckelte. Wie froh und glücklich ich auch darüber war, meine erstgeborene Zwillingstochter so gesund und kräftig zu sehen, wie wunderbar es auch war, sie in meinen

Armen zu spüren, ich konnte meine Ängste nicht unterdrücken. Ich fragte immer wieder danach, was denn mit dem anderen Baby nicht in Ordnung war, mit diesem anderen Kind, das ich noch nicht sehen durfte. Die Schwestern beruhigten mich, dass es bloß einen kleinen Schubs am Anfang benötigte, ein bisschen Sauerstoff und etwas liebevolle Unterstützung. Die längsten Minuten meines Lebens zogen an mir vorüber, bis das zweite Baby endlich zu mir gebracht wurde. Ich habe überhaupt keinerlei Vorstellung mehr davon, wie viel später es eigentlich war. Ihre Färbung war nicht annähernd so rosig wie die der anderen Zwillingstochter. Ihre Bewegungen waren langsam, ihre Stimme leise. Obwohl sie fast das gleiche Geburtsgewicht hatten, sah diese Zwillingstochter kleiner und zerbrechlicher aus als ihre Schwester. Mein außergewöhnliches Kind hatte sein Leben auf eine ungewöhnliche Art und Weise begonnen, und alles was ich tun konnte, war sie fest im Arm zu halten und sie wissen zu lassen, dass ich sie liebte.

Die Ärzte haben zu keinem Zeitpunkt angedeutet, dass sie neurologische Ausfälle haben könnte, ihre Entwicklung verzögert sein könnte und dass überhaupt nur irgendetwas von der Norm abweichen könnte. Sie haben die Möglichkeit einer Erkrankung aus dem autistischen Formenkreis nie erwähnt. Sie haben uns gesagt, alles wäre in Ordnung. Und so begannen mein Mann und ich ganz optimistisch damit, dieses Kind großzuziehen, gerade so, wie wir es bei ihrer Zwillingsschwester und ihrer größeren Schwester getan hatten. Dennoch behielt ich in meinem tiefsten Inneren Zweifel zurück. Es war wie ein Flüstern, das immer wiederholte, dass bei diesem Kind irgendetwas anders war. Sechs Jahre später wurde aus diesem Flüstern ein lauter Aufschrei, und unsere Welt würde sich für immer ändern. Wenn man die Zwillinge verglich, so war es für niemanden außer mir offenbar, dass es in der Entwicklung der beiden einen Unterschied gab. Es war dabei ganz offensichtlich, dass die beiden total unterschiedliche Persönlichkeiten besaßen. Unsere ältere Zwillingstochter hatten wir wegen ihrer ruhigen und knuddeligen, süßen Art ins Herz geschlossen. Unsere jüngere Zwillingstochter hatte unser Herz durch ihre Energie, ihre lebhaften Wünsche und ihre ungeheure Hartnäckigkeit erobert. Unser Leben war von nun an hektisch, weil wir jeden Moment, den wir mit unseren Kindern verbrachten, bewusst erleben und genießen wollten. Dazu die doppelte Berufsbelastung, der Haushalt - bei aller alltäglichen Routine erlebten wir den Frieden und die Ruhe, die wir uns erhofft hatten. Dabei versetzten uns die Zwillinge immer wieder in Erstaunen, so wie alle Kinder ihre Eltern überraschen. Wir versuchten, jede ihrer Entwicklungsstufen liebevoll zu begleiten und mit allen kleinen Sorgen spielerisch fertig zu werden. Als ich damit begann, Freunden davon zu berichten, dass etwas bei meiner jüngsten Tochter anders war, waren die Zwillinge in der Vorschule.

Zuerst habe ich versucht, mich selbst davon zu überzeugen, dass meine Tochter lediglich eine bleibende Hörschwäche hatte, eine Folge einiger Ohrentzündungen, die sie als Kleinkind hatte durchmachen müssen. Sharon, die Elternberaterin in unserem Stadtteil, bestätigte mich in meiner Vermutung, auch wenn alle anderen davon überzeugt waren, dass ich einfach nur eine Tochter großzog, die ihre eigenen Vorstellungen darüber hatte, was sie zu tun und zu lassen hatte und wann sie auf mich hören wollte. Die anderen erklärten mir, meine Tochter sei eben so starrsinnig wie ihr Vater, oder sie sei ein solcher Sturkopf wie ihre Mutter. Diese gut gemeinten Erklärungsversuche haben mich niemals von der Realität abbringen können. Sharon und ich vermuteten, dass mehr dahintersteckte, und schließlich haben mein Mann und ich unsere Tochter aufgrund ihrer Empfehlung in eine Sprach- und Hörklinik gebracht. Wie wir es vermutet hatten, hatte sie einige messbare Schwächen. Die Testergebnisse zeigten, dass sie eine geringe Hörminderung und dazu noch auditorische Diskriminationsschwierigkeiten hatte. In dieser Kombination musste es für sie besonders schwierig sein, die verschiedenen Geräusche um sie herum voneinander unterscheiden zu können.

Diejenigen, die sich mit diesen Dingen auskannten, versicherten mir, dass das nicht die allerschlimmsten Testergebnisse waren, aber dass wir doch auf dieses neue Wissen reagieren sollten. Man empfahl uns, unsere Tochter in eine Förderung zu geben, in der sie ihre Sprachartikulation üben konnte, und wies uns darauf hin, dass wir von nun an jährlich ihr Gehör überprüfen lassen sollten. Und so begann das Abenteuer, das uns von Zweifeln und Unsicherheiten hin zu mehr Verständnis und Hoffnung führen sollte.

Insgesamt hatte ich damit begonnen, meine Sorgen über die Schwierigkeiten meiner Tochter mit anderen Menschen offen zu teilen. Aber ich stand mit meinen Ansichten weiterhin alleine da. Die anderen unterlagen der Fehleinschätzung, meine Zweifel seien pessimistisch und paranoid. Zwei Jahre Schulzeit folgten und gingen vorbei; immer noch gab es außer mir niemanden, der die geringen Unterschiede sah und die nicht ohne weiteres ersichtlichen Eigenschaften wahrnahm, die das Denken meiner Tochter bestimmten und es wie Wolken verhängten. Ich bestand immer wieder darauf, dass meine Tochter später einmal unserer besonderen Aufmerksamkeit bedürfen würde, ganz egal, wie gut ihre

Schulergebnisse waren, wie normal ein Großteil ihrer Entwicklung auch ablief. Intuitiv und auch verstandesmäßig wusste ich, dass meine Tochter jedes Quäntchen ihrer Kraft aufbringen musste, um nicht die unsichtbare Linie zu überqueren, die sie vom totalen Chaos trennte. Gleichzeitig hatte ich nicht die leiseste Idee, wie ich ihr helfen konnte, nicht in diese tiefen Abgründe zu stürzen. Es dämmerte mir nicht, dass ich ihr hätte geben können, was mein Vater mir gegeben hatte - das waren Interventionsmöglichkeiten, die Beratungsstellen heute oftmals empfehlen, nur dass ihm diese Strategien einfach so eingefallen waren, ohne die Empfehlung eines Therapeuten. Zu meiner Bestürzung wurde mir klar, dass mir seine Konzentrations- und Organisationsfähigkeit fehlte, auch brachte ich nicht seine Geduld und Selbstdisziplin mit. Ich wusste, dass ich nicht die Fähigkeiten hatte, das Gleiche für meine kleine Tochter zu tun, was er für mich getan hatte. Es wäre für mich unmöglich gewesen, ihr auf den richtigen Weg zu helfen, hätte ich nicht die Hilfe von anderen gehabt. Die Schwierigkeit für mich war, dass ich keine Ahnung hatte, wo ich diese Hilfe würde finden können. Zum Glück war da eine Freundin.

Eines Abends, nach einem sehr quälenden Tag mit meiner Tochter, sprach ich mit dieser Freundin namens Sarah, einer sehr guten Zuhörerin. Ausführlich erzählte ich ihr von den Schwierigkeiten, die meine Tochter hatte. Ich berichtete, wie frustrierend es für mich war, ihr nicht helfen zu können, wie es mich verwirrte, dass ich nicht wusste, was wirklich gut war für mein Kind. Ich berichtete Sarah, dass meine Tochter sich leicht aufregte, dass sie sich nur schwer beruhigen konnte, dass sie sich nicht unter Kontrolle hatte an Orten wie überfüllten Geschäften, lebhaften Klassenräumen oder lauten Cafes. Ich erklärte ihr, wie sie meine Anweisungen nie richtig zu verstehen schien, wie sie es ablehnte, manche Kleidungsstücke anzuziehen, ihre Haare zu waschen oder ihre Zähne zu putzen. Ich klagte darüber, dass sie, obwohl sie sicherlich sehr schlau war, trotzdem einer bestimmten Logik oder einer Begründung manchmal überhaupt nicht folgen konnte. Ich drückte meine Besorgnis darüber aus, dass sie wenig Freunde hatte, dass bei ihr viele soziale Fähigkeiten so kümmerlich ausgeprägt waren. Sarah hörte zu, nickte, unterbrach mich nicht. Sie wusste, dass es wirklich nichts gab, womit sie mir und meiner Tochter helfen konnte. Aber es war trotzdem eine große Erleichterung für mich, dass es jemanden gab, der mir zuhören wollte und meine Worte nicht als ein Gejammer missverstand, das fehl am Platze war. Als ich alles gesagt hatte, was ich zu sagen hatte, stellte Sarah mir eine Frage, die mir zuvor noch nie jemand gestellt hatte. Sie fragte mich, ob ich schon einmal von dem Asperger-Syndrom gehört hatte.

In kürzester Zeit verschlang ich jedes Fitzelchen an Information, das es über das Asperger-Syndrom gab, gerade so als wäre AS der Sauerstoff, den ich zum Atmen brauchte. Der Sturm legte sich, und auf unsere Fragen erhielten wir Antworten, die erklärten, wie meine Tochter war. Sie waren wie kostbare Edelsteine, die mit den Gezeiten sicher an das Festland gespült worden sind. Endlich gab es Gründe und reichhaltige Erklärungen, die so realitätsnah waren, dass ich sie beinahe berühren konnte. Nach und nach war bei der Suche, die ich um das Wohlergehen meiner Tochter willen begonnen hatte, meine eigene Struktur und Eigenart offenbar geworden. Allmählich begriff ich mein wahres Ich und fasste es in Worte. Zum ersten Mal getraute ich mir einzugestehen, wie schwer es mir fiel zu verstehen, wenn andere Leute etwas miteinander besprachen, wie mir Geräusche miteinander verwoben zu sein schienen, so dass es für mich zermürbend war, sie wieder auseinander zu pflücken. Ich begann, darüber zu sprechen, dass sensorische Eindrücke mich und meine Tochter leicht überwältigen konnten. Ich sprach darüber, dass unser Temperament ins Aggressive Umschlagen konnte, dass es uns sehr schwer fiel, impulsive Gedanken und Handlungen unter Kontrolle zu bekommen. Wenn ich davon erzählte, meinten die meisten Leute, dass ich einfach zu viel Stress gehabt hatte oder dass ich wohl einem der neuesten psychologischen Trends aufgesessen sei. Fast so, als wollten sie mir sagen, das Asperger-Syndrom sei wohl nichts anderes als der Hit dieses Monats, eine idiotische Modeerscheinung, die so schnell wieder verschwinden würde, wie sie gekommen war. Man sagte mir, ich solle mich wieder abregen, solle stattdessen über größere Probleme sprechen, wenn ich überhaupt welche hätte. Ich solle endlich die Tatsache akzeptieren, dass meine Tochter und ich gerade so wie alle anderen auch seien.

Ich habe heftig reagiert auf diese Kommentare, schließlich implizierten sie, dass meine Tochter und ich bewusst Aufmerksamkeit auf uns ziehen wollten, dass wir nach Ausreden gesucht hätten für unser Verhalten und all unsere Schwierigkeiten. Kurz gesagt wollte man mir klar machen, dass unsere Schwierigkeiten nichts anderes als lästige Flusen seien, die wir ergreifen und abschütteln konnten, wenn wir es nur versucht hätten. Warum, fragte ich mich, hielt jedermann meine Worte für Phantasie und glaubte nicht, dass sie wahr seien? Warum stieß ich auf so viel Widerstand? Warum wurden meine Beobachtungen als unwichtig und unglaubwürdig abgestempelt? Warum nur?

Mit Sarahs Hilfe fand ich die Abteilung für Kindesentwicklung an der Universität Kansas und damit die Antwort auf meine Fragen. Wie in einem Traum, der endlich wahr wird, traf ich mit Experten für das Asperger-Syndrom zusammen, die sich meine Berichte geduldig anhörten und meine Sorgen ernst nahmen. Es wurden alle Vorbereitungen dafür getroffen, dass meine Tochter eine Reihe von Tests durchlaufen konnte, die die Entscheidung ermöglichen würden, ob sie wirklich neurologisch auffällig war oder „gerade so wie alle anderen auch". Was für eine Erleichterung, zu wissen, dass wir nahe daran waren, endlich die definitive Antwort auf diese Frage zu haben.

Die Zeit schien stehen zu bleiben, bis die zwei Tage der Evaluationsperiode anbrachen. Sobald wir mit der Testerhebung begonnen hatten, flog die Zeit nur so vorüber. Mein Herz raste wie das eines Rennpferdes auf der Zielgeraden, während ich meiner Tochter dabei zusah, wie sie mit ihren Tests beschäftigt war. Jede ihrer Antworten war wie ein Pinsel, der gerade in helle Farben getaucht worden war. Meine Tochter war nun gerade dabei, in leuchtenden Farben darzustellen, wie sie und ich waren. Mein Ehemann weinte, als nach und nach jede ihrer Schwierigkeiten offensichtlich wurde. Sie gab unvollständige Antworten oder Antworten, die deshalb nicht richtig waren, weil sie aus ihrer speziellen Sichtweise heraus zustande kamen. Es brach ihm das Herz, seiner Tochter zuzusehen, seiner Kleinen. Mein Gesicht war ebenfalls von Tränen überströmt, aber mir brach es nicht das Herz. Ich war erfüllt von dem starken Gefühl, mich so, wie ich bin, annehmen zu können. Ich konnte schon jetzt die vielen Möglichkeiten ahnen, die es für uns gab. Und auch wenn einige Leute dies nicht schön finden mögen und vielleicht auch nicht akzeptieren können, so wusste ich doch, das dies unser Schicksal war, und es war das richtige für uns. Ich hatte mir nichts eingebildet; ich war anders, und meine Tochter war ebenfalls anders. Das Anderssein - vielleicht war es eine Prüfung für uns. In jedem Fall würde es nicht Unfähigkeit bedeuten, es musste nicht notwendigerweise eine schlechte Eigenschaft sein. Ich konnte die Tränen meines Mannes verstehen und seine Ängste um die Zukunft unserer Tochter, aber ich selbst war weit davon entfernt, ängstlich zu sein. Ich wusste, dass mein mir angeborenes Verständnis für die Welt eines Menschen mit dem Asperger-Syndrom meiner Tochter helfen würde, trotzdem ihren Weg gehen zu können. Gemeinsam würden wir Antworten geben können auf alle Fragen, die jeder von uns stellen würde.

Ich spürte, dass das Rennen vorbei war, das ich wieder normal atmen konnte. Es war genau das, was ich brauchte: ein Ziel. Das Ende meiner Versuche, mich in meinem Leben als jemand zu geben, der ich nicht war. Darum war ich bisher in meinem Leben fast immer nur im Kreis gerannt.

Mit einem Gefühl der Bestätigung dachte ich, dass sowohl meine Tochter als auch ich unserem Ruf folgen sollten. Wir würden unserem Ruf folgen, genau so, wie es für uns vorherbestimmt worden war. Ich akzeptierte dabei mein Bedürfnis, mir einen eigenen Weg zu suchen, einen, der auf meinen Stärken basierte und mich vor meinen eigenen Schwächen schützte. Ich fühlte, dass es ganz in Ordnung war, eine besondere Ehefrau, Freundin und Tochter zu sein. Ich konnte eine eigenartige Mutter sein. Alles, was ich tun musste, war zu versuchen, das Beste daraus zu machen, wie die Dinge nun einmal waren.

In diesen Tagen versuchte ich mir noch einmal ins Gedächtnis zu rufen, dass jedes meiner Kinder sehr unterschiedlich war und ich doch nur ein gewisses Maß an Flexibilität aufbringen kann. In dem Rahmen meines Möglichen versuche ich dann, jedem meiner Kinder das zu geben, was es gerade braucht. Auch wenn mir dabei bewusst ist, dass meine Töchter oft mehr verlangen werden, als ich allein geben kann. Mit anderen Worten, ich habe es gelernt, die Tatsache zu akzeptieren, dass mir bei jeder Gelegenheit Fehler passieren werden. Diese Fehler werden weniger gravierend sein, wenn ich mit meinen Töchtern immer ehrlich darüber sein kann, wer ich bin. In vielerlei Hinsicht wird es für mich leichter sein, meine Tochter, die unter AS leidet, großzuziehen. Ich habe einen guten Draht zu ihr; ich weiß, wie ich ihr den Weg zeigen kann. Ich versuche, ihr die gleichen Dinge beizubringen, die ich selber tue, um mich in der Welt der Normalen zurechtzufinden. Ich empfehle ihr, Ohrenstöpsel in der Öffentlichkeit zu tragen oder eine Sonnenbrille gegen grelles Licht aufzusetzen. Ich versuche ihr beizubringen, dass sie sich buchstäblich auf die Zunge beißen soll, wenn sie im Begriff ist etwas zu sagen, das für jemanden anderes auch nur das kleinste bisschen unverschämt oder verletzend sein könnte. Natürlich habe ich einige hilfreiche Verhaltensweisen erlernen können, die sie mit ihren sieben Jahren noch nicht beherrscht. Ich habe zum Beispiel kein Problem damit, in der Öffentlichkeit Ohrenstöpsel zu tragen oder auch in geschlossenen Räumen oder abends im Freien mit einer Sonnenbrille herumzulaufen. Ich komme mir nicht mehr merkwürdig vor, wenn meine Sprechweise sich gerade einer pedantischen Sprache annähert. Ich spreche sehr gerne zu mir selbst und tue dies auch, obwohl ich weiß, dass dies keine besonders akzeptierte Verhaltensweise ist. Ich erkläre oft öffentlich meine Abneigung gegen helle Lichter, intensive Geräusche, widerwärtige Gerüche und unangenehme Verhaltensweisen anderer Menschen. Und ich habe es schon vor langer Zeit aufgegeben, die Bedeutung von etwas auswendig lernen oder verstehen zu wollen, wovon ich nicht intuitiv eine konkrete Vorstellung habe. Ich entschuldige mich nicht länger, wenn ich die Pointe von einem Witz nicht verstanden habe oder die komplizierte Logik meines Gegenübers nicht begreife. Aber ich bin natürlich eine Frau im mittleren Alter. Ich muss lernen, darauf zu hoffen und zu vertrauen, dass ich meiner Tochter zur Seite stehen kann, wenn sie ihre eigenen Bewältigungsstrategien entwickelt, die sie braucht, um sich wohl zu fühlen.

Ich weiß, dass sich ihre Strategien weitestgehend von meinen unterscheiden werden, und zwar größtenteils dadurch, dass sie sich über viele Dinge, die mit ihr selbst zu tun haben, bewusster ist, als ich es in ihrem Alter war. Ich habe ziemlich sorgenfrei in meiner eigenen Welt gelebt. Ich hatte natürlich auch keine Geschwister, mit denen ich mich vergleichen konnte, und keinen richtigen Rahmen, in den ich mich hätte einfügen können. Ich war zügellos, konnte mich aufführen, angezogen sein und verhalten, wie immer ich wollte. Ich habe Jahre gebraucht, um zu realisieren, dass ich anders war. Erst zu diesem Zeitpunkt fühlte ich mich so, wie meine jüngere Tochter sich jetzt fühlt. Sie schämt sich oft und ist erstaunt über das, was in ihr vorgeht. Sie schämt sich immer, wenn sie spürt, dass sie anders aussieht oder anders handelt. Obwohl sie oft realisiert, wie unterschiedlich sie ist, gelingt es ihr doch meist nicht, ihre Handlungen in Worte zu fassen, und ganz sicher ist sie zur Zeit nicht so weit, dass sie ihre Gedanken in Worte fassen könnte. Ich gehe in die richtige Richtung, wenn ich damit anfange, meiner Tochter beizubringen, wie man sich in der Öffentlichkeit verhalten sollte, wie man abstrakte Sprache verstehen kann, wie man weniger unverblümt und weniger barsch sein kann. In dieser einen Hinsicht ist die Situation sehr schwierig für mich. Grundsätzlich möchte ich, dass sie die gleichen Freiheiten haben kann, wie ich sie hatte, aber andererseits möchte ich nicht, dass sie den gleichen Preis zahlen muss wie ich, bevor ich mich besser kennen gelernt habe. Ich möchte nicht, dass sie sich der Qualitäten schämt, die es ihr doch ermöglichen, ein vollkommen ehrlicher Mensch zu sein. Ich möchte, dass sie ihren Kopf oben hält und mit Nachdruck all denen, die es hören möchten, zuruft: „Ich muss nicht so wie du sein! Ich muss nicht lächeln, wenn du etwas Albernes gemacht hast. Ich muss nicht mit dem Strom schwimmen, wenn dieser mich zu ertränken droht. Ich kann mich auch bewusst dazu entscheiden, eine andere Richtung einzuschlagen und mich einer Situation in dem Moment zu entziehen, in dem sie mich zu sehr aufregt. Du solltest meine Entscheidung respektieren!" Andererseits gibt es einen Teil von mir, der glaubt, dass ich ihr alles beibringen muss, was ich weiß - oder wenigstens etwas davon -, wenn sie jemals Frieden mit sich selbst finden soll, wenn sie jemals die Möglichkeit haben soll, in der Gesellschaft Erfolg zu haben. In einer Gesellschaft, die so widerwillig Abweichungen von der Norm akzeptiert wie die unsere.

So schwer das Leben mit meiner Tochter, die ebenfalls an AS erkrankt ist, auch sein mag, so sehr hat es auch etwas Vertrautes für mich. Zumindest denke ich, dass ich meine Rolle als Mutter für meine Tochter, mit der ich so vieles teile, auf diese Weise gut erfüllen kann. Die gemeinsame Verbindung lässt uns zusammen Hand in Hand auftreten. Ich weiß lange im Voraus, dass sie eine bestimmte Umgebung als eine Überstimulation ihrer Sinne empfinden wird, dass sie genervt sein wird von dem Benehmen einer bestimmten Person, dass ein Kommentar sie verwirren wird. Sobald ich die Gedanken meiner Tochter erraten habe, sehe ich zu ihr herüber. Ich bin dabei nie überrascht, dass sie zu mir zurückschaut mit einem Ausdruck in ihren Augen, der sagen will: „Du siehst, was ich auch sehe, Mama." Manchmal habe ich ein schlechtes Gewissen, dass es diese Verbindung nur zu mir gibt, aber nicht zu ihrem Vater oder ihren Schwestern. Sie versuchen so sehr, ihre Einzigartigkeit zu begreifen, aber ich bin von ganzem Herzen überzeugt, dass es nichts, aber auch gar nichts gibt, was sie tun könnten, um sie wirklich zu verstehen. Sie vollständig zu verstehen, wird einfach nicht möglich sein für drei so normale Menschen. Besonders mein Mann versucht ihr immer einen Schritt vorauszugehen, um zu verhindern, dass ihr ein sozialer oder sonstiger Fehler unterläuft, und er versucht, was noch bedeutsamer ist, einen sensorischen Absturz zu verhindern. Meistens können wir ihr helfen, wenn sie den Zusammenhang missversteht. Auch bei ihren sozialen Schwierigkeiten helfen wir ihr weiter, vorausgesetzt, wir sind gegenwärtig und beobachten ihr Verhalten. Wir können sie warnen, dass sie nicht mit lauter Stimme hörbar über andere sprechen soll. Wir können sie auf den Ort, zu dem wir gerade gehen, vorbereiten. Sie kann dann schon zuvor im Geiste durchgehen, was sie bald sehen, berühren, hören, schmecken und tun wird. Wir ermutigen sie, zu einer ihrer Schwestern oder einem von uns schützenden Erwachsenen zu kommen, sollte sie so sehr verwirrt werden oder frustriert sein, dass sie nicht mehr alleine damit zurechtkommen kann. Wir können sie daran erinnern, ihre Ohrenstöpsel einzusetzen oder die Augen zu schließen, wenn sie das überwältigt, was sie um sich herum sieht. Wir können ihr dann einen weichen Ball geben, den sie drücken kann, wenn sie etwas von ihrer nervösen Energie loswerden möchte. Wir können sogar einige unverfängliche Themen ansprechen, über die sie reden kann, können ihr ein paar vertraute Phrasen beibringen sowie einige Witze erzählen, die sie dann in einer Konversation anbringen kann. So wichtig diese Fähigkeiten auch sind, keine ist so wichtig wie das, wobei wir ihr nicht wirklich helfen können: Sie muss selbst ihren eigenen Stil finden, letztlich ihre eigene Identität selbst entwickeln. Sie wird dieses Ziel allein erreichen müssen. Mit der Zeit wird sie es schaffen.

Ich stelle fest, dass sich meine Tochter nach und nach neue Bewältigungsstrategien aneignet. Was für eine Freude ist es doch, ihr dabei zuzuschauen. Jedes Mal, wenn sie sich eine neue Strategie überlegt hat, wie sie sich selbst beruhigen kann oder wie sie jemanden für sich als Freund gewinnen kann, ist es, als hätten wir alle einen Preis gewonnen, auf den wir besonders stolz sein können. Zum Beispiel waren wir vor kurzem einmal beim Einkaufen in einem Geschäft, das durch seine vielen Reize sehr an ihren Sinnen gezerrt hat. Ich lächelte sie stolz an, als sie mich darum bat, sie in den Einkaufswagen zu setzen und mit allem, was wir einkaufen würden, zuzudecken. Ihre Idee hatte mir sehr gefallen, und ich war sehr interessiert an dem Ergebnis dieses Versuchs. Auch ihr Vater und ihre Schwestern unterstützten uns bei diesem Vorstoß. Sie kauften weiter ein und ließen dabei keine Gelegenheit aus, bei diesem Spiel mitzumachen. Alles ging gut, und es gelang ihr tatsächlich, sich zu beruhigen und auf diese Weise ihre Sinne davor zu bewahren, vollkommen aus dem Gleichgewicht zu geraten. Es ging aber nur so lange gut, bis wir zu der Frau an der Kasse kmen. In dem gleichen Moment, in dem sie meine Tochter in dem gefüllten Einkaufswagen sah, raunzte sie uns sogleich in einem sehr aggressiven Tonfall an: „Sie soll da herauskommen, und zwar jetzt gleich!" Meine Tochter kletterte sofort aus dem Wagen heraus und ließ die Apfeltüte, die Milchpackungen, die Kleidungsstücke, Hundefutter und wer weiß was noch dort zurück. Ohne überhaupt einen Blick auf meine Tochter zu werfen, wusste ich, was für Gedanken ihr in diesem Moment durch den Kopf rasten. Ich drehte mich zu der Kassiererin herum und wollte gerade ansetzen, etwas zu sagen, denn in meinen Gedanken war ich gerade auf dem Höhepunkt meines Ärgers angekommen. Ich hatte Glück, denn mein Mann hatte in seiner ruhigen Art Worte gefunden, bevor ich überhaupt den Mund aufmachen konnte. Ich hätte bestimmt im nächsten Augenblick losgeschrien und diese Frau beschimpft, da bat er uns leise und bestimmt darum, das Geschäft zu verlassen. Seine Augen, seine Hand auf meiner Schulter und sein ruhiger, fast geflüsterter Tonfall überzeugten mich davon, dass er sich jetzt um diese Angelegenheit kümmern würde. Und zwar so, dass unsere Tochter sich in dieser Situation nicht weiter beschämt fühlen müsste. Hätte er sich nicht zwischen uns gestellt - ich weiß genau, dass ich einer meiner ausgeprägtesten und schwierigsten AS-Eigenschaften unterlegen gewesen wäre: meinem aufbrausenden Temperament. Wir verließen das Geschäft, und ich wusste, dass schon genug Schaden angerichtet worden war. Meine kleine Tochter mit AS war aus der Fassung gebracht. Sie sah mich mit Tränen in den Augen an und umarmte mich ganz fest. Ihre Schwestern sahen sie an und standen dicht bei ihr, als wollten sie mich in jedem Kampf unterstützen, um ihre Schwester zu beschützen. Ich stand da mit meinen Mädchen und wusste, dass wir zusammenhielten, und darüber war ich glücklich und unermesslich stolz. Als ich dann zu meiner verängstigten, durcheinander gebrachten Tochter heruntersah, realisierte ich, wie wichtig die angemessene Unterstützung ist, um immer wieder von neuem zu versuchen, sich selbst zu helfen. Ich beugte mich zu ihr herunter, bis ich Angesicht zu Angesicht mit ihr war, und hielt sie an ihren Schultern ganz fest, um ihrer Anspannung eine Entlastung zu bieten und auch um ihr meine Unterstützung auszudrücken. Ich sagte: „Ich bin stolz auf dich, dass du deine eigene Methode gefunden hast, um dich zu schützen, damit es dich nicht überwältigen konnte. Du hast nichts Falsches getan. Du musst dich nie dafür schämen, wenn du dir selbst hilfst, um nicht unterzugehen. Ich erlaube dir ab jetzt immer, dich unter dem ganzen Zeug zu verstecken."

Als ich sie fragte, ob sie mich verstanden hatte, wurde mir bewusst, dass sie sich meine Worte nicht nur zu Herzen genommen hatte, sondern dass sie gerade auch eine ihrer AS-Eigenschaften, die wir beide teilten, der Kassiererin zuliebe gezügelt hatte - ihr ausgeprägtes Temperament. Wenn ich die Wahl hätte: Ich würde es lieber sehen, wenn meine Tochter sich verteidigt, als wenn sie sich eine Ecke sucht, um sich zu verstecken. Selbst wenn ich sie dann zornig erleben müsste - jegliche Form von körperlicher Gewalt natürlich ausgenommen. Ihr Zorn würde wenigstens beweisen, dass sie sich selbst noch nicht aufgegeben hat, und das ist nicht wenig. Viel zu oft werden Menschen mit dem Asperger-Syndrom durch die Welt entmutigt, so dass sie viel von ihrem Selbstbewusstsein verlieren. In dieser Welt gibt es nur wenige Wege, die zur Zufriedenheit führen. Bei jeder Gelegenheit versuche ich meiner Tochter und mir zu zeigen, dass wir die Dinge zum Guten wenden können - wir müssen es nur von Herzen wollen.

Ich erinnere deshalb meine Tochter oft daran, dass es vollkommen in Ordnung ist, wenn sie ihre eigenen Bedürfnisse erkennt und zu erfüllen sucht. Ich möchte, dass sie weiß, dass sie sich auf den Kopf stellen kann, beim Gehen mit den Füßen laut aufstampfen kann, um sich spüren zu können. Dass sie gefüllte Bälle drücken kann, um ihre Energie loszuwerden. Dass sie zu mir laufen und mir zuflüstern kann, wenn ihr jemand komisch vorkommt - mein Mann und ich werden sie ernst nehmen. Unsere einzige Bedingung als Eltern, die zutiefst um das Wohlergehen ihrer Tochter besorgt sind, ist, dass sie sich selbst oder andere Menschen nicht verletzen darf. Alles innerhalb der Grenzen ihres psychischen und physischen Wohlergehens lassen wir sie ausprobieren, wohl wissend, dass jeder Mensch einzigartig ist und sich an viele unterschiedliche Situationen anpassen kann. Mir ist dabei von vornherein bewusst, dass meine Tochter viele Mühen und Kämpfe wird durchstehen müssen. Aber ich bin sehr optimistisch, dass sie ihren Weg machen wird, gerade so, wie ich auch meinen Weg gegangen bin. Ich weiß, dass mein wahres Ich, das, was wirklich wichtig ist, von meiner Mutter und meinem Vater wesentlich unterstützt und beeinflusst worden ist. Das Kernstück ihrer Erziehung bestand einfach darin, mir zu vermitteln, dass ich auf meine Individualität und meine persönlichen Eigenarten stolz sein konnte. Ich finde dies sehr wesentlich, denn diese einfache Haltung bietet das Fundament für jede Menge Selbstvertrauen und Selbstbestätigung. Dazu kommt noch die Einstellung, immer nur mein Bestes geben zu wollen. Diese Ideale sind wichtig für das Wohlergehen und die Gesundheit eines jeden Kindes, vielleicht aber noch wichtiger für ein Kind, das mit dem Asperger-Syndrom aufwächst bzw. zusammen mit Menschen, die am AS leiden. Dies sind die grundlegenden Lektionen, die ich meinen eigenen Kindern beibringen muss, wenn ich von ihnen verlange, dass sie in meiner Gegenwart überleben und gedeihen sollen. Warum? Weil das Asperger-Syndrom bei manchen Menschen, die nichts darüber wissen, Verwirrung hervorrufen kann, besonders in meinem Fall, wo es wenig offensichtlich ist und die Manifestationen nur noch im Hintergrund vorhanden sind. Meine Kinder können andere Menschen nicht auf eine offensichtliche körperliche Behinderung hinweisen und sie höflich darum bitten, ihrer Mutter eine Verschnaufpause zu gönnen. Sie können deshalb auch nicht voraussetzen, dass andere Menschen mich so verstehen können, wie sie es tun. Meine Mädchen müssen lernen, dass die öffentliche Meinung über ihre Mutter nicht mit ihrer eigenen Meinung übereinstimmt. Sie müssen lernen, besser hinzusehen, um trotzdem noch Gründe sehen zu können, stolz auf mich zu sein. Ich glaube, dass sie es schon gelernt haben. In ihrer positiven Selbstachtung, ihrem Ausgefülltsein und ihren individuellen Zielsetzungen haben meine Mädchen gelernt, mein Benehmen in der Öffentlichkeit ohne großen Schmerz und ohne viel Peinlichkeit zu akzeptieren. Sicherlich lassen sie mich es immer noch wissen, wenn sie finden, ich solle in der Öffentlichkeit nicht weiter mit mir selbst reden, meine Stimme mäßigen, wenn andere Menschen in der Nähe sind, und nicht unbedingt jedem x-beliebigen Menschen gegenüber auf meine Hunde zu sprechen kommen. Sie erinnern mich daran, dass es nicht angemessen ist, wenn ich mitten in einer Unterhaltung drauflosrede, mir im Park die Ohren zuhalte und schreie: „Wer in aller Welt kann solch einen Lärm ertragen?", mir die Nase zuhalte und ausrufe: „Gott im Himmel, das stinkt aber gewaltig!" Aber mir macht das nichts aus, weil sie alles in allem niemals vergessen, mich wissen zu lassen, dass sie mich trotz meiner Eigenarten, trotz all meiner bescheuerten Eigenschaften sehr lieb haben, ohne Rücksicht darauf, was noch passieren mag.

Um mir sicher zu sein, dass die Liebe und Güte meiner Familie nicht aufhören wird, mache ich ihnen klar, dass es mir nichts ausmachen würde, wenn sie manchmal auch über mein Verhalten unglücklich oder von meinen Reaktionen peinlich berührt wären oder sogar abgeschreckt würden durch meine Aussprüche. Glücklicherweise bin ich mir dessen sehr sicher, dass sie mich in diesen Momenten richtig verstehen. Es wäre doch das Allerletzte, das ich beabsichtigt hätte, wenn ich ihnen Grund dazu geben würde, sich schlecht zu fühlen, wenn sie jemals den Wunsch hegen würden, dass ihre Mutter mehr wie die Mutter anderer Leute wäre. Ich erkläre ihnen, dass es nichts Außergewöhnliches ist, wenn ein Kind sich wünscht, seine Eltern neu gestalten zu können, und dass es ganz normal ist, wenn sich Kinder eine Mutter wie im Märchen wünschen. Wer würde sich das nicht wünschen? Aber dabei versuche ich ihnen eine höhere Wertvorstellung mitzugeben, eine Vorstellung, die von Anstand und Güte geleitet wird. Ich möchte meinen Kindern Anreize dazu geben, jedem Menschen mit einer positiven Einstellung gegenüberzutreten, selbst wenn sie ihre ganze Kreativität aufwenden müssten, um dies zu tun. Ich möchte, dass sie aufrichtig, tief in ihrem Herzen, begreifen, dass alle Menschen - und nicht nur ihre Mutter - wertvolle, lebendige und außergewöhnliche Kreaturen sind, die so viel geben können und noch mehr mit anderen teilen können. Wenn meine Familie mich versteht, bin ich schon ganz zufrieden. Was andere Leute angeht, so berührt mich ihre Meinung eigentlich immer weniger. Nichtsdestoweniger versuche ich den Leuten, denen es wichtig ist, mich gut zu kennen, zu helfen, und ich versuche ihnen zu erklären, warum ich nur nach meinen eigenen Regeln leben kann. Wie ich das tue, hängt ganz von der Person ab: Es kommt darauf an, wie empfänglich sie für mein Anderssein ist, wie leicht sie es akzeptieren und respektieren kann. Wenn mir zum Beispiel jemand gegenübersteht, der immer noch das Asperger-Syndrom als etwas abstempelt, das bald aus der Mode kommen und wieder verschwinden wird, oder wenn mir jemand begegnet, der einfach nicht glauben will, dass ich wirklich in bestimmten Situationen so denke und fühle, wie ich es nun einmal tue, dann halte ich mich möglichst fern von ihm. Ich habe mich davon überzeugt, dass diese Menschen mich nicht so zurückweisen würden und mir nicht derartig misstrauen würden, wenn sie wirklich meine Freunde wären. Sie würden alles über mich wissen wollen, damit sie mir auf halber Strecke entgegenkommen könnten. Andererseits kann ich, wenn ich merke, dass jemand das Asperger-Syndrom ernst nimmt, dadurch sehr angeregt werden und in Begeisterung verfallen wie ein Reisender, der gerade zurückgekehrt ist und die schönsten Erlebnisse aus seinem Urlaub mit jemandem teilen möchte. Ich schütte mein Herz aus und gebe meine Gedanken preis, um von allem, was ich über die Erkrankungen aus dem autistischen Formenkreis weiß, zu erzählen, von all den guten und schlechten Seiten, den belastenden und den spannenden Seiten. Ich vertraue auf die Ehrlichkeit, auf persönliche Erfahrungen und auf die Forschungsergebnisse anderer und lasse mich hierdurch in meinen Erläuterungen leiten. Ich halte niemals inne, um mein Gegenüber zu fragen, ob ich mich überhaupt verständlich ausgedrückt habe. Es ist, als hätte ich durch das Wissen Türen geschaffen, die nun andere selbst aufstoßen können, wenn sie so weit sind.

Wenn ich auf mein Leben zurückblicke, wie ich vor dreißig, vor zwanzig, vor zehn oder sogar vor fünf Jahren war, dann wird mir erst so richtig klar, wie sehr ich mich verändert habe. Ich habe mich sehr der Standarddefinition des Normalen angenähert. Es gibt Zeiten, in denen ich dieser Tatsache mit einer gewissen Begeisterung und viel Optimismus begegne. Ich denke dann, dass meine Geschichte sehr lebendig zeigt, wie viele Möglichkeiten es doch für jeden gibt, der das Asperger-Syndrom hat, wenn wie bei mir Freunde und treue Unterstützer und eine Reihe von angemessenen frühzeitigen Interventionsstrategien Zusammenkommen. Ich weiß, dass die Eigenarten, die ich aufgrund meines Asperger-Syndroms besitze, meine Bemühungen um ein gewöhnliches Leben niemals vollständig unterdrücken und überwältigen konnten. Meine Intelligenz und Kreativität und vor allem die große Unterstützung durch meine Familie und meinen Freundeskreis haben das verhindert; es hat sich für mich überhaupt gar keine andere Möglichkeit ergeben.

In vielerlei Hinsicht kann ich einfach nur glücklich sein, dass ich einen überwiegend sorgenfreien Platz für mich gefunden habe, an den ich gehöre. Dies ist ein Platz irgendwo zwischen neurologischer Normalität und dem Asperger-Syndrom, an dem ich im Gleichgewicht leben kann.

Anders herum muss ich aber auch mit einer gewissen Traurigkeit feststellen, wer ich jetzt bin. Denn ich frage mich oft, welche meiner Eigenschaften und Möglichkeiten ich schon hinter mir lassen musste, bevor ich diesen Ort fand. Wäre ich eine bessere Autorin geworden, wenn ich mir erlaubt hätte, meine ganz eigene Sicht der Welt zu Papier zu bringen? Es wäre vielleicht ein wunderbar schräges und surreales Buch, das nun für immer ungeschrieben bleiben wird, weil ich viele meiner früheren Gewohnheiten und Denkweisen bezwungen habe. Wenn man mir nicht beigebracht hätte, mich nicht ermutigt hätte, wie ich all die sozialen Fähigkeiten erlernen kann, würde ich dann vielleicht einen anderen, irgendwie auch zufriedenstellenden individuellen Lebensstil ausleben? Hätte ich mein Reizdarmsyndrom und meine Panikattacken vermeiden können, wenn ich weniger heftig versucht hätte, so zu tun, als sei ich normal? Natürlich werde ich die Antworten auf diese Fragen niemals erfahren. Aber ich möchte diese Überlegungen nicht völlig ausblenden, denn sie erinnern mich daran, dass jeder ein Recht darauf hat, seine eigene Definition des Normalen zu finden. Jeder sollte das Recht dazu haben, sich diese Dinge bewusst zu machen, sie zu betrachten, insbesondere wenn er viel daran gearbeitet hat, um seine Andersartigkeit unter Kontrolle zu bekommen, sich anzupassen, wenn er sich sehr bemüht hat, der allgemeinen Daseinsauffassung gerecht zu werden. Und wenn die Zeit des Ausprobierens und der Überlegungen beendet ist, dann sollte es dabei bleiben, dass jedem viel Freiheit und Respekt zuteil werden sollte, unabhängig davon, für welche Lebensweise er sich entschieden hat.

Es kann warm und behaglich sein, es kann sich gut leben lassen innerhalb des schützenden Mantels der Erkrankungen des autistischen Formenkreises, besonders innerhalb einer so nachgiebigen Abgrenzung, wie sie das Asperger-Syndrom darstellt. Es sollte nichts Unerwünschtes, nichts Schlimmes dabei sein, wenn jemand das Bedürfnis hat, allein zu leben, wenn jemand exzentrisch ist, seltsame Angewohnheiten hat oder kein Blatt vor den Mund nimmt. Wenn man bestimmte Empfindungen verachtet, aber nach anderen Sehnsucht hat, sollte das nichts Schreckliches sein. Es gibt keinen vernünftigen Grund dafür, warum der Begriff der Normalität nicht ein besonders relativer sein sollte. Ich betrachte diejenigen, die ihr Asperger-Syndrom offener zur Schau stellen als ich selbst es tue, mit etwas Neid. Ich bewundere sie für ihre Fähigkeit, ihre großartige Verschiedenheit mit anderen zu teilen. Ich möchte ihnen dazu gratulieren, dass sie sich selbst so sehr akzeptieren können. Ich danke ihnen für ihren Realismus. Und ich hoffe, dass wir auf eine Vielfalt guter Dinge stoßen werden, wenn wir die Ursachen der verschiedenen Autismusformen weiter erforschen und mehr von den davon betroffenen Individuen erfahren werden. Vielleicht wird dann die Gesellschaft darin Übereinkommen, dass Menschen mit AS nicht weniger akzeptiert werden sollten, nicht weniger verehrungswürdig sind, wenn sie ihre AS-typischen Eigenschaften behalten - sei es aufgrund einer bewussten Entscheidung oder weil sie ihre außergewöhnlichen Fähigkeiten nie anders umzusetzen wussten.

Wie andere Menschen sind auch Menschen mit dem Asperger-Syndrom häufig kreativ, intelligent, interessant, produktiv und haben in den unterschiedlichsten Bereichen hervorragende Qualitäten. Sie sind oft höflich, großzügig, warmherzig, angenehm und lustig. Und so wie jeder andere Mensch auch haben Menschen mit AS ihren Anteil an Schrecken, Elend und an Enttäuschungen zu ertragen. Es kann qualvoll sein, das Leben durch eine surreale Brille hindurch zu sehen - diese kann die einfachsten Dinge verzerren, sie verkrümmen oder immer wieder herumdrehen. Von neurologisch normalen Menschen werden Aktivitäten wie Einkäufen, Auto fahren, Studieren, Arbeiten, Rechnungen bezahlen oder das Besuchen von Freunden für einfach gehalten. Es kann sehr traurig sein, wenn man sich immer aufs Äußerste bemüht, aber nur dürftige Ergebnisse erzielen kann, so sehr man es auch versucht hat. Es kann erniedrigend sein, wenn man ständig Fremde um Hilfe bitten muss, auf die Unterstützung seiner Freunde angewiesen ist, sich von der eigenen Familie führen lassen muss. Viele Menschen mit AS können sich sehr einsam fühlen, wenn sie an einem Ort leben, der ihnen fremd vorkommt.

Doch trotz all dieser Schrecken wünsche ich mir nicht wirklich die Heilung des Asperger-Syndroms herbei. Wonach ich mich sehne, das ist die Heilung von einer weit verbreiteten Krankheit, unter der so viele leiden; die kranke Vorstellung, sich immerzu mit den normalen Menschen vergleichen zu wollen und dabei perfekte und absolute Maßstäbe anzulegen, die fast niemand erfüllen kann. Ich meine, es wäre viel produktiver und darum auch viel befriedigender, wenn man anfangen würde, nach neuen Idealen zu leben. Nach Idealen, die fließend sind, die die Gefühlsebene unseres Lebens betreffen - z. B. Staunen, Neugier, Kreativität, Originalität, Erfindungsgabe. Vielleicht werden wir dann alle miteinander glücklich und in Frieden leben können.

Anhang I: Den Leuten, die einem wichtig sind, erklären, wer man ist

Darüber, ob man den anderen Menschen die Belastungen und Eigenarten, die das Asperger-Syndrom mit sich bringt, erklären sollte oder nicht, gibt es sehr unterschiedliche Ansichten innerhalb der Asperger-Gemeinschaft. Die Menschen, die sich dazu entschließen, ihr Asperger-Syndrom für sich zu behalten, finden häufig sehr kreative Wege, um den sie umgebenden sozialen Normen zu genügen und sich in ihrem Lebensbereich zurechtzufinden. Aber für viele Asperger-Patienten kann es effektiver sein, andere über das Krankheitsbild im Allgemeinen und über ihre eigene Situation im Besonderen aufzuklären. Dies ist besonders dann wichtig, wenn sie stark davon betroffen sind. Ob man sich dazu entschließt, jeden darüber zu informieren oder ob man sich überhaupt dazu entschließt, jemanden einzuweihen, das ist eine ganz persönliche Angelegenheit, die man nur selbst entscheiden kann. Es ist jedoch in der Regel der Fall, dass zumindest ein kleiner Kreis von Freunden, Familienmitgliedern, Erziehern und Ärzten eingeweiht werden muss. Dies ist notwendig, damit man Ihnen die richtigen Ratschläge geben kann und Sie so gut unterstützen kann, damit Sie in dieser Welt Ihren sicheren Platz finden und der Welt sorgenfrei entgegentreten können. Wenn der Zeitpunkt gekommen ist, an dem Sie andere über das Asperger-Syndrom informieren wollen, dann betrachten Sie die folgenden Punkte als Grundlage für Ihre Gespräche.

Die möglichen Vorteile der Aufklärung über das Asperger-Syndrom

Ich persönlich glaube daran, dass eine bedingungslose Aufklärung sinnvoll ist. Ich habe nie gezögert, jedem so viel ich weiß über das Asperger-Syndrom zu vermitteln, gerade weil es mein Leben auch heute noch beeinflusst. Ich bin davon überzeugt, dass andere Menschen nicht wirklich auf mich eingehen können, wenn sie nicht zunächst einmal verstehen, wie und warum ich so denke und handle, wie ich es nun einmal tue. Zum Beispiel wirke ich oberflächlich betrachtet sicher oft gereizt, penetrant und wie eine überzeugte Unangepasste. Tief in meinem Herzen dagegen - und daran liegt mir wirklich viel - bin ich so höflich und unaufdringlich, wie ich nur kann. Es ist einfach so, dass der Rest der Welt mein Bestes nicht leicht erkennen kann. Infolge meiner

Besonderheiten können andere Menschen sich nur schwer auf das einstellen, was ich ihnen gerade mitzuteilen versuche. Wenn ich ihnen alles über meine Welt erzähle, tue ich damit mein Bestes, um ihnen meine Eigenheiten verständlich zu machen, und mein wirkliches Ich versuche ich so gut ich kann darzustellen. Ich glaube, dass mir meine Offenheit eine größere Chance gibt, mit all den Leuten um mich herum mehr Verbundenheit zu erreichen, egal ob es nun Fremde in einem Geschäft sind oder meine engsten Freunde und Familienangehörige.

Insbesondere finde ich, dass - neben vielen anderen - die folgenden Gründe dafür sprechen, dass man anderen Menschen das Asperger-Syndrom näher bringen sollte:

1. Sie müssen sich nicht mehr so sehr darum bemühen, Ihre Überempfindlichkeit gegenüber Sinneseindrücken, soziale Verwirrung und andere AS-typische Eigenschaften zu verstecken, wenn Sie von Menschen umgeben sind, die eingeweiht sind. Denn diese Menschen verstehen dann, dass Ihr Verhalten Teil des Asperger-Syndroms ist und daher nichts, wogegen sie Einwände Vorbringen müssten oder woran sie überhaupt Anstoß nehmen sollten.

2. Wenn andere Menschen einmal über das Asperger-Syndrom informiert worden sind, dann können sie zu bewussteren und hilfreicheren Unterstützern werden.

3. Je eher in der Öffentlichkeit begriffen wird, was das Asperger- Syndrom ist und wie es sich manifestiert, desto eher werden eine größere Akzeptanz und mehr Verständnis erreicht werden.

4. Wenn andere Menschen wissen, dass Sie unter dem Asperger-Syndrom leiden, dann können sie Sie besser verstehen und werden Sie auch unterstützen, wenn Sie gewisse Aufgaben ablehnen müssen, die zu belastend für Sie sein könnten. Zum Beispiel können erzieherische Aufgaben oder öffentliche Reden vor einem großen Publikum für Sie zu belastend sein.

5. Es kann sein, dass Ihre Freunde nicht mehr von Ihnen erwarten werden, dass Sie Ihnen behilflich sein sollen, wie sie es sonst vielleicht von Ihnen erwartet würden.

6. Wenn Sie anderen Leuten über das Asperger-Syndrom berichten, dann helfen diese vielleicht dabei, die Erkrankung noch bei anderen Menschen zu erkennen und ihnen zu einer Diagnose zu verhelfen, die sonst unerkannt geblieben wäre.

7. Wenn man andere aufklärt und die Informationen über das Asperger-Syndrom mit anderen Menschen teilt, dann wird es Ihnen wahrscheinlich leichter fallen, ganz Sie selbst zu sein, wie sehr Sie sich auch von anderen unterscheiden mögen.

Über mögliche Risiken, wenn man andere über das Asperger-Syndrom aufklärt

Obwohl ich die völlige Offenheit für die beste Methode halte, gebe ich zu, dass es viele Situationen gab, in denen ich mir wünschte, ich hätte das Wort „Asperger-Syndrom" nie in den Mund genommen. Ich bin verschiedene Male einigen echten Vorurteilen begegnet und habe wirklich schmerzhafte Missverständnisse erleben müssen, wenn ich Fremden, Freunden oder sogar Familienmitgliedern erklärt habe, wie mein Leben mit dem AS aussieht. Ich wünschte, ich könnte sagen, dass ich verstehen kann, warum es ihnen an Offenheit, Empathie und Mitgefühl mangelte. Wenn ich es zumindest verstehen könnte, dann hätte ich wenigstens meinen Frieden damit. Aber ich kann es nicht verstehen, und ich werde immer noch ärgerlich, wenn ich mich an die Reaktionen anderer Menschen erinnere. Ich fühlte mich in diesen Situationen kalt, frustriert, empört, peinlich berührt oder, noch schlimmer, ich schämte mich dafür, wie ich nun einmal bin. Doch als eine vom Asperger-Syndrom betroffene Mutter und Lehrerin denke ich weiterhin, dass es besser ist, andere über das AS zu informieren. Indem ich das tue, versuche ich weiter zu verbreiten, dass Menschen mit Asperger in keiner Weise weniger fähig sind oder weniger Gutes verdienen als andere.

Da verschiedene negative Reaktionen auf die Mitteilung, dass man an Asperger leidet, möglich sind, habe ich einige Strategien zusammengestellt, wie man damit am besten umgehen kann. Vereinfacht gesagt, kann ich mich auf vier verschiedene Weisen verhalten, je nachdem, mit wem ich rede und wie sehr ich verletzt worden bin. Ich stelle zum Beispiel immer wieder fest, dass meine Gefühle umso leichter aufgebracht werden, je besser ich die Person kenne, über deren negative Reaktion ich mich ärgere. Im Vergleich dazu erwarte ich sowieso nur wenig Empathie von jemandem, der kein wahres Interesse an meinem

Wohlbefinden hat oder nicht wirklich die Fähigkeiten dazu mitbringt, die Feinheiten des Asperger-Syndroms zu verstehen. Wenn ich mir dieser Einschränkungen bewusst bin, dann kann ich mich entscheiden, ob ich a) ruhig bleibe, geduldig bin und hoffe, dass die mitgeteilten Informationen letztendlich doch noch zu Respekt und Anteilnahme führen werden, b) die negative Reaktion einfach hinter mir lasse und abhake, indem ich mich daran erinnere, dass ich nicht die Fähigkeit besitze, die Denkweise aller anderen Menschen zu verändern, mit denen ich Kontakt habe, c) mich daran erinnere, dass mein Ärger mir bei meiner Selbsterkenntnis und meiner Weiterentwicklung nur im Weg stehen wird, d) mich dazu entschließe, mich von der Person zu distanzieren, der ich mich gerade geöffnet habe und das Asperger-Syndrom erklären wollte.

Egal, für welche der Reaktionen man sich entscheidet, um mit der Voreingenommenheit anderer umzugehen, mit denen man über AS spricht - ich versuche mich immer wieder davon zu überzeugen, dass die Vorteile der Offenheit größer als ihre Nachteile sind. Ich sage mir immer wieder, dass ich es im Griff habe, dass ich allein entscheide, wie ich reagieren möchte, wenn jemand meine gut gemeinte Erklärung durch grobes Verhalten und unangebrachte Worte beantwortet.

Wenn Sie sich dazu entscheiden, anderen mitzuteilen, was Sie über das Asperger-Syndrom wissen, dann bereiten Sie sich darauf vor, dass Ihnen die folgenden Situationen begegnen können.

1. Das Asperger-Syndrom ist oft nur sehr wenig offensichtlich für einen Gelegenheitsbeobachter. Daher nehmen manche Leute an, dass das AS keine besondere Belastung darstellt und dass Sie das neueste Psychogerede als eine Ausrede für inakzeptables Verhalten anbringen möchten.

2. Bestimmte Menschen, die gerade alles über das Asperger-Syndrom und seine Folgen erfahren haben, entscheiden sich bewusst dazu, einen von ihren sozialen Veranstaltungen, Klubs, Komitees, vom Arbeitsplatz oder anderen gruppenbestimmten Situationen auszuschließen.

3. Manche Leute, die sich Ihre Informationen angehört haben, verwechseln andere mehr oder weniger schwere neurologische und psychologisch begründete Entwicklungsstörungen mit dem Asperger-Syndrom, werfen alles durcheinander und können Ihnen daher nicht die

richtigen Einstellungen oder angemessene Unterstützung bieten und haben falsche Erwartungen an Sie.

4. Wenn Sie sich bewusst sind, dass andere über Sie Bescheid wissen, könnte Sie das dazu bringen, sich aus der Gesellschaft zurückzuziehen, weil Sie sich vielleicht zu sehr exponiert Vorkommen oder sich zu verletzlich fühlen, um sich der Kritik anderer Leute oder neugierigen Blicken auszusetzen.

Die Entscheidung, wem man es mitteilt und wie man es mitteilt

Als ich zum ersten Mal entdeckt hatte, dass mein Anderssein weitgehend durch das Asperger-Syndrom erklärt werden kann, habe ich zunächst nahezu jedem, mit dem ich in Kontakt kam, so viel ich konnte über das Asperger-Syndrom erzählt, und zwar so schnell es ging. Es hat nicht lange gebraucht, bis mir klar wurde, dass es wahrscheinlich für mich bessere Wege gäbe, dies zu tun. Irgendwann hatte ich dann einige unterschiedliche Strategien entwickelt, wie ich den verschiedensten Menschen von meinem Asperger-Syndrom erzählen kann. Die Art und Weise hing jeweils von der Dynamik unsere Beziehung ab, wie ich mir ihre Reaktion vorgestellt hatte und wie eng unsere Beziehung war. Sehr vereinfacht gesagt fallen die Leute damit in zwei unterschiedliche Gruppen: die Gruppe derer, die es wissen müssen und die Gruppe derer, die es nicht wissen müssen. Ich beschließe niemals, dass eine bestimmte Person nie etwas davon erfahren wird. Diese Option halte ich mir immer offen, falls ich sie einmal wahrnehmen muss. Wie Sie die Einteilung vornehmen, das liegt selbstverständlich bei Ihnen, aber offensichtlich wird in manchen Beziehungen eine volle Aufklärung eher erforderlich sein als in anderen. In manchen Situationen wird es sogar von Ihnen verlangt werden, dass Sie zumindest etwas darüber preisgeben, wer Sie sind und wie Sie durch das Asperger-Syndrom betroffen werden. Wenn man mich danach fragt, dann würde ich die zwei Gruppen, „wer es wissen muss" und „wer es nicht wissen muss", wie folgt definieren:

1. Wer es wissen muss

   a) Menschen, die in einer Autoritätsposition sind oder irgendwie sonst Einfluss auf Ihre Tätigkeit oder Ihre Zukunft nehmen können. In diese Gruppe gehören wahrscheinlich Ihre Lehrer, Arbeitgeber, Trainer beim Sport, sogar Polizisten können dazu gehören. Wenn diese Menschen gar nichts über das Asperger-Syndrom wissen, dann können sie Ihnen wahrscheinlich nicht gut weiterhelfen, sondern verstehen wohlmöglich Ihre Absichten und Sorgen falsch.

b) Menschen, mit denen Sie eine feste, vertrauenswürdige und für Sie bedeutsame Beziehung entwickelt haben, vielleicht auch romantischer Natur. Sehr enge Freunde, Verwandte, Mitbewohner und Kollegen am Arbeitsplatz. Diese engen Vertrauten müssen mehr oder weniger über das Asperger-Syndrom informiert und eingeweiht werden, wenn Sie von ihnen erwarten, dass sie Ihre Andersartigkeit anerkennen sollen und Ihren Eigenarten und Ihrem gesamten Lebensstil tolerant gegenüberstehen sollen.

c) Menschen, an die Sie sich wenden, wenn Sie Unterstützung benötigen, zum Beispiel Geistliche, Mitarbeiter von Beratungsstellen, Sozialarbeiter und Ihre Ärzte. Mit dem Wissen über das Asperger-Syndrom ausgestattet, werden diese Leute besser entscheiden können, welche Art der Hilfe für Sie die beste ist.

2. Wer es nicht wissen muss

   a) Fremde, mit denen Sie nur gelegentlich zu tun haben, wie zum Beispiel Verkäufer, Bedienungen im Restaurant, Sprechstundenhilfen, Verwaltungsangestellte und Handwerker

   b) Leute, die Sie nur gelegentlich treffen, sei es nun im Unterricht, bei der Arbeit, im Fitnessstudio, in Ihrer Nachbarschaft usw.

   c) Entfernte Verwandte oder alte Freunde, mit denen Sie selten in Kontakt kommen

   d) Die Lehrer Ihrer Kinder, die Freunde Ihrer Kinder und die Eltern dieser Freunde

   e) Fremde, die Ihnen wahrscheinlich nur ein Mal beggenen, wie zum Beispiel in einer Warteschlange, bei einem Theaterbesuch oder auf einer belebten Straße.

Mögliche Mitteilungsstrategien

Darüber zu entscheiden, wen man einweiht, ist manchmal der einfachste Teil des Ganzen. Es ist für mich oft schwieriger, wenn ich mich festlegen muss, wie ich es jemandem sage. Normalerweise sollte wenigstens eine der folgenden Strategien gut geeignet sein:

1. Sammeln Sie wissenschaftliche Studien zum Asperger-Syndrom und legen Sie sich mindestens zwei Ordner an. In dem einen Ordner sammeln Sie verschiedenes Referenzmaterial, das einfach und kompakt in leicht verständlicher Sprache die Erkrankung beschreibt. Berücksichtigen Sie hierbei auch persönlich gehaltene Darstellungen oder Geschichten, allgemeine Prospekte und Broschüren. Sie können auch Videobänder und Ihre Lieblingsbücher zu dem Thema beifügen. In einem zweiten Ordner, den Sie besonders für diejenigen Leute anlegen, die mehr Details zum Thema erfahren wollen, sammeln sie wissenschaftliche Artikel, Kapitel aus wissenschaftlichen Büchern und Studienberichte von wissenschaftlichen Institutionen (siehe auch Anhang VII).

2. Laden Sie diejenigen, die über das Asperger-Syndrom informiert werden sollen, zu einer Konferenz oder einem Treffen in Ihrer Umgebung ein, das über die Erkrankungen des Autistischen Formenkreises abgehalten wird.

3. Verwenden Sie Ihre liebste Ausdrucksform (schriftlich, mündlich, Videobänder, Dias, Fotografie, Tanz, Kunst usw.), um zum Ausdruck zu bringen, was das Asperger-Syndrom für ihr Leben bedeutet.

4. Lassen Sie eine Visitenkarte anfertigen, die alle wichtigen Informationen über das Syndrom enthält. Sie können diese an Fremde weitergeben, wenn Sie plötzlich ihre Hilfe benötigen sollten. Auf meiner steht zum Beispiel: „Ich habe das Asperger-Syndrom, eine neurobiologische Erkrankung, die es für mich manchmal schwierig macht, mich rational auszudrücken und mich ruhig zu verhalten. Wenn ich Ihnen diese Karte gegeben habe, dann bedeutet das wahrscheinlich, dass ich mich so verhalten habe, dass ich Sie gestört haben

könnte. Das Asperger-Syndrom kann dazu führen, dass es für mich schwierig ist, langsam zu sprechen, andere nicht zu unterbrechen, meine Handbewegungen und mein Augenzwinkern zu kontrollieren. Es kann mir auch schwer fallen, Ihren Gedanken zu folgen, so dass ich vielleicht missverstehen kann, was Sie mir gerade sagen wollen oder was Sie gerade tun wollen. Es würde mir weiterhelfen, wenn Sie ruhig und langsam weitersprechen würden und mir die Fragen, die ich zu meinem besseren Verständnis noch habe, klar und vollständig beantworten würden. Ich entschuldige mich dafür, wenn Ihnen mein Verhalten unangemessen erscheint. Wenn Sie mehr über das Asperger-Syndrom wissen wollen, schreiben Sie bitte an ..."

5. Bewahren Sie Referenzmaterial über das Asperger-Syndrom gut sichtbar bei sich zu Hause auf, um Besuchern einen Anreiz zu geben, es zu lesen.

6. Schicken Sie den lokalen und nationalen Organisationen die Namen derjenigen Leute, die Sie zu dem Thema aufklären wollen, damit diese informative Prospekte oder Zeitschriften zugesandt bekommen.

7. Erstellen Sie eine Liste, in der mehrere oder vielleicht sogar alle Symptome aufgeführt sind, die Sie Ihrem Asperger-Syndrom zuschreiben. Zum Beispiel könnte in einer Liste stehen: Ich werde in großen Menschenmengen leicht aufgeregt. Ich komme Leuten oft zu nah, wenn ich mit ihnen spreche. Ich streiche anderen Menschen gerne über den Kopf. Wenn andere die Stirn runzeln, dann kann ich nicht unterscheiden, ob sie gerade traurig oder ärgerlich oder einsam sind. Schreiben Sie so viele Symptome auf, wie Sie können, damit andere Leute Sie verstehen können und nicht versucht werden, Ihnen zu sagen, jeder Mensch hätte solche Probleme. Die große Anzahl Ihrer Schwierigkeiten wird sie davon überzeugen, dass Sie sich mit mehr Problemen auseinander setzen müssen als andere Leute.

Anhang II: Überlebensstrategien für Studenten mit dem Asperger-Syndrom

Ich habe mehrere Vortragende auf Konferenzen über das Asperger-Syndrom sagen hören, dass unsere Universitäten voll sind von Asperger-Typen. Mit einem breiten Grinsen im Gesicht stimme ich dem zu. Wenn Sie eine unterstützende Umgebung und ein wirkliches Interesse an ihrem Studienfach haben, dann werden Sie als Student mit dem Asperger-Syndrom Ihre Studienjahre zu einer wundervollen Erfahrung machen. Wo sonst außer an der Universität kann man sich so vollständig in eine Sache vertiefen und wird dafür noch belohnt? In welcher anderen Umgebung kann man seinen eigenen Stil einführen und die eigenen Angewohnheiten zur Konvention machen, ohne dass einem angehängt wird, man hätte sich danebenbenommen? In welcher anderen Umgebung ist es einem erlaubt, sich mit jedem zu unterhalten, dem man begegnet, oder auch sich mit niemandem zu unterhalten oder sogar mit sich selbst zu sprechen, ohne dass es einem negativ angelastet wird? Nirgendwo sonst, jedenfalls kenne ich sonst keinen derartigen Ort.

An die Universität zu gehen, das bedeutet für jeden, einen großen Schritt weiterzukommen. Um dafür zu sorgen, dass es nicht stattdessen einen riesigen Rückschlag gibt, sollten Sie sicher gehen, dass ihre Universität Kurse und spezielle Angebote hat, die Ihren besonderen Bedürfnissen entgegenkommen. Das setzt aber voraus, dass Sie zumindest einige wenige Menschen an der Universität über Ihr Asperger-Syndrom informieren. Sehr wahrscheinlich werden Ihre Hochschullehrer, Ihr Studienberater oder ein Angestellter in der Beratungsstelle zu den Informierten zählen, vielleicht auch Ihre Mitbewohner (vorausgesetzt, Sie entscheiden sich dazu, nicht alleine zu wohnen). Nutzen Sie die nun folgende Liste als Entscheidungshilfe dafür, welche Art von Unterstützung Sie in Anspruch nehmen möchten, wenn Sie damit beginnen, sich nach einer für Sie passenden Universität oder Fachhochschule umzusehen.

Unterstützung zur Verbesserung sozialer Defizite

1. Unterstützung zur Verbesserung der sozialen Fähigkeiten

    a) Kurse in Sprachlicher Kommunikation, Soziologie, Psychologie und Theatergruppen geben Studenten mit dem

Asperger-Syndrom eine wunderbare Gelegenheit, bessere soziale Umgangsfähigkeiten auf einem akademischen Niveau zu erlernen. Ich bin überzeugt davon, dass ich den Großteil meiner sozialen Fähigkeiten in den vielen Stunden erworben habe, die ich in Kursen zu Themen verbracht habe wie: Interpersonelle Kommunikation, Intrapersonelle Kommunikation, Nonverbale Kommunikation, Sprache und Artikulation, Gruppenkommunikation, Mündliche Interpretation von Literatur, Theaterspielen, Soziale Psychologie, Kinderpsychologie, Psychologie und Sonderpädagogik, Soziologie und Allgemeine Psychologie. Ich habe als Studentin viel besser gelernt, die Feinheiten menschlichen Verhaltens analysieren zu können, weil ich dies wissenschaftlich studierte. Ich habe die subtilen Verhaltensweisen viel besser als früher verstehen können, wo ich alles individuell durch meine Erfahrungen und reine Intuition herauszufinden versuchte. Wenn man mich fragt, dann würde ich jedem Studenten mit dem Asperger-Syndrom dazu raten, so viele Kurse wie möglich zu diesen Themen zu belegen und dabei zu bedenken, dass es manchmal empfehlenswert sein kann, einige von ihnen nur als Gasthörer zu belegen, um nicht unbedingt benotet werden zu müssen. Einige dieser Kurse verlangen ein hohes Maß von intrinsisch vorhandenem Wissen, und wenn man dieses aufgrund des Asperger-Syndroms nicht mitbringt, dann kann es sehr schwierig sein, den gesamten Stoffumfang während der kurzen Zeit zu bewältigen, die einem während des Semesters normalerweise bleibt.

b) Fragen Sie ihren Studienberater, ob Ihre Universität eine Gruppe hat, in der Studenten mit dem Asperger-Syndrom oder mit ähnlichen Diagnosen sich freundschaftlich zusammenfinden können, oder ob diese eingerichtet werden kann, wenn diese Möglichkeit noch nicht gegeben ist.

c) Fragen Sie Ihren Studienberater nach Workshops zur Karriereplanung. Hier können Sie lernen, wie Sie sich auf Fragen bei Vorstellungsgesprächen vorbereiten können, wie Sie eine aussagekräftige, positiv auffallende Bewerbungsmappe erstellen können, sich für das Vorstellungsgespräch professionell kleiden und wie Sie am besten über das Asperger-Syndrom mit Ihrem zukünftigen Arbeitgeber sprechen können.

d) Versuchen Sie, auf dem Universitätsgelände einen für Sie „sicheren Ort" zu finden, wo Sie hingehen können, um sich zu entspannen und um Ihre Gedanken wieder neu ordnen zu können. In Frage kommen zum Beispiel eine ruhige Ecke in einem Lernraum, ein abgelegener Winkel in der Bücherei, ein Park auf dem Universitätsgelände oder ein Ausstellungsraum in einem Museum der Universität.

2. Unterstützung bei Ihrem Umgang mit anderen Studenten.

Jeder, der an dem Asperger-Syndrom leidet, wird irgendwann feststellen, wie schwer es ihm unter Umständen fällt, enge Freundschaften aufzubauen. Das Leben an der Universität bietet jedoch die einmalige Gelegenheit, eine ganze Reihe von Freundschaften zu schließen, aufgrund derer das Studentenleben sehr viel angenehmer und auch erfolgreicher für Sie werden wird. Jede Universität sollte ihren Studenten die Möglichkeit bieten können, sich in besonderen Interessensgruppen auf dem Universitätsgelände zu treffen. Bitten Sie Ihren Studienberater um Hilfe dabei, für sich eine passende Gruppe zu finden, in der sich Menschen mit ähnlichen Interessen oder Hobbys wie den Ihren treffen. Sie sollten dann alles versuchen, um in dieser Gruppe zumindest die Bekanntschaft mit einem für sie passenden Freund zu machen. Wenn Ihre sozialen Fähigkeiten deutliche Schwächen zeigen, dann könnte es wichtig sein, dass Sie das Ihrem Berater mitteilen.

Dieser sollte Ihnen dann dabei helfen, einen anderen Studenten für Sie zu finden, der Ihr Tutor oder Mentor sein könnte und Sie unterstützt, damit Sie sich auf dem Universitätsgelände zurechtfinden, der Ihnen Hilfe beim Lernen anbietet, Sie berät, wie Sie sich ein Auto mit anderen teilen können, wo Sie am besten einkaufen, wo Sie wichtige Lernmaterialien finden, wie sie wichtige Anmelde- und andere Unterlagen richtig ausfüllen usw.

3. Unterstützung bei Ihrem Umgang mit den Hochschullehrern

Es ist sehr wichtig, dass Sie nur Kurse belegen, die von verständnisvollen Lehrern abgehalten werden, die sich bemühen, Ihnen dabei zu helfen, Ihr Bestes zu geben. Sie werden am ehesten herausfinden, wer diese Professoren sind, wenn Sie sich etwas Zeit dafür nehmen und herumfragen, wer die Lieblingsprofessoren Ihrer Studienkollegen sind. Wenn Sie nicht gerne mit anderen darüber sprechen wollen, dann verlassen Sie sich in dieser Angelegenheit auf Ihren Studienberater und vertrauen Sie seiner Meinung, wer Ihnen am ehesten dabei helfen wird, Ihre Zeit in den Vorlesungen produktiv und für Sie angenehm zu gestalten. Es kann insbesondere erforderlich sein, dass Sie Ihre Lehrer um folgende Zugeständnisse Ihnen gegenüber bitten:

a) Wenn Sie Probleme mit der Distanz zu anderen Menschen haben oder Ihre soziale Interaktionsfähigkeit beeinträchtigt ist, dann können Sie um eine Sondererlaubnis bitten, damit Sie sich nicht an Gruppenprojekten, Diskussionen innerhalb der Gruppe, Partnerarbeit im Labor oder Gruppensitzungen beteiligen müssen.

b) Wenn bei Ihnen eine auditorische oder visuelle Überempfindlichkeit besteht, dann bitten Sie darum, dass Sie von allem, was Sie ablenken würde, möglichst weit entfernt sitzen. Meistens sitzen Sie besser in der Mitte und möglichst weit vorne. Fragen Sie, ob Sie regelmäßig eine Kopie der schriftlichen Vorlagen Ihres Professors bekommen können und ob Sie seine mündlichen Vorträge auf Tonband oder mit ihrem Computer aufzeichnen dürfen.

c) Wenn Sie unter einer mangelnden Flexibilität Ihres Denkens leiden, Ihre Gedankengänge z. B. in einer Vorlesung häufiger dazu tendieren, sich sehr wortgetreu zu orientieren und wenn Sie deshalb Schwierigkeiten haben, Problemlösungsstrategien zu entwickeln und komplexeren Gedankengängen zu folgen, dann besprechen Sie diese Dinge im Detail mit Ihrem Hochschullehrer. Mit Ihrem Studienberater können Sie besprechen, welche Art von Unterstützung Sie benötigen und wie man Ihnen am besten weiterhelfen kann, damit Sie besser zurechtkommen können. Seien Sie auch darauf gefasst, dass man Ihnen mitteilen wird, dass der Kurs oder die Vorlesung, an der Sie interessiert sind, nicht besonders geeignet für Sie sein dürfte. Beispielsweise kann ich mich daran erinnern, dass es mir sehr schwer gefallen ist, einer Philosophievorlesung zu folgen. Im Nachhinein würde ich sagen, dass es angesichts meiner großen Schwierigkeiten besser gewesen wäre, wenn ich an der Vorlesung nicht weiter teilgenommen hätte oder gar nicht erst auf die Idee gekommen wäre, damit anzufangen. Häufig wird Ihnen Ihre Universität genehmigen, dass Sie eine Ersatzveranstaltung besuchen, möglicherweise eine andere als die ursprünglich für Ihren Studienabschluss vorgesehene, wenn man anerkennt, dass Sie die notwendigen Erfordernisse einer bestimmten Veranstaltung wirklich nicht erfüllen können. Diese Möglichkeit könnte dann Ihre einzige Option sein.

d) Wenn Sie beidseitige Koordinationsprobleme haben, die Ihnen das Schreiben von Hand erschweren, dann fragen Sie nach, ob Sie anstelle von schriftlichen Examina mündliche Prüfungen ablegen können, ob Sie mündliche Referate anstelle von schriftlichen Hausaufgaben abliefern können, ob Sie vielleicht mehr Zeit bei schriftlichen Prüfungen bekommen können, ob Sie in den Vorlesungen einen Laptop-Computer benutzen dürfen und ob Sie die gehaltenen Vorlesungen aufzeichnen dürfen.

e) Wenn Sie Angstattacken oder depressiven Phasen haben, die Ihre Funktionsfähigkeit im Alltag beeinträchtigen, dann sollten Sie darum bitten, dass Ihre Abgabetermine und Prüfungstermine flexibler gehalten werden können, dass Sie zu Ersatzzeiten die verpassten Termine Ihres Kurses nachholen können oder dass Sie alternative Aufgaben erledigen und damit das Verpasste nacharbeiten können.

f) Wenn Sie ein eher visuelles Gedächtnis haben, dann bitten Sie Ihren Lehrer, dass er Ihnen hilft, indem er Ihnen so viele Hilfen wie möglich bietet und z. B. Graphiken, Tabellen, Videobänder oder Beispiele mit visuellem Charakter in seiner Vorlesung verwendet oder Ihnen Zugang zu Computerprogrammen ermöglicht, in denen das Gelehrte optisch erklärt wird.

g) Wenn Sie unter Hyperlexie oder Dyslexie leiden, also Probleme mit dem Lesen haben, oder wenn Sie eine Rechtschreibschwäche haben, eine unleserliche Handschrift oder andere Schwierigkeiten mit dem Schreiben, dann teilen Sie dies bitte Ihren Hochschullehrern mit, damit sie Ihnen mit einem Tutor weiterhelfen oder Sie an ein entsprechendes Förderungszentrum verweisen können, wo Sie angemessene Unterstützung bekommen.

h) Wenn Sie sich über eine Änderung der gewohnten Abläufe oder Änderungen in Ihrem Terminkalender schnell aufregen, dann bitten Sie Ihren Hochschullehrer, Ihnen bereits einige Tage im Voraus eine kleine Vorwarnung zu geben, dass sich der Vorlesungsplan ändern wird, sich eine Uhrzeit oder das Datum einer Vorlesung verschoben hat oder irgendeine andere Routine abgeschafft oder ersetzt wird.

i) Wenn Sie Probleme damit haben, in Gesprächen damit zu warten, bis Sie an der Reihe sind und Sie andere Leute häufig unterbrechen, wenn diese gerade etwas sagen wollen, dann bitten Sie Ihren Professor, dass Sie sich nicht an Gruppengesprächen oder Diskussionen innerhalb der Gruppe beteiligen müssen.

Unterstützung, damit Sie sich auf dem Universitätsgelände besser zurechtfinden

Räumliche Schwierigkeiten

Viele Studenten mit dem Asperger-Syndrom finden es schwierig, sich auf einem großen, unübersichtlichen Universitätsgelände zurechtzufinden. Ebenso wie auch überfüllte Einkaufszentren können sie aufgrund zu vieler optischer Reize verwirrend sein, eine Reizüberflutung bewirken und Stress hervorrufen. All das bringt dann Menschen mit AS aus ihrem akademischen und emotionalen Gleichgewicht. Die folgenden einfachen Grundsätze können Ihnen eine Hilfe dabei sein, sich in ausgedehnten, komplex aufgebauten Universitäten zurechtzufinden.

- Fragen Sie nach nachfolgenden Sondergenehmigungen:

  a) Erlaubnis für die Nutzung der Behindertenparkplätze. Die Möglichkeit, Ihren Wagen unmittelbar in der Nähe des Gebäudes abzustellen, wird Ihnen die Parkplatzsuche auf überfüllten und räumlich verwirrenden Parkplätzen ersparen.

  b) Aufzugschlüssel. Bitten Sie um diese, wenn Sie angesichts großer Menschenmengen und langer Treppenfluchten leicht die Orientierung verlieren oder wenn Sie denken, dass die wenigen Augenblicke in dem ruhigen Fahrstuhl Sie beruhigen können.

c) Besondere Transportangebote. Falls Ihre Universität eine gesonderte Beförderung mit Bussen für Studenten anbietet, denen es schwer fällt, selbst im Auto zur Universität zu fahren, dann fragen Sie nach, ob Sie einen Beförderungsausweis erwerben können, um an diesem Angebot teilnehmen zu können.

- Das Universitätsgelände verstehen lernen

   a) Gehen Sie das Universitätsgelände ab, als seien Sie ein Fotograf, und fotografieren Sie gedanklich alles, was Ihnen ins Auge fällt. Zeichnen Sie auf, was Sie sehen, selbst wenn Sie künstlerisch nicht besonders begabt sind und Sie die Gebäude, Fußgängerwege, Straßen und Landschaftselemente in Quadraten, Kreisen oder Dreiecken andeuten müssen. Kolorieren Sie die Skizzen mit Farbstiften, um sie noch realer aussehen zu lassen.

   b) Machen Sie sich detaillierte Aufzeichnungen und schreiben Sie alles mit, was Sie sehen, während Sie den Weg von einem Ort zum anderen auf dem Universitätsgelände zurücklegen.

   c) Nehmen Sie ein Diktiergerät mit, wenn Sie über das Gelände der Universität gehen und beschreiben Sie alles, was Sie sehen und wohin Sie gehen. Auch alle Details, die Sie sehen, sollten Sie aufzeichnen. Nehmen Sie jede Strecke, die Sie abgehen, auf einem gesonderten Tonband auf, um die Dinge für Sie übersichtlicher zu gestalten. Nehmen Sie zum Beispiel eine Kassette mit den Wegen zu Ihren Kursen oder Vorlesungen am Morgen auf und eine andere mit den Beschreibungen, wie Sie zu Ihren Nachmittagskursen gelangen. Dann können Sie noch eine Kassette aufnehmen, wie Sie von zu Hause in die Bibliothek kommen oder von zu Hause in die Sportanlagen oder von der Mensa in den Lebensmittelladen. Mit anderen Worten, trennen Sie jeden Weg so, wie sie sonst Lieder auf einer Kassette voneinander trennen würden.

d) Üben Sie, sich auf dem Unigelände zurechtzufinden, indem Sie jemanden mitnehmen, der sich auskennt und Ihnen weiterhelfen wird. Während Sie das tun, sprechen Sie über das, was Sie sehen und wohin Sie gehen, und lassen Sie sich nicht durch Small Talk oder andere Gesprächsthemen ablenken. Versuchen Sie sich darauf zu konzentrieren, in Ihrem Kopf einen visuellen, verbalen oder auditorischen Umgebungsplan zu erstellen. Machen Sie sich klar, dass Sie sich diese Informationen umso besser und dauerhafter werden merken können, je mehr Sie üben. So werden Sie sich früher oder später auf dem gesamten Gelände zurechtfinden, auch ohne Hilfsmittel oder die Hilfe anderer Leute.

Nutzen Sie Ihre Zeit und Ihre Kräfte möglichst effektiv

1. Den Stundenplan erstellen

Viele Universitäten gewähren gesonderte Vereinbarungen mit Studenten, die besondere Unterstützung benötigen. Das erlaubt Ihnen größere Freiheiten bei der Erstellung Ihres Stundenplans und bei der Erfüllung der Voraussetzungen für Ihren Studienabschluss. Zum Beispiel kann es möglich sein, dass Sie weniger Stunden belegen, also die sonst erforderliche Mindestkursanzahl unterschreiten. Eventuell wird man Ihnen erlauben, dass Sie bestimmte Kurse gar nicht belegen müssen oder dass Sie an Ersatzveranstaltungen teilnehmen können. Manchmal ist es sogar möglich, dass Sie sich einen komplett eigenen Stundenplan selbst zusammenstellen, der genau auf Sie zugeschnitten ist. Während Sie diese Gedanken im Hinterkopf behalten, bedenken Sie die folgenden Dinge:

a) Lassen Sie es niemals zu, dass Ihnen ein Studienberater oder ein Freund eine Vorlesung oder einen Kurs aufschwatzt, von dem Sie wissen, dass er für Sie nicht zu bewältigen sein wird.

b) Tragen Sie sich nie für eine Vorlesung oder einen Kurs ein, der früher am Morgen beginnt, als Sie normalerweise aufstehen oder so spät am Abend abgehalten wird, dass Sie sich nicht mehr konzentrieren können. Wenn Sie ein Morgenmensch sind, dann belegen Sie keine Abendkurse und umgekehrt.

c) Versuchen Sie, keine Kurse für Fortgeschrittene zu belegen, bevor Sie nicht den Einführungskurs belegt haben, es sei denn, Sie haben es mit dem Kursleiter abgesprochen und es ist Ihnen versichert worden, dass Sie den Stoff ohne die hinführenden Kurse bewältigen können.

d) Planen Sie auch Zeit für Spaß und Erholung ein, wie auch immer Sie diese Konzepte für sich definieren mögen.

e) Schreiben Sie sich das Datum in Ihren Kalender, bis wann Sie entscheiden müssen, ob Sie definitiv an dem Kurs teilnehmen. Wenn Sie bemerken, dass Ihnen ein Kurs zu schwierig ist, dann können Sie ihn bis zu diesem Datum streichen, und Sie werden nicht benotet.

f) Tragen Sie das Abgabedatum von Hausaufgaben oder das Datum einer Prüfung sofort in Ihren Kalender ein, wenn sie bekannt gegeben werden, so dass Sie das Datum nicht wieder vergessen können.

g) Senden Sie Ihren Wochenplan mit Ihren Vorlesungen und wichtigen Prüfungsterminen an Ihre Eltern oder Ihre hilfreichsten Freunde, so dass diese Sie an Ihre Termine und Verpflichtungen erinnern können.

h) Legen Sie Ihre Kurse und Vorlesungen nicht zeitlich unmittelbar aufeinander folgend, es sei denn, sie finden im selben Gebäude statt. Es kann eine zu große Belastung sein, wenn Sie den Weg unter Zeitdruck finden müssen.

2. Lerntechniken

a) Nehmen Sie sich das Thema, das Ihnen am schwersten fällt, zuerst beim Lernen vor.

b) Lernen Sie während Ihrer produktivsten Tageszeit und vermeiden Sie, zu Zeiten zu studieren, an denen Sie sich oft müde, ruhelos, hungrig, von äußeren Eindrücken überwältigt, ängstlich usw. fühlen.

c) Versuchen Sie, einen Ort nur für das Lernen zu reservieren, und studieren Sie, wann immer es Ihnen möglich ist, an diesem „Lernplatz". An diesem Ort sollten Sie dann nicht schlafen, reden oder sich ausruhen.

d) Bereiten Sie kurze Zusammenfassungen ihres Stoffes vor. Auf diese können Sie jederzeit zurückgreifen und sie sich immer dann durchlesen, wenn Sie gerade einige Minuten Zeit haben.

e) Variieren Sie Ihre Umgebung, damit Sie herausfinden können, wie Sie am effektivsten studieren können. Probieren Sie aus, ob Sie es ganz ruhig brauchen oder ob ein wenig Hintergrundmusik Ihnen gut tut, ob Sie sehr helles oder eher diffuses Licht gerne haben, ob Sie lieber an einem sehr aufgeräumten oder einem chaotischen Schreibtisch lernen und ob Sie eine Kleinigkeit zu Essen oder etwas zu Trinken dabei benötigen.

f) Setzen Sie sich kurzfristige und langfristige Ziele, die Sie zu einem bestimmten Termin erreicht haben wollen. Ein kurzfristiges Ziel kann für Sie zum Beispiel sein, dass Sie sich vornehmen, für jeden Ihrer Kurse jeden Tag eine Stunde zu lernen, während ein langfristiges Ziel sein könnte, dass sie für jedes Ihrer Examina mindestens zwei weitere Stunden Lernzeit aufwenden.

g) Beobachten Sie Ihre Aufmerksamkeitsspanne, so dass Sie mit dem Lernen aufhören können, wenn Sie gerade unruhig, müde oder gelangweilt werden. Beschäftigen Sie sich so lange mit etwas anderem, bis Sie sich konzentriert genug fühlen, um zurück an die Arbeit zu gehen. Finden Sie heraus, wie lange Sie sich höchstens am Stück konzentrieren können, und versuchen Sie, dieses Zeitlimit nicht zu überschreiten und rechtzeitig Ihre Tätigkeit abzuwechseln.

h) Legen Sie Ihre Notizen in der Art und Weise an, die Ihr Gedächtnis am besten unterstützt. Sie können bestimmte Gedanken oder Worte unterstreichen oder umkreisen, Sie können Pfeile oder Sterne an bestimmte Konzepte anbringen. Sie können die Hauptaussagen oder Details mit einem Einzug versehen oder Ihren Schreibstil innerhalb Ihrer Aufzeichnungen von Schreibschrift zu Druckschrift wechseln usw.

i) Machen Sie Gebrauch von Mitschriften und verschiedenen Lernhilfen

- Verwenden Sie z. B. DIN A6-Karteikarten, um wichtige Dinge auf ihnen kurz zusammenzufassen, dies können auch mathematische oder naturwissenschaftliche Formeln sein, Definitionen oder allgemeine Konzepte.

- Benutzen Sie einen Audiorekorder, um das in den Vorlesungen Gehörte aufzuzeichnen.

- Verwenden Sie ein eigenes Heft oder eine getrennte Mappe für jede Vorlesung bzw. jeden Kurs, um jeweils all ihre Mitschriften, ausgeteilte Handzettel und Hausaufgaben gesammelt aufbewahren zu können.

- Nutzen Sie verschiedenfarbige Textmarker oder Farbstifte, um ihre Mitschriften visuell ansprechend und damit eingängiger zu machen.

Wie Sie am besten mit dem typischen Studienstress umgehen lernen

1. Wenden Sie regelmäßig Entspannungsmethoden an wie z. B. Yoga oder ähnliche körperliche Übungen, Atemübungen, Bio-Feedback oder Meditation. Wenn Sie noch keine der Methoden regelmäßig angewendet haben, dann lassen Sie sich am besten dabei beraten, oder melden Sie sich für einen Kursus an, der Ihren Bedürfnissen und Interessen am besten entspricht.

2. Beschäftigen Sie sich mit Ihrem liebsten Hobby oder gehen Sie einer ihrer Lieblingsinteressen nach, wenn Sie merken, dass sie langsam von den Ereignissen um Sie herum überwältigt werden.

3. Hören Sie Musik, die Sie entspannt.

4. Legen Sie ein Tagebuch oder andere schriftliche Aufzeichnungen an und schreiben Sie Ihre Gedanken, Ihre Träume und Pläne auf, Ihre täglichen Gewohnheiten, Dinge, die Sie glücklich oder traurig gemacht haben, wodurch Sie frustriert oder verwirrt worden sind, oder Ereignisse, die Sie gestresst haben oder durch die Sie in eine Überstimulation Ihrer Sinne geraten sind. Machen

Sie sich dabei klar, dass es keine richtige oder falsche Art gibt, ein Tagebuch zu führen. Alles ist möglich. Ich kaufe mir gewöhnlich ein Aufsatzheft oder irgendein anderes gebundenes Buch mit leeren Seiten. Mit meinem Füller oder Bleistift lasse ich meinen Gedanken auf dem Papier freien Lauf, selbst wenn das bedeutet, dass ich herumkritzle oder zeichne. Nach solchen Übungen fallen mir oft wichtige Formulierungen ein. In einem Tagebuch können Sie alles schreiben, was Ihnen einfällt. Sie sollten dabei nicht innehalten, um über eine Schreibweise oder grammatikalische Richtigkeit nachzudenken. Stattdessen konzentrieren Sie sich auf Ihre Gedanken, Ideen und Gefühle. Wenn alles gut geht, wird dieses Tagebuch für Sie wertvolle Aufzeichnungen enthalten, und Sie werden sich später an ihm erfreuen können wie an einem Sammelalbum oder einem Fotoalbum. Und wenn es weniger gut läuft, dann kann das Tagebuch als ein Dokument wichtig sein, anhand dessen Sie nachvollziehen können, wann und vielleicht sogar warum bestimmte Schwierigkeiten begonnen haben. Wenn dies eintritt, dann besprechen Sie so viel wie möglich aus diesem Tagebuch mit Ihrem Ratgeber, ärztlichen Berater oder einer anderen Person, von der Sie denken, dass sie Ihnen bei den Problemen, die Sie stören und plagen, weiterhelfen kann. Das ist besonders dann sehr wichtig, wenn Sie bemerken, dass Ihr Stress sich auf Ihre Fähigkeit, im täglichen Leben zurechtzukommen, auswirkt. Wenn also z. B. Ihre Aufmerksamkeit abnimmt, Ihr Schlaf beeinträchtigt wird, wenn Ihre Essensgewohnheiten sich ändern, die Körperpflege leidet, die Lernfähigkeit abnimmt, Sie weniger gut Gespräche führen können und nicht mehr richtig das Leben genießen, dann sollten Sie jemanden konsultieren. Stress kann Menschen lähmen. Tun Sie so viel wie möglich, um den Stress zu kontrollieren, bevor der Stress Sie kontrolliert.

Anhang III: Berufliche Möglichkeiten und Verantwortung

Ich erinnere mich noch an mein erstes Vorstellungsgespräch. Ich hatte gerade meinen ersten Abschluss an der Universität erworben und mich um eine Anstellung als Berufsberaterin bei einer privaten Firma beworben. Im Verlaufe des Vorstellungsgespräches fragte mich der Besitzer der Firma, ob ich mich für die neue Multimedia-Welle begeisterte, durch die wir nun Handkameras, Videorekorder und Compact Discs in Umlauf hatten. Ich teilte seinen Enthusiasmus für die neuen Technologien und war mir sicher, dass ich mich bis dahin gut mit dem Firmenchef verstanden hatte. Alles ging gut, bis er mir seine liebste Multimedia-Firma nannte. Anstatt ihm mitzuteilen, dass ich seine Meinung in diesem Punkt nicht teilte, oder noch besser, meinen Mund zu halten, steckte ich mir tatsächlich meinen Zeigefinger in den Mund, machte ein würgendes Geräusch und sagte mit kratzender Stimme: „Würg!". Es genügt sicher, festzustellen, dass es mit dem Vorstellungsgespräch an diesem Punkt vorbei war.

Überraschenderweise bot man mir anderswo eine Arbeitsstelle an, aber nicht als Karrieremanagerin, auch wenn ich für diese Tätigkeit von meiner Ausbildung her sehr qualifiziert war. Ich arbeitete in einem beengten Raum, saß mit einem Dutzend anderer Frauen zwischen 9 und 17 Uhr um einen gemeinschaftlichen Schreibtisch herum und wies arbeitslosen Menschen einen vorübergehenden Job zu. Ich hielt weniger als drei Monate durch. Ironischerweise arbeitete ich als Berufsberaterin, wo ich es doch war, die in Wirklichkeit eine Berufsberatung nötig gehabt hätte. Wenn ich Menschen mit dem Asperger-Syndrom einen guten Rat hinsichtlich ihrer Berufswahl geben dürfte, dann würde ich in jedem Fall empfehlen, einen professionellen Berater oder zumindest einen in diesem Bereich sehr weitreichend geschulten Freund aufzusuchen und die verschiedenen beruflichen Möglichkeiten sobald als möglich durchzusprechen, wenn man soweit ist, sich Gedanken über die Karriereplanung zu machen. Um jedem dabei zu helfen, hiermit anzufangen, habe ich einige Ideen niedergeschrieben, die ganz gute Anhaltspunkte bieten sollten und mögliche Optionen aufzeigen können.

Karrieremöglichkeiten: Selbstkenntnis und Selbstverständnis

Bevor Sie sich entscheiden, welchen Weg Ihre Karriere nehmen soll, müssen Sie unbedingt wissen, in welchen Bereichen Sie besonders kompetent sind, was Sie am meisten interessiert und in welchem Bereich Sie sich insgesamt auch wohl fühlen werden. Benutzen Sie die nun folgende Liste, um dies herausfinden zu können.

1. Fertigen Sie eine Liste aller Dinge an, über die Sie am liebsten lesen und diskutieren und mit denen Sie sich am liebsten beschäftigen.

2. Fertigen Sie eine Liste mit all ihren Fähigkeiten und Begabungen an.

3. Denken Sie darüber nach, wie Sie eine dieser Interessen zu ihrem Beruf machen könnten. Wenn Sie beispielsweise Sport sehr gern mögen, dann überlegen Sie sich alle Berufsmöglichkeiten, die mit Sport zu tun haben. Sie könnten darüber nachdenken, als Trainer für die körperliche Fitness einer Mannschaft zuständig zu sein, ein Manager im Bereich Sportartikel zu werden, ein Journalist, der über Spiele und Sportler berichtet. Sie könnten sich für die Geschichte und Philosophie des Sports interessieren, Sie könnten Andenken aus dem Sportbereich sammeln und damit handeln, Eintrittskarten verkaufen, ein Physiotherapeut für eine Mannschaft oder Assistent eines Trainers werden, die Sportanlagen verwalten, Stadien und Spielfelder entwerfen oder sogar Berufssportler werden.

4. Denken Sie sehr genau über die unterschiedlichen Karrieremöglichkeiten nach und überprüfen Sie, ob ihre Fähigkeiten und Möglichkeiten mit den verlangten Anforderungen übereinstimmen. Folgende Punkte sollten Sie dabei berücksichtigen:

   a) Die sensorische Belastung durch die Umgebung am Arbeitsplatz, was z. B. den Lärmpegel angeht; die Lichtverhältnisse und den gesamten Aufbau des Gebäudes, der Bürogebäude oder der entsprechenden Plätze im Freien, an denen Sie sich aufhalten werden; sogar Gerüche, denen Sie ausgesetzt sein werden, können wichtig sein. Anders gefragt: Ist das Gelände zu laut, belebt, mit Menschen überfüllt, überwältigend oder nervend für Sie? Falls das so ist, wird Sie das bei Ihrer Arbeit beeinträchtigen, so dass Sie unter Ihren Möglichkeiten bleiben müssen?

b) Die Erwartungen, die im zwischenmenschlichen Bereich an Sie gestellt werden. Müssen Sie beispielsweise mit anderen Mitarbeitern an gemeinsamen Projekten arbeiten, haben Sie häufig an Gruppenbesprechungen teilzunehmen oder erlaubt man Ihnen, praktisch für sich allein zu arbeiten? Werden Sie vor großen Gruppen von Menschen sprechen müssen? Wird von Ihnen erwartet, dass Sie Beurteilungen schreiben oder die Fähigkeiten Ihrer Mitarbeiter evaluieren? Werden Sie gemeinsam mit den anderen Angestellten soziale Aufgaben wahrnehmen müssen? Kurz gesagt, wird man Ihnen viel Freiraum für sich alleine geben, oder werden Sie vor allem mit anderen Zusammenarbeiten? Wenn Sie mit anderen häufig gemeinsam arbeiten werden, werden Sie das effektiv tun können?

c) Der Zeitplan und die Anforderungen am Arbeitsplatz können bedeuten, dass sich Ihre bisherigen Tagesabläufe abrupt ändern könnten, dass sie zu anderen Zeiten und an anderen Wochentagen arbeiten müssen, als es normalerweise der Fall ist, dass Sie Ihren Urlaub neu planen oder ganz streichen müssen, dass Sie von Ihren Vorgesetzten oder Mitarbeitern anders eingesetzt werden, dass Sie neue Fähigkeiten erwerben müssen, in ein anderes Büro umziehen müssen, Berufsreisen zu anderen Firmen unternehmen müssen usw. Zusammengefasst: Sind Sie sich sicher, dass Sie einen flexiblen Job ertragen können, oder sollten Sie lieber in einer beständigeren und planbareren Arbeitsumgebung tätig sein?

d) Fortbildung und berufliches Training, das für Ihr Weiterkommen von Bedeutung ist. Denken Sie darüber nach, ob Sie darauf vorbereitet sind, sich in der Lage dazu fühlen, weiterführende Seminare oder Fortbildungsveranstaltungen zu besuchen, wie man es von Ihnen möglicherweise verlangt.

Ihren Traumjob finden

1. Im Vorstellungsgespräch erfolgreich auftreten

Das Auftreten im Vorstellungsgespräch ist eine heikle Sache, wie Sie es auch angehen. Zum Erfolg verhelfen können Ihnen eine gute Vorbereitung und das sorgfältige Einstudieren von Gesprächselementen. Wenn Sie sich für beides Zeit nehmen, dann werden Sie vor dem Vorstellungsgespräch viel weniger Angst haben, und Sie werden erfolgreicher abschneiden.

a) **Rollenspiel.** Bitten Sie andere darum, Ihnen dabei zu helfen, eine Liste mit Fragen zu erstellen, die Ihr zukünftiger Arbeitgeber möglicherweise an Sie richten wird. Üben Sie ein, was Sie eventuell in diesen Situationen antworten würden.

b) **Nonverbale Kommunikationsstrategien.** Fertigen Sie eine Liste der Verhaltensweisen an, die Sie bei dem Vorstellungsgespräch an den Tag legen sollten. Schreiben Sie auch auf, welche Verhaltensweisen Sie vermeiden sollten. Gehen Sie diese Liste in der Zeit vor dem Gesprächstermin mehrmals am Tag durch, so lange, bis Sie sich zutrauen, Ihre besten Verhaltensweisen zeigen zu können. Möglicherweise könnten auf ihrer Liste stehen:

- eine angemessene Begrüßungsformel und Abschiedsformel wählen
- einen angemessenen sprachlichen Rhythmus und Tonfall treffen
- häufig Blickkontakt aufnehmen versuchen, ruhig und glücklich zu wirken
- sehr gut zuhören, was man zu mir sagt
- im Stuhl aufrecht sitzen
- Begeisterung zeigen
- saubere, gebügelte und gut zusammenpassende Kleidungsstücke tragen

- zuvor baden, die Haare waschen, die Zähne putzen
- ein Wegsehen und Herumwandern der Augen im Raum vermeiden
- keine unwesentlichen Kommentare machen
- vermeiden zu reden, wenn man nicht an der Reihe ist
- nicht zu viel mit den Händen gestikulieren
- « nicht an den Fingernägeln beißen, mit Händen oder Füßen klopfen
- nicht an unangebrachten Stellen lachen

2. Mögliche Berufsziele

Viele Menschen mit dem Asperger-Syndrom haben den Eindruck, dass sie gerade dann besonders weit mit der Verwirklichung ihrer beruflichen Vorstellungen gekommen sind, wenn in ihrem Beruf nicht allzu häufiger Umgang mit menschlichen Emotionen verlangt wird und keine hohen sozialen Anforderungen an sie gestellt werden. Wenn das bei Ihnen der Fall sein sollte, dann gibt es z. B. die folgenden Berufsziele:

- Schriftsteller
- Tierpfleger
- Ingenieur
- Programmierer
- Gartenbauexperte
- Universitätsdozent in dem Gebiet, das Ihnen am meisten liegt
- Technischer Assistent
- Künstler oder eine Tätigkeit im Kunstgewerbe

- Musiker
- Fabrikarbeiter in der Montage
- Architekt
- Polizist oder Sicherheitsbeamter, Feuerwehrmann
- Wissenschaftler
- Reparateur im elektronischen Bereich z. B. von Fernsehern
- Automechaniker
- Zimmermann
- Bibliothekar
- Historiker
- Antiquitätensammler und -händler
- alles, was Sie interessiert, möglichst in dem Bereich, in dem Sie Ihre Stärken haben und der Ihnen dazu eine Umgebung bietet, die Sie benötigen.

Im Beruf erfolgreich sein

1. Besondere Hilfen verlangen

Unabhängig davon, ob Sie sich dazu entschließen, Ihren Arbeitgeber und Ihre Kollegen über das Asperger-Syndrom zu informieren, können Sie danach fragen, ob Sie die folgenden Angebote bzw. Hilfen verwenden dürfen, damit Sie Ihre Asperger-typischen Eigenschaften besser unter Kontrolle bekommen können, da diese sonst Ihre Produktivität bei der Arbeit beeinträchtigen könnten. Behalten Sie dabei im Gedächtnis, dass Ihr Arbeitgeber verstehen sollte, dass es hierbei nicht darum geht, dass Sie besondere Erleichterungen bekommen, um weniger Arbeitsverantwortung zu tragen, sondern dass Sie seine Zugeständnisse benötigen, damit es Ihnen möglich sein wird, Ihr absolut Bestes für die Firma zu geben.

Hilfreich sein können:

a) Ohrenstöpsel oder ein Paar Stereokopfhörer

b) Sonnenbrille

c) Textverarbeitungsprogramme

d) Taschenrechner

e) ein Arbeitsplatz, der möglichst ruhig ist

f) eine möglichst frühzeitige Mitteilung aller bevorstehenden Änderungen der gewohnten Arbeitsroutine

g) ein Mentor oder ein Mitarbeiter, der Sie einarbeitet und Ihnen hilft

h) ein flexibler Pausenplan, wenn Sie plötzlich eine Ruhezeit nötig haben sollten

i) Hilfe bei dem Ausfüllen Ihres Vertrages und anderer Formblätter

j) ein fester Parkplatz in der Nähe des Gebäudes, in dem Sie arbeiten

k) die Möglichkeit zu bestimmen, mit welchen Leuten Sie bei Gruppenprojekten Zusammenarbeiten wollen

l) fortlaufend begleitende Fortbildungsveranstaltungen und Seminare zur Verbesserung Ihrer beruflichen Fähigkeiten

2. Ihre Verantwortungen

a) Setzen Sie niemals voraus, dass Ihr Arbeitgeber oder Ihre Kollegen weniger als Ihr Bestes von Ihnen zu erwarten haben. In anderen Worten, geben sie ständig Ihr Bestes.

b) Informieren Sie Ihren Arbeitgeber in jedem Fall darüber, wenn Sie nicht zur Arbeit kommen können oder wenn Sie zu spät kommen oder früher gehen werden. Es ist nicht fair

Ihren Kollegen gegenüber, wenn Sie automatisch annehmen, dass andere für Sie einspringen, ohne dass Sie zumindest versucht haben, Ihnen den Grund für Ihre Abwesenheit zu erklären.

c) Unterschätzen Sie Ihre Möglichkeiten nicht.

d) Tun Sie alles dafür, um Ihre Fähigkeiten zu verbessern und um weiteres Wissen zu erwerben.

e) Versuchen Sie auch mit den Menschen geduldig zu sein, die Ihre Bedürfnisse offenbar ignorieren. Es könnte sein, dass sie nur etwas Zeit benötigen, um sich an Ihre Andersartigkeit zu gewöhnen oder um die Welt eines Menschen mit dem Asperger-Syndrom wirklich verstehen zu lernen.

f) Tun Sie alles dafür, damit Sie eine Arbeit finden, an der Sie wirklich Interesse haben. Wenn Sie das tun, wird es für Sie viel leichter sein, Ihr durch das Asperger-Syndrom beeinflusstes Verhalten unter Kontrolle zu bekommen. Wenn Sie dies nicht kontrollieren können, dann könnten Sie Schwierigkeiten dabei haben, Ihre Arbeit gut zu erledigen.

g) Versuchen Sie, eine Arbeitsstelle nicht aufzugeben, bevor Sie sich nicht wenigstens zwei Wochen lang bemüht haben. Dies setzt voraus, dass Sie zu sich ehrlich darüber sind, wie es Ihnen bei der Arbeit geht, so dass Sie rechtzeitig bemerken, wann Sie anfangen, sich überfordert zu fühlen, mit zu vielen Eindrücken überflutet oder durch die hohen Anforderungen frustriert zu werden. In dem Moment, in dem eine dieser Möglichkeiten eingetreten ist, müssen Sie mit Ihrem Arbeitgeber oder mit Ihrem Mentor darüber reden und entweder gemeinsam einen Weg finden, wie Sie die Situation ändern können, oder sich darauf einstellen und Sich selbst damit abfinden, dass Sie diese Stelle aufgeben müssen.

h) Teilen Sie Ihrem Arbeitgeber und Ihren Kollegen mit, was sie über das Asperger-Syndrom wissen sollten, wenn Sie meinen, dass ihnen das dabei helfen wird, Sie besser zu verstehen. Dann wird man Ihnen auch besser entgegenkommen und Ihnen helfen, eine für Sie geeignete Tätigkeit zu finden.

i) Lassen Sie Ihren Arbeitgeber und Ihre Kollegen wissen, dass Sie ihre Freundschaft und ihre Hilfe zu schätzen wissen, z. B. indem Sie ihnen ein oder zwei Mal im Jahr eine Karte schicken oder sie ansprechen und ihnen mitteilen, was Sie über den Umgang miteinander denken.

Anhang IV: Die Organisation Ihres Haushaltes

Ich mag Pflichten im Haushalt etwa genauso gern, wie ich Sumo-Ringen mag. Ich mag sie also überhaupt nicht. Früher musste ich mit dem Gefühl der Schuld kämpfen, wenn ich mir selbst eingestand, dass ich all die Dinge, die mit der Verpflegung der Familie und meinem Haushalt einhergehen, nicht ausstehen konnte. Aber das war, bevor ich dazu überging, den Haushalt quasi als einen akademischen Fachbereich anzusehen, in dem man sich Zertifikate und gute Noten verdienen kann. Wer Ihnen sagt, dass die Haushaltsführung einfach sei oder nur etwas für Einfaltspinsel, der irrt sich gewaltig. Aus meiner Sicht ist die Haushaltsführung eine Wissenschaft, die man studieren, erforschen, analysieren und auswendig lernen und verinnerlichen muss. Nicht, weil es viel Intellekt dazu bräuchte, sondern weil es einen gut organisierten und aufmerksamen Verstand dazu benötigt. Ein Verstand, der im gleichen Moment herumjonglieren, sortieren, einordnen, etwas wiederholen und auf den Weg bringen kann.

Ich besitze keinen solchen Verstand, wie viele meiner Freunde mit dem Asperger-Syndrom auch nicht. Meine Gedanken ziehen durch die Gegend wie ein Hund der Rasse Golden Retriever, den man in der Nähe von Schilf bestandenen Teichen, Feldern, knietiefem Gras und wildlebenden Tieren von seiner Leine befreit hat. Ich weiß nie, wonach ich gerade suche, was zuerst meine Aufmerksamkeit benötigt, wo ich gerade hingehen sollte oder wie ich das angehen kann, was mir bevorsteht. Ich finde es fabelhaft, dass es Leute gibt, die ihren Haushalt mit grenzenloser Effizienz und innere Ruhe organisieren. Die Haushaltsführung ist für mich eine seltsame Mischung verschiedener Anforderungen, verschiedenster zufällig zusammen gewürfelter Grundlagenkenntnisse, chaotischer Kompromisse und lästiger Ärgernisse. Es ist ein gelerntes Handwerk, von dem ich keine Ahnung habe, wie man es ausführt. Aber es ist etwas, das ich zu einem gewissen Grade erlernen möchte. Ich versuche dies und habe mich dieser Aufgabe so weit angenommen, wie ich es vor zehn Jahren noch nicht gekonnt hätte. Nachdem ich aus vielen meiner Fehler gelernt habe, sind hier einige Erkenntnisse zusammengefasst, wie man die Haushaltführung sinnvoll organisieren kann, besonders wenn man unter dem Asperger-Syndrom leidet.

Farbkodierungen: Die idiotensichere Methode, um alles gut zu organisieren

1. **Die Familienmitglieder**

Weisen Sie jedem Familienmitglied seine Farbe zu und versuchen Sie, alle möglichen persönlichen Dinge in diesen Farben zu kaufen. So weiß jeder, wem die blauen oder gelben oder rosafarbenen Dinge gehören. Gegenstände, die in dieses System eingeschlossen werden können, sind: Zahnbürsten, Haarbürsten, Wäschekörbe, Bettwäsche, Handtücher und Waschlappen, verschiedene Schulsachen, Schlüsselringe, Brillenetuis, Brotdosen, Handschuhe, Mützen, Rucksäcke, Portemonnaies, Spielkisten. Erweitern sie diese Methode, indem Sie sich farbige Stifte und einen farbigen Zettelblock besorgen und Notizen in der jeweiligen Farbe der Person anfertigen. Eine Notiz auf blauem Papier ist für die Person bestimmt, die sich die Farbe blau ausgesucht hatte; eine rote Anmerkung auf dem Kalender ist ein Termin der roten Person usw.

2. **Die Post**

Legen Sie verschiedenfarbige Ablagen für die Post an, die Ihre Familie bekommt. Eine Farbe für Rechnungen, eine für persönliche Korrespondenz, eine für Werbung und Coupons, die Sie noch durchsehen wollen, eine für die ausgehende Post, die Sie nur noch mit einer Briefmarke versehen und wegbringen müssen.

3. **Aktenablage**

Kaufen Sie sich verschiedenfarbige Aktenordner für jede Kategorie von Informationsmaterial, das Sie aufbewahren möchten. Versuchen Sie, die Farbe so zu wählen, dass Sie sofort an die unterschiedliche Kategorie erinnert werden.

   a) **Automobilinformation**

   Garantien, Miet- oder Kaufverträge, Reparaturleistungen und Quittungen über die bezahlten Beträge. Bewahren Sie dies in einem Ordner mit der Farbe Ihres liebsten Autos auf.

b) **Kreditkarten und Scheckbücher**

die Kreditkartenunterlagen, dazu die unterschriebenen Einverständniserklärungen ihrer Ausgaben; Name, Adresse und Telefonnummer, die Sie benötigen werden, falls Ihre Karte gestohlen wird oder verloren geht; andere finanzielle Unterlagen wie Ihre Verträge, Einverständniserklärungen Ihrer Zahlungen; die Durchschläge und andere Belege Ihrer bezahlten Rechnungen; Ihr Scheckbuch und die dazugehörigen Informationsblätter,- Ihre Kontonummer, Name, Adresse, Telefonnummer Ihrer Bank. Bewahren Sie dies in einem Ordner mit der Farbe Ihrer Lieblingswährung auf.

c) **Familiendokumente**

Testamente,- Geburtsurkunden, Heiratsurkunde, Taufurkunden, Todesbescheinigungen; Scheidungsunterlagen; Zeugnisse und alle anderen persönlichen Dokumente oder Zulassungen. Bewahren Sie dies in einem Ordner auf, der die Farbe Ihrer Augen hat.

d) **Finanzielle Unterlagen**

Versicherungspolicen,- Unterlagen von Investitionen wie Fonds oder Bausparverträgen; Name, Adresse und Telefonnummer Ihres Finanzberaters oder Ihrer Banken. Bewahren Sie dies in einem Ordner auf, der die Farbe trägt, die der Ihres Scheckheftes entspricht.

e) **Unterlagen, die Ihre Gesundheit betreffen**

Impfausweise, Arztbriefe von Krankenhausaufenthalten, Ergebnisse von medizinischen Untersuchungen, Unterlagen über Erkrankungen, die es häufiger in Ihrer Familie gibt, Unterlagen über Allergien, eine Liste aller Medikamente, die Sie einmal nehmen mussten. Bewahren Sie diese Unterlagen in einem Ordner in der roten Farbe des Kreuzes auf, das sich auf den meisten Ersthilfekoffern befindet.

f) **Unterlagen über Haushaltsgeräte**

Garantien, Pflegehinweise und Gebrauchsanleitungen, Adressen von autorisierten Servicezentren. Bewahren Sie dies in einem Ordner auf, der die Farbe Ihres Kühlschranks hat.

Wie Sie Einkaufszentren und andere überfüllte Orte vermeiden, die bei Ihnen zu einer sensorischen Überlastung führen könnten

1. *Einkaufen aus dem Katalog*
   Heutzutage kann man die meisten Dinge per Post bestellen wie z. B. Lebensmittel in größeren Mengen, Sammlergegenstände, Kunstgegenstände, Bastelmaterialien und Haushaltswaren. Manchmal können Sie sogar Geld sparen, wenn Sie per Post oder im Internet bestellen. Wenn Sie nicht schon regelmäßig einige Kataloge bekommen, dann bitten Sie Ihre Nachbarn und entferntere Verwandte um Ihre ausgelesenen Kataloge. Sie können auch in Hobby- und Heimwerkerzeitschriften und in anderen Magazinen (über Heimdekoration, Garten, Autoreparatur usw.) nach Anzeigen Ausschau halten oder nach anderen nützlichen Adressen suchen.

2. *Geschenke*
   Wenn Sie das nächste Mal ein Geschenk brauchen, dann denken Sie darüber nach, ob Sie nicht etwas verschenken können, das Sie von zu Hause aus erledigen können, wie zum Beispiel jemanden mit einem Abonnement für eine Zeitschrift zu überraschen, mit einer Spende für eine bestimmte Organisation, die Sie in dem Namen des Beschenkten durchgeführt haben, mit Eintrittskarten für eine Veranstaltung, mit einem Gutschein für einen Dienst, den Sie dem Beschenkten erweisen wollen, oder mit etwas, das Sie in einem Katalog gefunden haben.

3. *Lieferdienst nach Hause*
   Viele Geschäfte werden Ihnen Ihren Einkauf auch nach Hause liefern oder zumindest einwilligen, ihn per Post zu versenden, wenn Sie Ihnen erklären, dass Sie unter einer Erkrankung leiden, die es für Sie schwierig macht, Auto zu fahren, größere Menschenansammlungen zu ertragen oder das Haus überhaupt

zu verlassen. Wenn es Ihnen schwer fällt, persönlich in dem Geschäft vorzusprechen und diese Bitte um Mithilfe vorzubringen, dann schreiben Sie stattdessen und bitten Sie um diesen Lieferservice.

4. *Sich beim Einkäufen mit einem Freund abwechseln*
Verabreden Sie sich mit einem Freund oder einer Freundin, dass Sie sich dabei abwechseln, füreinander die notwendigen Besorgungen zu erledigen. Wenn Sie lieber ein bestimmtes Geschäft vermeiden wollen, dann können Sie Ihren Freund auch bitten, das Einkaufen in einem bestimmten für Sie unangenehmen Laden zu erledigen, während Sie als Gegenleistung die meisten seiner Dinge anderswo für ihn besorgen.

5. *Einkauf als Dienstleistung*
Wenn sich keine andere Möglichkeit ergibt, dann beauftragen Sie jemanden damit, für Sie einkaufen zu gehen. Wenn Sie es sich nicht leisten können, jemanden dafür zu bezahlen, dann können Sie ihm dafür vielleicht Ihren Dienst bei etwas anderem anbieten. Sie können einem Schüler Hilfe bei den Hausaufgaben anbieten, etwas für ihn herstellen, was Sie besonders gut können, bei der Steuererklärung helfen oder Gartenarbeiten erledigen. Sie können auch etwas beliebiges anderes für ihn im Austausch für Ihren Wocheneinkauf oder die Erledigung einer anderen Besorgung für ihn übernehmen. Es sollte etwas sein, das Sie gerne machen und das Sie gut können.

Durch den Tag kommen, ohne sich in zu großen Stress zu versetzen

1. *Aufteilen und Erarbeiten*
Fertigen Sie eine Liste aller Dinge an, die Sie erledigen müssen, damit Ihr Haushalt am Laufen bleibt. Schreiben Sie alles auf, was erledigt werden muss, wie z. B.: Putzen, Gartenarbeit, Autopflege und -reparatur, Einkaufen und alle anderen Tätigkeiten, die regelmäßig erinnert werden müssen - zum Frisör zu gehen oder Arztbesuche. Weisen Sie jedem dieser Dinge einen bestimmten Wochentag zu. Behalten Sie Ihren Plan immer im Auge, indem Sie ihn auf einen großen

Monats- oder Jahreskalender schreiben und an die Wand hängen oder aber in einen Taschenkalender übertragen, den Sie nur für Hausarbeiten angelegt haben. Tragen Sie zunächst die wöchentlichen Termine ein. Sie könnten sich zum Beispiel dazu entschlossen haben, immer montags einkaufen zu gehen und dienstags Staub zu saugen, am Mittwoch die Kleider zu waschen, am Donnerstag Staub zu wischen und sich am Freitag um den Garten zu kümmern. Dann tragen Sie als nächstes die monatlichen Termine ein, denen Sie eine bestimmte Zeit zugewiesen haben. Zum Beispiel gehen Sie jeden ersten Montag im Monat zum Frisör und lassen am letzten Freitag im Monat die Wartung Ihres Autos durchführen.

2. *Visuelle Erinnerungshilfen*
Gewöhnen Sie sich an, immer einen kleinen Notizblock mit selbstklebenden Zetteln mit sich herumzutragen. Schreiben Sie sich Erinnerungshilfen darauf und kleben Sie die Zettel an Stellen, wo Sie Ihnen garantiert auffallen werden. Sie können Zettel, die Sie daran erinnern sollen, dass sich Ihr Tagesrhythmus heute ändern wird, zum Beispiel auf den Badezimmerspiegel aufkleben. Ihre Erinnerungszettel daran, dass Sie Sport treiben wollen, sich gesünder ernähren wollen, den Kinder etwas vorlesen wollen usw., könnten auf dem Kühlschrank stehen, und Dinge, die Sie Ihrer Familie oder Ihren Freunden noch mitteilen wollten, bringen Sie in der Nähe Ihres Computers oder Ihres Telefons an.

3. *Auditorische Erinnerungshilfen*
Nehmen Sie auf einem Kassettenrekorder im Taschenformat, den Sie überall mit hinnehmen können, alles auf, was Sie sich ausgedacht haben, was Sie erreichen wollen. Sprechen sie auch die Zeiten Ihrer Termine darauf. Hören Sie ihn mehrmals am Tag ab, um Ihr Gedächtnis auf dem Laufenden zu halten. Wenn Sie Zeit haben, können Sie sich auch hinsetzen und alles noch einmal aufschreiben, damit Sie auch eine visuelle Erinnerungshilfe haben.

4. *Erinnerungshilfen für Ihre Kleidung*
Wenn Sie es nicht fertig bringen, eine bequeme Garderobe zu finden, die gut zusammenpasst und schön aussieht, dann schauen Sie Ihren Lieblingskatalog durch. Schneiden Sie

einfach die Abbildungen aus, auf denen die gezeigten Modelle ein Outfit tragen, von dem Sie denken, dass es Ihnen gefallen würde. Bestellen Sie sich diese Kleider oder nehmen Sie die Bilder in ein Ihnen angenehmes Geschäft mit. Sie können die Verkäuferinnen fragen, ob sie Ihnen dabei helfen können, etwas Ähnliches für Sie zu finden. Wenn Sie die Kleidung mit nach Hause nehmen, dann hängen Sie die passenden Stücke zusammen in den Schrank. Die ausgeschnittene Abbildung aus dem Katalog können Sie an einem der Kleidungsstücke befestigen, so dass Sie nicht vergessen können, wie die Sachen zusammen getragen werden.

Anhang V: Bewältigungsstrategien für Ihre sensorischen Wahrnehmungsstörungen

Auch wenn es immer noch weiterer Forschung bedarf, um den Zusammenhang zwischen den sensorischen Wahrnehmungsstörungen und dem Asperger-Syndrom endgültig zu klären, haben Experten bestätigt, dass es zwischen den beiden eine Korrelation gibt (vgl. Attwood 2000). Wenn Ihre Sinnesorgane schon durch alltägliche Sinneseindrücke überwältigt werden, wenn Ihnen z. B. schon normales Tageslicht wie ein extrem helles Licht vorkommt, wenn leise Musik Ihnen schon quälend laut vorkommt, wenn eine Parfumduftwolke Sie dazu bringen kann, sich übergeben zu müssen, und bestimmte Beschaffenheiten oder Geschmacksrichtungen von Speisen bei Ihnen den Würgreflex auslösen, dann sind Sie wahrscheinlich von sensorischen Wahrnehmungsstörungen betroffen. Wenn das der Fall ist, dann sollten Sie auch erwägen, professionelle Hilfe in Anspruch zu nehmen, indem Sie gemeinsam mit einem Beschäftigungstherapeuten einen speziell auf Sie zugeschnittenen sensorischen Integrationstherapieplan erarbeiten. Unterdessen können Ihnen die folgenden Hinweise dabei helfen, einige der häufigsten Situationen besser beherrschen zu lernen. Ich schicke noch eine Warnung vorweg, dass man dabei immer im Hinterkopf behalten und beachten sollte, dass die Anwendung einiger dieser Strategien in der Öffentlichkeit sehr auffallen kann. Daher könnte es unter Umständen besser sein, sie an einem privateren Ort anzuwenden. Wenn Sie keinen solchen einsamen Ort für sich finden können, dann teilen Sie Ihren engeren Freunden einige grundlegende Dinge über Ihre sensorischen Wahrnehmungsstörungen mit und erklären Sie ihnen, wie Sie versuchen, mit ihnen fertig zu werden. So können Ihre Freunde Sie besser verstehen, wenn Sie Ihre Therapie durchführen.

Taktile Überempfindlichkeit

1. Wenn Sie es nicht mögen, berührt zu werden, dann bitten Sie andere Menschen höflich, Sie nicht zu berühren, oder bitten Sie darum, dass Sie zuvor gewarnt werden, bevor man Sie berührt. Wenn Sie anderen erlauben, Sie zu berühren, dann teilen Sie ihnen mit, ob Ihnen leichterer oder stärkerer Druck lieber ist.

2. Wenn sogar die geringste Berührung Ihre Nerven zur Anspannung bringt, dann versuchen Sie, Ihren Arbeitsplatz, Ihren Lernplatz oder alle anderen Aufenthaltsorte so weit es geht von Luftzug fernzuhalten. Versuchen Sie, sich möglichst nicht in die Nähe von Fenstern zu setzen und allen anderen Hindernissen aus dem Weg zu gehen, die vielleicht Ihren Körper streifen könnten.

3. Wenn Sie stärkeren Druck gut ertragen, dann können Sie versuchen, in Ihre Taschen von Jacken, Hemden und Westen kleine Gewichte zu tun (gekaufte oder selbstgemachte aus Säckchen mit Münzen, Steinchen, Murmeln usw.). Wenn Sie keine Taschen haben, dann können Sie sich welche nähen. Sie können sich außerdem angewöhnen, einen schweren Geldbeutel und einen Rucksack mit sich herumzutragen, wenn Ihnen das angenehm ist.

4. Finden Sie heraus, welches Material Ihre Haut am besten verträgt. Kaufen Sie dann dementsprechend all Ihre Kleidung, die sie finden können, Handschuhe, Hüte, Handtücher, Decken, Bettbezüge, Topflappen, Schals usw. aus diesem Material.

5. Wenn Haare waschen für Sie unerträglich ist, dann tragen Sie eine Kurzhaarfrisur, so dass Ihr Haar sich in wenigen Sekunden waschen lässt. Versuchen Sie es mit einer Trockenreinigung, indem Sie Maisstärke oder unparfümiertes Puder in Ihrem Haar verteilen (wenn Sie das Gefühl ertragen können, das diese Materialien verursachen), es einige Minuten einwirken lassen und es dann wieder ausbürsten. Tragen Sie einen Hut oder Schal als Kopfbedeckung, wenn Ihr Haar widerspenstig geworden ist, aber noch nicht schlimm genug ist, dass Sie es unbedingt schon waschen müssten. Denken Sie daran, dass Sie Ihre Haare dennoch mindestens ein Mal in der Woche waschen sollten, um keine Läuse oder Erkrankungen der Kopfhaut zu bekommen und um Probleme mit Ihrem sozialen Umfeld zu vermeiden.

6. Wenn Sie die empfindlichen Nervenendigungen in Ihrem Mund stimulieren wollen, dann kauen Sie nicht auf Bleistiftenden oder Kugelschreibern herum, denn diese Stifte können zerbrechen und Verletzungen in Ihrem Mund verursachen. Nehmen Sie zum Kauen stattdessen feste

Substanzen wie Paraffinwachs, dicke Gummibänder, Kaugummi oder feste Plastikstrohhalme.

7. Wenn Sie gerne Gegenstände anfassen und auf ihnen herumdrücken, dann füllen Sie Luftballons mit Mehl, Reis, Maisstärke oder irgendeiner anderen sich angenehm anfühlenden Substanz und drücken Sie darauf herum (nachdem Sie den Ballon mit einem Knoten fest zusammengebunden haben). Sie können mit Rasierschaum herumspielen, bevor er für die Rasur gebraucht wird, mit Modellierton experimentieren oder Teig kneten. Sie können im Garten arbeiten, mit Ihren Fingern auf einem Flummi oder einem anderen Gummiball herumdrücken, ein vibrierendes Spielzeug in der Hand halten oder an Tüten mit abgepacktem Reis oder Bohnen herumfingern. Auch in der Öffentlichkeit können Sie diese Dinge verdeckt und unauffällig tun.

8. Benutzen Sie Ihre tägliche Körperpflege, um zu entdecken, was Ihren Sinnen angenehm ist und was nicht. Reiben Sie Ihren Körper sanft oder kräftig mit verschiedenen Badebürsten und Waschlappen ab, bis Sie die Kombination aus Struktur und Festigkeit gefunden haben, die Ihnen am besten gefällt.

Visuelle Überempfindlichkeit

1. Tragen Sie eine Sonnenbrille, eine Schirmmütze oder einen Hut, die Sie vor der Sonne oder einer künstlichen Lichtquelle an der Decke schützen. Geben Sie dabei Acht, dass diese Ihre Sicht nicht beeinträchtigen.

2. Probieren Sie Glühlampen in verschiedenen Farben und in unterschiedlichen Wattstärken aus, bis Sie herausgefunden haben, welche Ihnen am meisten zusagt.

3. Umgeben Sie sich mit Farben, an denen Sie Gefallen finden.

4. Wenn Sie an sehr belebten Orten leicht von den vielen Reizen überwältigt werden, dann legen Sie sich Ihre Hände so vor das Gesicht, dass Sie nur noch die Dinge in Ihrer Gesichtsmitte wahrnehmen. Versuchen Sie sich auf die Dinge in der Mitte vor Ihnen zu konzentrieren und ignorieren Sie alles in Ihrem peripheren Gesichtsfeld. Ich habe dies schon oft getan und

dabei entdeckt, dass mich die Leute in Ruhe lassen und mich nicht stören, wenn ich mir die Schläfen so reibe, als wollte ich gerade einen Kopfschmerz loswerden.

5. Blicken Sie direkt vor sich auf den Boden. Dies sollten Sie nur versuchen, wenn Sie jemanden bei sich haben, der Sie um mögliche Hindernisse herumführt.

Auditorische Überempfindlichkeit

1. Tragen Sie Ohrenstöpsel, wie sie eigentlich von Leuten mit einem leichten Schlaf benützt werden. Seien Sie dabei vorsichtig, damit Sie immer noch die Sirenen eines Rettungswagens hören können und auch noch wahrnehmen, wenn andere Leute mit Ihnen sprechen. Auch weitere Geräusche können möglicherweise für Ihre Sicherheit, Ihr Verständnis und Ihr Wohlbefinden wichtig sein. Verwenden Sie keine Wattebäusche oder Gesichtswatte als Ohrenstöpsel, denn sie verursachen eine eigene, möglicherweise störende Frequenz, wenn das Haar des Gehörsgangs die Watte berührt.

2. Vermeiden Sie Orte an denen sich viele verschiedene Geräusche besonders vermischen, wie zum Beispiel Sportstadien, Konzerthallen, überfüllte Einkaufszentren, Räume voller Leute und mit lauter Musik, riesige Cafeterias usw. Denken Sie an Ihre Ohrenstöpsel, wenn sie sich an einen dieser Plätze begeben.

3. Tragen Sie Stereokopfhörer, um andere Geräusche zu unterdrücken. Stellen Sie dabei wiederum sicher, dass Sie möglicherweise wichtige Geräusche wahrnehmen können.

4. Überlegen Sie, ob sie sich nicht zu einem auditorischen Integrationstraining anmelden wollen.

Überempfindlichkeit auf Lebensmittel

1. Falls die Konsistenz, der Geruch oder Geschmack von bestimmten Nahrungsmitteln für sie schwer zu ertragen ist,

dann probieren Sie so lange herum, bis Sie zumindest ein halbes Dutzend gut schmeckender Lebensmittel aus jeder Gruppe von Nahrungsbausteinen gefunden haben. Bleiben Sie einfach dabei, immer diese Lebensmittel zu essen, die sie gerne mögen, selbst wenn das bedeutet, dass Sie ihr eigenes Essen ins Restaurant oder zu anderen Leuten mitnehmen müssen.

2. Wenn eine breiige, schleimige Konsistenz Ihnen unangenehm ist, dann versuchen Sie die entsprechenden Nahrungsmittel für sich genießbar zu machen, indem sie feste Bestandteile wie Nüsse, Körner, Sellerie oder Karotten hinzufügen.

3. Versuchen Sie sich an bestimmte Lebensmittel zu gewöhnen, die Sie überhaupt nicht mögen, von denen sie aber denken, dass der Genuss gut für Ihre Gesundheit wäre. Essen Sie sie, wenn sie gerade ganz entspannt sind, oder beschäftigen Sie sich mit etwas anderem wie Ihrem Lieblingsbuch oder Ihrer Lieblingsfernsehsendung, um sich abzulenken, während sie nur ganz wenig davon probieren. Wenn Sie das erst einmal geschafft haben, dann können Sie später immer noch ganze Bissen davon nehmen.

4. Wenn Sie sich an ein bestimmtes Nahrungsmittel gewöhnen wollen, dann können Sie neue Rezepte ausprobieren, die das Aussehen oder die Konsistenz dieser Lebensmittel verändern. Wenn Sie sich das Zutrauen, dann schaffen Sie es vielleicht, etwas Banane zu sich zu nehmen, indem Sie sie in ein Schokoladenmilchgetränk mischen, oder Sie können etwas Blumenkohl essen, wenn sie ihn vorher gestampft und mit Kartoffeln vermischt haben.

5. Fragen Sie Ihren Arzt, ob Sie als Ergänzung Ihres Speiseplans bestimmte Vitamine oder Mineralien zu sich nehmen sollten, um eine ausreichende Versorgung zu garantieren.

Olfaktorische Überempfindlichkeit

1. Sie können Ihren Lieblingsduft, wenn es ihn als Flüssigkeit oder als Creme gibt, auf ein Wattestäbchen tun oder auf die

Innenseite Ihres Armes aufbringen und daran riechen, wenn Sie von anderen Gerüchen überwältigt werden.

2. Tragen Sie Nasenstöpsel, wenn es nötig ist.

3. Kaufen Sie nur unparfümierte Wasch- und Reinigungsmittel.

4. Bitten Sie höflich Ihre Mitmenschen, in Ihrer Gegenwart kein Parfüm zu tragen und keine Nahrungsmittel zu essen, die stark riechen.

Anhang VI: Einige Gedanken für Angehörige und Freunde der Menschen mit dem Asperger-Syndrom

Als meine Tochter die Diagnose des Asperger-Syndroms erhielt, gaben mir ihre Ärzte einen exzellenten Rat. Sie sagten, dass mein Mann und ich ab jetzt Experten auf dem Gebiet des Asperger-Syndroms werden sollten. Wir würden ab jetzt die Rolle ihrer größten Fürsprecher übernehmen. Der Wahrheitsgehalt dieser Prophezeiung hat sich seither nahezu jeden Tag wieder aufs Neue offenbart. Der Großteil der Bevölkerung ist aber über das Asperger-Syndrom vollkommen uninformiert. Verständnis und Akzeptanz für Menschen mit dem Asperger-Syndrom können sich so nicht recht verbreiten. Eine wirksame Unterstützung von Menschen mit dem Asperger-Syndrom ist für die Mitmenschen ohne ein genaues Wissen über die Symptome, Prognose und andere beeinflussende Faktoren fast nicht möglich. Der Schlüssel zu dieser Unterstützung ist unser Wissen, und es ist ein sehr leicht zugänglicher Schlüssel (siehe Anhang VII).

Das Internet ist ein virtueller Klassenraum, der uns Dutzende von Internetseiten mit wissenschaftlichen Erkenntnissen über das Asperger-Syndrom, persönliche Erfahrungsberichte, Ratschläge betreffend Ausbildung und Beruf in dieser Situation und medizinische Folgen nahe bringt. Sogar die Massenmedien haben sich allmählich der Sache angenommen, indem sie Familien und Betroffene mit AS ins Rampenlicht rücken und über sie berichten. Langsam gelangt die Welt des Asperger-Syndroms auch in das Bewusstsein des Normalbürgers. Mit unserer Hilfe wird sie schneller dorthin kommen. Wenn es eine Sache gibt, die in der Welt eines Menschen mit dem Asperger-Syndrom sicher ist, dann ist es die Tatsache, dass diese Diagnose für verschiedene Menschen unterschiedliche Bedeutung hat - zu unterschiedlichen Zeiten in ihrem Leben. Anders gesagt, AS beeinflusst Menschen in unterschiedlicher Ausprägung und auf eine unterschiedliche Art und Weise. Diese Realität macht es mehr als schwierig, ein Patentrezept aufstellen zu wollen, wie man einen Menschen mit AS am effektivsten unterstützen kann. Doch weil die Unterstützung durch andere für das Wohlbefinden eines Menschen mit AS so wichtig ist, ist es wohl notwendig, dass ich hier versuche, einige konkrete Hinweise zu geben. Sie können aber nur als Richtlinie genommen werden und nicht als eine genaue Vorlage gelten. Die nun folgenden Anmerkungen sollten auch nur als grobe Orientierung verstanden werden und sind an alle gerichtet, die Menschen mit dem Asperger-Syndrom unterstützen wollen.

Familie, Ehepartner und enge Freunde

- Machen Sie sich klar, wie wichtig Ihre Unterstützung ist, selbst wenn sich die Person mit dem Asperger-Syndrom darüber nicht bewusst ist. Ihr Verhalten wird in vielerlei Hinsicht Vorbildfunktion haben. Sie werden ein Ratgeber sein, wenn Verwirrung und Unsicherheit zum Vorschein kommen, und von Ihnen wird ein beruhigender Einfluss ausgehen, wenn die Dinge außer Kontrolle zu geraten drohen.

- Versuchen Sie Wege zu finden, wie Sie mit dem Stress fertig werden können, dem Sie als ein wichtiger Unterstützer ausgesetzt sein werden. Nehmen Sie sich Auszeiten und nehmen Sie Gelegenheiten wahr, wo Sie entspannen und abschalten können. Suchen Sie sich selbst einen Mentor oder Berater, wenn Sie denken, dass es an der Zeit dazu ist.

- Geben Sie nur, was Sie geben können, ohne dabei zu viel von Ihrer eigenen Identität aufzugeben. Versuchen Sie, einen guten Kompromiss zu finden, der die Bedürfnisse desjenigen Menschen in ihrem Leben, der unter dem AS leidet, mit Ihren Bedürfnissen bestmöglich verbindet. Es könnte beispielsweise passieren, dass Sie sehr gerne unter Leuten sind, während Ihr Freund oder Ihre Freundin mit AS besonders ungern unter Leuten ist. Sie könnten eine Übereinkunft treffen, die so lautet, dass Sie mit Ihren anderen Freunden irgendwo hingehen, während Ihr Freund oder Ihre Freundin mit dem Asperger-Syndrom zu Hause bleibt und ein Buch liest oder einen Lieblingsfilm auf Video sieht, den Sie mitgebracht und ausgeliehen haben. Eine Warnung noch - versuchen Sie, jemandem mit dem Asperger-Syndrom niemals spüren zu lassen, dass er als Mensch in irgendeiner Weise weniger vollkommen oder unbedeutender wäre, nur weil er gewisse Teile Ihrer Persönlichkeit nicht mit Ihnen teilt.

- Sie müssen verstehen lernen, dass man nicht einfach aus seinen durch das Asperger-Syndrom bedingten

Eigenschaften heraustreten kann und diese - z. B. zwanghafte Rituale, unflexibles Denken oder wortgetreues Denken - nicht einfach von hier auf jetzt hinter sich lassen kann. Sie sollten begreifen, dass es eines immerwährenden Lernprozesses, einer Verhaltenstherapie, viel Zeit und persönlicher Erfahrung bedarf, damit Menschen mit dem Asperger-Syndrom geholfen werden kann und sich diese Patienten effektive Bewältigungsstrategien aneignen können. Behalten Sie dies im Hinterkopf, wenn Sie mit Ihrem Freund mit AS eine Diskussion oder sogar eine erhitzte Debatte oder Streit anfangen sollten. Wenn Sie logisch vorgehen, dabei sehr konkrete und sorgfältig gewählte Worte verwenden, viel mit Beispielen arbeiten und mit Ihren Gedanken insgesamt offen für Ihr Gegenüber bleiben, wird sich mit viel höherer Wahrscheinlichkeit die Kommunikation zwischen Ihnen und Ihrem Freund sinnvoll und weiterbringend gestalten.

- Helfen Sie Ihrem AS-Freund dabei, eine kleine Gruppe von Freunden zu finden, die über das Asperger-Syndrom informiert sind und das Syndrom mit allen Feinheiten und Eigenarten akzeptieren können. Seien Sie versichert, dass Menschen mit dem Asperger-Syndrom normalerweise Freundschaften zu schätzen wissen und auch viel Freude daran haben können. Sie sind nur oft zu verwirrt, um sich darüber im Klaren zu sein, wie man eine Freundschaft aufbaut oder Freundschaften erhält.

- Versuchen Sie, der Person mit dem AS dabei zu helfen, die bösen Fallen zu vermeiden, die sie in vollständige Verwirrung und in ein nachfolgendes Entsetzen versetzen würden. Helfen Sie ihm oder ihr dabei, alle Situationen zu vermeiden, die zu einer Strapazierung der überempfindlichen Sinne führen würden. Ermutigen Sie ihren Freund oder Ihre Freundin, ein Hobby oder ein anderes besonderes Interesse therapeutisch zu nutzen oder zum Beruf zu machen. Versuchen Sie, ihn bei der Haushaltsführung zu unterstützen, indem Sie ihm bei allen notwendigen Dingen wie Einkäufen, Saubermachen, Kindererziehung und täglichen Hausarbeiten und Verantwortlichkeiten zur Seite stehen.

Helfen Sie ihm auch bei der Auswahl der Garderobe und letztendlich auch dabei, alle Erwartungen der Gesellschaft erfüllen zu können.

- Finden Sie einen Weg, wie Sie Ihrem Freund Ihre Zuneigung deutlich machen können und ihm zeigen können, dass er sich Ihrer Freundschaft sicher sein kann. Verbringen Sie Zeit bei einem gemeinsamen Hobby, gehen Sie gemeinsamen Interessen nach, sprechen Sie es aus, wenn Ihnen eine seiner Geschichten gefallen hat, lachen Sie über seine Witze, gehen Sie gemeinsam aus - kurz, genießen Sie es einfach, Zeit mit ihm zu verbringen, wie Sie es mit anderen Menschen auch tun. Seien Sie keinesfalls herablassend oder bevormundend. Menschen mit dem Asperger-Syndrom sind ganz und gar nicht dumm und überhaupt nicht weniger geistreich. Sie sehen die Welt einfach durch ein anderes Fenster hindurch. Versuchen Sie, die Welt so zu sehen, wie Ihr Freund es tut - es wird wohltuend für Sie sein, und Sie werden dadurch viele neue Impulse bekommen.

Lehrer

- Vergegenwärtigen Sie sich immer wieder, dass Menschen mit dem Asperger-Syndrom keine guten Organisationsfähigkeiten besitzen. Seien Sie daher nicht überrascht, wenn Abgabedaten, Hausaufgaben, Übungsmaterialien usw. vergessen werden. Seien Sie so flexibel, wie Sie nur können. Versuchen Sie, Ihrem Schüler dabei zu helfen, indem Sie ihm oder ihr visuelle Erinnerungshilfen erstellen wie Bilder von allen Dingen, die mitgebracht werden sollen, oder einen Kalender, in dem die wichtigen Daten angestrichen sind, und farbige Zettel, die für den bestimmten Tag, die ganze Woche oder einen Monat als Erinnerung gelten sollen. Finden Sie unter den anderen Schülern einen Mentor, der dafür verantwortlich sein könnte, Ihren Schüler mit dem AS daran zu erinnern, was zum Unterricht mitzubringen ist, und ihm dabei helfen kann, sich auf Tests vorzubereiten. Setzen Sie auch die Familienmitglieder über wichtige Daten in Kenntnis, so dass sich die Familie daran beteiligen kann, Ihren Schüler mit dem AS z. B. durch Telefonanrufe an die Termine zu erinnern.

- Machen Sie sich klar, dass es Menschen mit dem Asperger- Syndrom schwer fällt, abstrakt oder in Konzepten zu denken. Verwenden Sie sehr konkrete Beispiele und Erklärungen. Wenn Sie versuchen, einen Gedanken näher zu erläutern, der schon eine weiterführende Fähigkeit zur Problemlösungsfindung voraussetzt, dann verwenden Sie dabei nur direkte, wörtliche Bedeutungen. Empfehlen Sie Ihrem Schüler Nachhilfeunterricht, wenn Sie denken, dass es notwendig ist. Stellen Sie immer fest, ob Ihr Schüler die notwendigen Voraussetzungen hat und hinführende Kurse überhaupt belegt hatte. Es ist für einen Menschen mit AS schrecklich, einen Kurs zu verpassen, nur weil sein Stundenplan es verlangt. Menschen mit dem Asperger-Syndrom sollten so viel hilfreiche Hintergrundinformationen wie möglich bekommen, und dabei könnte ihnen ein Einführungskurs helfen.

- Machen Sie sich bewusst, dass auffällige Verhaltensweisen aus Stresssituationen heraus entstehen. Wenn Sie bemerken, dass Ihr Schüler mit dem AS offensichtlich aufgeregt ist und versucht, sich selbst mit beruhigenden Verhaltensweisen wieder unter Kontrolle zu bekommen, dann nehmen Sie ihn zur Seite und fragen Sie ihn unter vier Augen, ob er einige Augenblicke außerhalb des Klassenraums entspannen will oder ob Sie ein umgehendes Treffen mit dem Beratungslehrer arrangieren sollen.

- Seien Sie nicht überrascht, wenn einige ungewöhnliche Einwände oder Fragen von Ihrem Schüler mit dem AS kommen. Machen Sie sich klar, dass er oder sie nicht mutwillig sticheln will und sich seines unhöflichen Benehmens möglicherweise nicht bewusst ist. Sie müssen wissen, dass in dieser Art von Situationen häufig Schwächen hinsichtlich der sozialen Fertigkeiten oder ein sprachliches oder logisches Missverständnis die Wurzel des Problems sein können. Vermeiden Sie es, Redewendungen, Wörter mit mehreren Bedeutungen, Sarkasmus oder versteckten Humor zu verwenden.

- Führen Sie sich vor Augen, dass Menschen mit dem AS häufig Schwierigkeiten haben, nonverbale Botschaften zu verstehen. Um sich unmissverständlich auszudrücken, sollten Sie sich also nicht auf nonverbale Botschaften verlassen. Versuchen Sie möglichst oft visuelle Hilfen in Ihren Unterricht mit einzubauen. Erlauben Sie Ihren Schülern außerdem, einen Kassettenrekorder zu verwenden, und stehen Sie Gruppenaufgaben und den gewöhnlich verwendeten Methoden flexibel und kompromissbereit gegenüber.

- Helfen Sie Ihrem Schüler dabei, einen Sitzplatz im Klassenraum für sich zu finden, der die visuelle und auditorische Ablenkung auf ein Minimum reduziert.

- Beschränken Sie Änderungen des gewöhnlichen Stundenablaufs und der Unterrichtsstruktur auf ein Minimum.

Arbeitgeber

Machen Sie sich bewusst, dass Menschen mit dem AS ihre weniger guten Fähigkeiten im sozialen Bereich und ihre geringere Flexibilität dadurch wieder mehr als ausgleichen, dass sie sehr treue, hoch motivierte Arbeiter sind mit einem großen Wissenshintergrund und vielen anderen Fertigkeiten.

Finden Sie eine Arbeit für Ihren Angestellten mit dem AS, die seinen Interessen entspricht. Machen Sie sich dabei klar, dass ihn das sehr motivieren kann, in diesem Bereich mit Riesenschritten voranzukommen und unglaublich viel zu erreichen. Ermutigen Sie Ihren Angestellten, einen Arbeitsplatz zu übernehmen, der wenig sozialen Umgang und daher keine großartigen sozialen Fähigkeiten erfordert. Machen Sie sich die Tatsache zunutze, dass Menschen mit dem Asperger-Syndrom besonders in den Bereichen erfolgreich sind, die andere zu einsam oder isoliert finden würden.

Finden Sie Projekte, die zu Hause erarbeitet werden können und beauftragen Sie Ihren Mitarbeiter mit dem AS damit, denn in der gewohnten Umgebung wird er sich viel besser konzentrieren und sein Projekt exzellent bearbeiten können. Ziehen Sie Gewinn aus einer für

Menschen mit AS charakteristischen Eigenschaft - dem ausgeprägten Wunsch nach Wiederholung und Routine. Helfen Sie Ihrem Angestellten dabei, Arbeiten zu finden, die einem bestimmten Muster folgen und gut planbar sind. Das wird viel dazu beitragen, die Entstehung von Angst und Stress zu verhindern und so eine hohe Produktivität zu ermöglichen.

Informieren Sie Ihren Angestellten mit AS immer so weit wie möglich im Voraus, wenn sich kurzfristige Änderungen bei der Arbeit ergeben. Dieses kann die Aufgaben- und Verantwortungsverteilung betreffen, Änderungen der Räumlichkeiten (z. B. ein Umzug des Büros), Änderungen der Zeiten (z. B. Dienstplanwechsel) oder eine Änderung der Zusammensetzung der Mitarbeiter (z. B. bei Personalwechsel). Wiederum werden Sie hierdurch dazu beitragen, die Entwicklung von Angst und Stress zu verhindern oder zumindest zu minimieren.

Versuchen Sie, das Mentorsystem einzuführen. Sorgen Sie dafür, dass ein einfühlsamer Mitarbeiter, der über das Asperger-Syndrom ausführlich informiert worden ist, Ihrem Angestellten mit dem AS zur Seite steht. Dies ist besonders bei Gruppenprojekten wichtig, bei formellen und auch informellen Präsentationen sowie bei dem Verständnis und der Befolgung von bestimmten Regeln, die es am Arbeitsplatz gibt. Ferner hilft es dem Angestellten dabei, in sozialen Situationen gelassen und professionell aufzutreten (obwohl der Kontakt mit Kunden und Klienten normalerweise wohl auf ein Minimum begrenzt werden sollte, es sei denn, der Betroffene ist gut genug therapiert worden, um diese Situationen gut beherrschen zu können), und sorgt dafür, dass Ihr Angestellter mit dem AS sich in der Firma und auf dem Firmengelände räumlich zurechtfindet.

Besprechen Sie mit Ihrem Angestellten, der am AS leidet, welche Umgebung für ihn oder sie am vorteilhaftesten ist. Zum Beispiel könnten bestimmte Lichtbedingungen oder niedrige Lärmpegel große Verbesserungen sein.

Anhang VII: Hilfreiche Adressen und Literatur zum Weiterlesen

Adressen

Autismus Deutschland e.V.,
Rothenbaumchaussee 15
20148 Hamburg, Tel.: 040/5115604,
E-Mail: info@autismus.de
Homepage: www.autismus.de

Dachverband Österreichische Autistenhilfe
Esslinggasse 17, A-1010 Wien, Tel.: 5339666,
Email: office@autistenhilfe.at
Homepage: www.autistenhilfe.at

Autismus Schweiz
autismus deutsche schweiz
Riedhofstrasse 354
8049 Zürich
Telefon 0041 (0)44 341 13 13
Email: info@autismus.ch
Homepage: www.autismus.ch

Weitere Web-Seiten

www.autismus-buecher.de
Aktuelle Veröffentlichungsformen wie eBooks, Filme, Podcasts, Blogs und Links sind Schwerpunkte.
Diplom- und Masterarbeiten, Forschungs- und Hausarbeiten zum Themenbereich werden veröffentlicht.
Regelmäßig neue Bücher aus dem Autismusbereich.

www.salo-ag.de/autismus
Salo und Partner hat ein Konzept entwickelt, das über ein autismusspezifisches Förderprogramm individuelle Integrationsprozesse ermöglicht und damit den Weg in den ersten Arbeitsmarkt eröffnet.

www.aspies.de
Selbsthilfegruppe von und für Menschen im Autismusspektrum.
Mit einem sehr intensiv genutzten Forum und umfangreicher Linksliste.

Literatur zum Weiterlesen

Tony Attwood: Ein ganzes Leben mit dem Asperger-Syndrom: Alle Fragen - alle Antworten. Trias Verlag. 2. Auflage 2012
Tony Attwood: Asperger-Syndrom: Das erfolgreiche Praxis-Handbuch für Eltern und Therapeuten. Trias Verlag.3. Auflage 2011
Anne Häußler: Der TEACCH Ansatz zur Förderung von Menschen mit Autismus: Einführung in Theorie und Praxis
Verlag Modernes Lernen, 3. Auflage 2012

Glossar

Auditorische Diskrimination: Die Fähigkeit des Gehirns, wichtige Geräusche (wie z.B. Sprache) von Hintergrundgeräuschen (z.B. Straßenlärm) zu trennen, den Ursprungsort einkommender Geräusche zu lokalisieren (z.B. aus dem vorderen oder hinteren Teil des Klassenraums), die Aufmerksamkeit längere Zeit auf bestimmte Tätigkeiten lenken zu können (z.B. beim Lernen), während andere Geräusche dabei ignoriert werden können (z.B. Hintergrundmusik). Die Unfähigkeit, zwischen verschiedenen Geräuschen unterscheiden zu können, führt häufig zu einer eingeschränkten Lernfähigkeit.

Auditorische Überempfindlichkeit: Eine Störung, die sich in der Schwierigkeit des betroffenen Individuums äußert, gehörte, d. h. über die Gehörgänge aufgenommene, Informationen zu analysieren und sinnvoll einordnen zu können. Menschen, die unter einer auditorischen Überempfindlichkeit leiden, empfinden bestimmte Töne und Geräusche als beängstigend, schmerzhaft, verzerrt, verwirrend oder als derart überwältigend, dass gleichzeitig Alltagsaktivitäten nicht mehr ausgeführt werden können oder unterdessen andere Aktivitäten nicht mehr als angenehm empfunden werden können.

Bilaterale Koordination: Die Fähigkeit, beide Seiten des Körpers gleichzeitig und in Koordination benutzen zu können. Ohne bilaterale Koordination hat jemand wahrscheinlich Schwierigkeiten sowohl bei feinmotorischen Tätigkeiten (wie z.B. beim Essen mit Besteck, beim Anziehen, beim Schreiben) als auch bei grobmotorischen Tätigkeiten (wie Laufen, Werfen, Tanzen oder Springen). Eine Leseschwäche tritt häufig gemeinsam mit einer Störung der bilateralen Koordination auf.

Echolalie: Die besondere und oftmals sehr weitgehende Fähigkeit, die Stimme, Sprechweise und/oder Gehabe anderer nachzumachen und vollendet zu imitieren.

Motorische Stereotypien: Ein selbst stimulierender Bewegungsablauf (Händewedeln, Lippenlecken, Drehbewegungen des Körpers, Hin- und Herschaukeln usw.), wodurch eine Beruhigung erreicht wird oder Stress abreagiert werden kann.

Olfaktorische Überempfindlichkeit: Eine Störung, die sich darin äußert, dass die betroffenen Personen es nicht ertragen können, bestimmte Gerüche wahrzunehmen. Menschen, die unter einer olfaktorischen Überempfindlichkeit leiden, empfinden bestimmte Gerüche als Belastung, körperlich krankmachend oder sehr widerwärtig. Deshalb können diese Menschen bestimmte Nahrung schwer oder gar nicht zu sich nehmen. Sie können sich bei bestimmten Gerüchen nicht gut oder überhaupt nicht auf die Umgebung konzentrieren und reagieren.

Pedantische Sprache: Eine sehr förmliche Sprache. Der Betroffene nimmt viele Formulierungen wörtlich und kann nur schwer über den genauen Wortlaut hinaus abstrahieren.

Perseveration: Das Haften an bestimmten Worten oder Gedankengängen, verbunden mit deren ständiger Wiederholung.

Prosodie: Der Tonfall und andere über den Wortlaut hinausgehende stimmliche Eigenschaften der Sprache. Viele Menschen mit dem Asperger-Syndrom können nicht verstehen, was die Aussage „Es kommt nicht darauf an, was man sagt, sondern wie man es sagt" umschreibt. Sie können aus diesem Grund nicht verstehen, was der Sprecher wirklich gemeint hat; sie können ihre eigenen Gedanken weniger gut ausdrücken und anderen vermitteln.

Räumliche Wahrnehmungsstörung: Eine Störung der visuellen Informationsverarbeitung, die es dem Betreffenden erschwert oder unmöglich macht, Gegenstände räumlich zu lokalisieren oder im Raum zu koordinieren.

Sensorische Integration: Der Vorgang, bei dem das Gehirn eingehende sensorische Informationen so verarbeitet, dass sich daraus wichtige Informationen für den Umgang einer Person mit seiner Umwelt ergeben.

Sensorische Integrationsstörung: ist die Koordination, das Zusammenspiel unterschiedlicher Sinnesqualitäten und -systeme. Eine ausgeprägte Störung, eingehende sensorische Informationen richtig weiterzuverarbeiten. Die Störung ist meist Folge einer neurologischen Erkrankung oder Unregelmäßigkeit. Menschen mit einer sensorischen Integrationsstörung leiden oft unter Angstanfällen, Kopfschmerzen, Desorientierung, Verwirrungszuständen und Lernstörungen.

Taktile Überempfindlichkeit: Ein Zustand, der auftritt, wenn von den Nerven unter der Haut Informationen zum Gehirn nicht richtig weitergeleitet werden. Der davon betroffene Patient reagiert auf Empfindungen wie schwachen und starken Druck, Schmerz oder Temperaturänderungen entweder zu heftig oder zu wenig ausgeprägt. Eine Störung dieser Reaktionsfähigkeit kann zu einer Aversion gegen bestimmte Gewebe führen (z.B. mit nassen, rauen, sandigen, glitschigen oder schleimigen Oberflächen). Bestimmte Tätigkeiten können von dieser Abneigung betroffen sein (Haare waschen, Händeschütteln, handwerkliche Tätigkeiten, das Halten eines Stiftes usw.).

Tics: Eine Reihe unwillkürlicher Muskelbewegungen oder stimmlicher Äußerungen, die in eine habituelle und unkontrollierbare Handlung übergehen wie z.B. Augenzwinkern, Zähneknirschen, Nasenreiben, Husten, Grunzen. Tics rufen bei dem betroffenen Individuum häufig Angst und Scham hervor. Wenn der Betroffene sich verstärkt bemüht, derartige Handlungen zu unterbinden, wird er wahrscheinlich eine nervöse Spannung aufbauen und sich nicht mehr auf andere Dinge konzentrieren können.

Visuelle Überempfindlichkeit: Eine Störung der Verarbeitung optischer Informationen, die bei dem Betroffenen dazu führt, dass die Fähigkeit, über das Auge aufgenommene Information zu verstehen, zu interpretieren und weiterzuverarbeiten, beeinträchtigt ist. Es kann daher zu Schwierigkeiten beim Lesen und Schreiben kommen, zu einer Schwäche des räumlichen Sehens. Es können Probleme auftreten, wenn der betroffene Patient zu einem bestimmten Ort gelangen soll und Schwierigkeiten hat, sich zurechtzufinden.

Zwangserkrankung: Eine gestörte Empfindung der Realität, die dazu führt, dass das betroffene Individuum zwanghaft an einem Gedanken oder einer Vorstellung festhält (z. B. ob das Bügeleisen auch ausgeschaltet ist, ob die Tür verschlossen ist, dass auf dem Türgriff zu viele Bakterien sein könnten), was große Angst und Besorgnis hervorruft. Diese ausgeprägte Angst und Sorge sind bei den Betroffenen nur vorhanden, wenn sie gerade bestimmte zwanghafte Handlungen oder Tätigkeiten ausführen (wie immer wieder zu kontrollieren, ob das Bügeleisen ausgeschaltet oder die Tür wirklich verschlossen ist, sich eine Stunde lang die Hände zu waschen, immer wieder bis zehn zu zählen usw.). Damit die Definition einer Erkrankung erfüllt wird, müssen diese Zwangsgedanken oder Zwangshandlungen so häufig auftreten, dass sie die normalen Aktivitäten stören.

Weitere Bücher über Autismus

www.autismus-buecher.de

zum Download u. a. bei Amazon und iTunes

Immer aktuelle Infos per Twitter: @autismusbuecher

Temple Grandin: *Durch die Gläserne Tür. Lebensbericht einer Autistin*

Temple Grandin hat als erste Autistin ihren Weg und ihren Umgang mit der Diagnose Autismus beschrieben, sie ist die bekannteste Autistin weltweit. 2010 wurde sie vom Time Magazin zu einer der wichtigsten Persönlichkeiten der Welt in der Kategorie „Helden" gekürt.

In dem Buch „Durch die gläserne Tür – Lebensbericht einer Autistin" beschreibt sie *ihren* Autismus, ihre Art des Umgangs damit und ihre Lebensgeschichte.

Das Buch beschreibt ihre Kindheit in den USA in den 1950er Jahren, in denen es noch keine speziellen Angebote für Autisten gab. Die Ablehnung der anderen Schüler, die Versuche der Lehrer, sie zu unterrichten und zu interessieren und ihr eigenes Gefühl, völlig anders zu sein, als die anderen Menschen auf dieser Welt.

Ihre Mutter blieb hartnäckig, suchte immer wieder nach passenden Fördermöglichkeiten für die junge Temple. Bis sie selbst auf die Idee der „Quetschmaschine" kam. Langsam lernte sie, sich an die „normale" Welt zu gewöhnen, aber sie lernte auch ihr Qualitäten kennen und nutzen. Sie hatte besondere Fähigkeiten, das „sehen in Bildern", was ihr eine beispiellose wissenschaftliche und wirtschaftliche Karriere ermöglichte.

Dieses Buch ist persönlich, wissenschaftlich, geschichtlich und atemberaubend spannend.

Mittlerweile ist Temple Grandin Dozentin der Tierwissenschaften. Mehr als die Hälfte der kommerziellen Tierhaltungsanlagen Nordamerikas beruhen auf ihren Entwürfen.

Als **eBook** 8,99 €. Gedruckt: Vergriffen.

***

Temple Grandin: *Ich bin die Anthropologin auf dem Mars. Mein Leben als Autistin*

Als »Anthropologin auf dem Mars« bezeichnete sich die Autistin Temple Grandin in einem Gespräch mit Oliver Sacks - und wurde so zum Titel seines weltbekannten Buches. Hier beschreibt sie mit einer außergewöhnlich eindringlichen Sprache ihr Leben, das geprägt ist von der schmerzhaften Isolation durch ihr Anderssein. Der Leser erhält Zugang zu ihrer Bilderwelt und begreift mit fortschreitender Lektüre, dass Grandin den Autismus nicht beenden will, selbst wenn sie es könnte, da er »ein Teil dessen ist, was ich bin«.

»Es ist ein zutiefst bewegendes und faszinierendes Buch, weil es eine Brücke zwischen unserer und Temples Welt schlägt und uns einen Blick in einen ganz andersartigen Geist eröffnet.« (Oliver Sacks).

"Ich bin die Anthropologin auf dem Mars" ist eines der ganz wichtigen Bücher im Autismusbereich (und wurde z. B. 2013 ins Koreanische übersetzt).

Als **eBook** 8,99 €. Gedruckt: Vergriffen.

***

Temple Grandin: *Ich sehe die Welt wie ein frohes Tier. Eine Autistin entdeckt die Sprache der Tiere*

Sie werden auf jeder Seite des Buches überrascht. Temple Grandin trägt unendlich viele Fakten aus dem Tierreich zusammen und schlägt immer wieder den Bogen zu menschlichem und im besonderes autistischem Verhalten. Faszinierend.

Ihr drittes Buch in deutscher Sprache widmet sich vor allem der Beziehung zwischen Menschen und Tieren. Dabei lernt man kuriose Dinge über Tiere, erfährt neue wissenschaftliche Hintergründe aus der Autismusforschung und die spannenden Erkenntnisse aus der Tierforschung für den Autismusbereich. Themenbereiche, bei denen man Zusammenhänge auf den ersten Blick nicht vermuten würde, werden spannend miteinander verwoben.

Sie kann die Empfindungen von Tieren extrem gut nachvollziehen, dass sie dadurch wesentlich bessere Tierhaltungsanlagen bauen kann. Sie analysiert in ihrem Buch das Verhalten von Tieren, z. B. auch deren Schmerz und Leid, aber auch die unterschiedlichen Gründe für aggressives Verhalten. Ein besonderes Schmankerl ist das Kapitel

„Genial Tiere: Unglaubliche Begabungen". Und immer wieder stößt sie uns mit der Nase auf die besonderen Fähigkeiten von Menschen aus dem autistischen Spektrum – man muss sie nur erkennen und fördern.

Das Buch ist gut geschrieben, sehr lehrreich und wartet mit vielen neuen Erkenntnissen auch für den Autismusbereich auf.

Als **eBook** 8,99 €. Gedruckt: Vergriffen.

***

Cathleen Lewis: *Mein Wunderkind. Eine Mutter, ihr autistischer Sohn und die Musik, die alles veränderte.*

Es hört sich alles irgendwie typisch amerikanisch an, aber so ist es geschehen: Ein Model und erfolgreiche Börsenmaklerin bekommt ein Kind. Es ist blind. Wenig später stellt sich heraus: Es ist auch autistisch. Aus der erfolgreichen Geschäftsfrau wird eine Kämpferin für ihr Kind, eine echte Löwin, die sich überall einsetzt, mitarbeitet und engagiert. Der Mann verlässt sie, weitere Rückschläge folgen.

Dann schenkt der geschiedene Mann dem Dreijährigen ein Keyboard. Er kann fast sofort erste Melodien spielen. Es zeigt sich schnell, das Rex ein musikalischer Savant ist, mit unglaublichen Fähigkeiten.

Die Mutter schreibt selbst über ihren Einsatz im Kindergarten, der Vorschule und den weiteren Stationen des Lebens von Rex. Was sie und Rex leisten, ist schwer beeindruckend und spannend zu lesen. Dabei steht nicht der „Savant Rex" sondern das „Kind Rex" im Vordergrund, erst später können seine Fähigkeiten zur gesellschaftlichen Integration genutzt werden. Aber das ist nicht selbstverständlich – sondern nur unter großem Einsatz der Mutter möglich.

Im Vergleich z. B. zu „Lieber Gabriel – die Geschichte meines autistischen Jungen", einem ruhigen Buch das in den Weiten Norwegens spielt, findet man sich hier im lauten Amerika mit seinen zahlreichen Möglichkeiten wider. Der weitere Weg von Rex wird spannend zu beobachten sein – entsprechende Filme und Beiträge findet man auch auf meiner Website.

Ein Buch, das man in einem Rutsch durchliest.

Als **eBook** 4,99 €. Gedruckt: Vergriffen.

***

Stefanie Perl: *Hunde als Chance für Menschen mit Autismus – Hundgestützte Therapie in der Schulbegleitung eines Jugendlichen mit Autismus*

Hundetherapie und Autismus… darauf muss man erst einmal kommen. Stefanie Perl berichtet aus ihrer Arbeit als Schulbegleiterin und erläutert die theoretischen Grundlagen der therapeutischen Arbeit mit einem autistischen Jungen. Was in anderen Ländern schon seit längerem praktiziert wird, wird sicherlich auch in Deutschland umgesetzt werden. Interessantes Buch, gut geschrieben und mit neuen Ideen. Für Menschen, die sich für Autismus, Schulbegleitung oder Tiertherapie interessieren ganz sicher Neuigkeiten.

Als **eBook** 3,80 €. Band 1 der Reihe „Wissenschaftliche Arbeiten zur Autismus-Spektrum-Störung". Demnächst auch als gedrucktes Buch.

***

Halfdan W. Freihow: *Lieber Gabriel – Die Geschichte meines autistischen Jungen*

Das Buch beschreibt sehr gefühlvoll die Beziehung zwischen Vater und Sohn und lässt sich Zeit dabei. Es ist kein „schnelles" Buch. Der Sohn hat Autismus und ADHS, ist 7 Jahre alt. Der Vater beschreibt fast beiläufig die Besonderheiten, die schwierigen Ereignisse: Er beschreibt das alltägliche Leben mit seinem Sohn.

Dabei schreibt er das Buch für seinen Sohn wie einen sehr langen Brief, spricht ihn dabei immer mit „Du" an.

Dramatisch, überraschend, grundsätzlich ehrlich und erschlagend offen: Auch die Schwierigkeiten innerhalb der elterlichen Beziehung und zu den Geschwistern werden nicht ausgespart.

Es zeigt an vielen Stellen die Überforderung der Erwachsenen. Ein großes Familienfest ist dann die Bühne für einen großen Eklat, der vorhersehbar war. Deutlich wird auch die Zukunftsangst des Vaters – wie kann das Leben seines Sohnes weitergehen. Eines Tages wird er als Vater nicht mehr da sein.

Am Ende noch etwas zu den Diagnosen.

Das Buch zeigt die große Liebe des Vaters zu seinem Sohn – auch wenn es manchmal nicht leicht ist. Einfach schön zu lesen. Ich empfand die Lektüre des Buches geradezu als „runterkommen" aus der Hektik des Alltages. Man kann sich gut die norwegische Landschaft und den Lebensstil dazu vorstellen.

Als **eBook** 4,99 €. Gedruckt: Vergriffen.

***

Dawn Prince-Hughes, Dawn: *Heute singe ich mein Leben – Eine Autistin begreift sich und ihre Welt*

Obdachlos, Stripperin, Gorillas – dann Dr. der Anthropologie: Die Lebensgeschichte von Dawn Price-Hughes, bei der mit 36 Jahren das Asperger-Syndrom diagnostiziert wird.

Sie beschreibt ihre Kindheit und das sie die Schule aufgrund von extremen Mobbing abgebrochen hat. Wenig später ist sie mit 16 Jahren auf der Straße und obdachlos. Jahrelang zieht sie durch die USA, ohne jedes Ziel und Perspektive.

Sie hat alle Tiefen der Gesellschaft durchlebt, hat in Strippclubs in Tierfellen getanzt – ohne dies so wahrzunehmen, ihr Ziel war es stattdessen, die „urbane Gesellschaft zu erkunden". Als Gespielin lesbischer Frauen dachte sie immer eine Beziehung aufzubauen, dabei ging es immer nur um eine Nacht.

Dann geht sie in den Zoo, lernt die Gorillas kennen, beginnt zu forschen, verändert ihr Leben, beginnt ein Studium – eine unglaubliche Geschichte. Die Formen menschlichen Zusammenlebens erlernt sie durch die Beobachtung der Gorillas, erforscht sich selbst durch ihre Forschungen. Die Beobachtungen an den Gorillas nimmt sie sehr detailgetreu auf, das verschafft ihr schließlich eine Hochschulanstellung.

Im letzten Teil des Buches stellt sie ihre Familienmitglieder mit den jeweiligen Ticks und Auffälligkeiten vor: Sicherlich eine seltene Ansammlung! Sie erläutert die Notwendigkeit, diagnostiziert zu werden und den Weg dorthin. Dazu gehört die (Familien-)Planung innerhalb ihrer lesbischen Beziehung und ihre Unterstützung bei der Asperger-Diagnose eines Cousins.

In diesem Buch liest man über das chaotische Leben einer Asperger-Autistin, die immer auf der Suche nach sich selbst ist - und manchmal nicht einmal mehr das - und die glückliche Wendung. Und man lernt viel über das menschliche Verhalten von Gorillas.

Ein rundum spannendes Buch, das zu Recht oben in den Verkaufscharts zu finden ist.

Als **eBook** 4,99 €. Gedruckt: Vergriffen.

***

Katrin Moser: Autismus-Spektrum-Störungen im kirchlichen Umfeld

Katrin Moser legt eine bisher einmalige Arbeit über die Autismus-Spektrum-Störungen im kirchlichen Umfeld vor. Dabei geht sie auf Menschen mit Behinderung im kirchlichen Kontext ein, erläutert die Ideen der Inklusion in diesem Rahmen und beschreibt vor allem, auf welche Besonderheiten die Mitarbeiter im kirchlichen Zusammenhang achten sollten, wenn sie mit Menschen aus dem autistischen Spektrum arbeiten. In Auseinandersetzung mit christlichen Riten und Gebräuchen reflektiert sie die Bedürfnisse besonderer Menschen. Spannend und neu in der intensiven Auseinandersetzung mit diesem Thema.

Als **eBook** 5,99 €. Band 2 der Reihe „Wissenschaftliche Arbeiten zur Autismus-Spektrum-Störung"

***

Franz Uebelacker: *Ich lasse mich durch wilde Fantasien tragen. Ein Leben mit Gestützter Kommunikation (FC)*

Franz ist Autist, schwer körperbehindert und kann nicht sprechen - in diesem Buch, herausgegeben von seinem Vater, erzählt er seine Lebensgeschichte. Als Achtjähriger begann er, mit Hilfe der „Gestützten Kommunikation" sich auf einer Schreibmaschine zu äußern. Über einen Zeitraum von mehr als 30 Jahren entstand auf diese Weise eine Autobiografie: voller Emotionalität, gepaart mit Witz und, später, einem ausgeprägten Sinn für Erotik. Je mehr Franz sich über seine lebensbestimmende Behinderung klar wurde, desto leidenschaftlicher setzte er sich mit Fragen nach dem "Warum?" auseinander, nach dem Sinn des Lebens. Im Anhang werden Fragen zu Methode, Anwendung und Rechtsfragen der Gestützten Kommunikation (FC) behandelt.

Als **eBook** 2,70 €. Gedruckt: 8,99 €.

***

Gisa Anders: *Eine Fantasie guckt aus dem Fenster. Vom frühkindlichen Autismus zum selbstbestimmten Leben*

In der normalen Entwicklungsliteratur findet man viele positive Ansätze und Anregungen. In der Behindertenliteratur gibt es zwar Bestätigung, aber man wird als Eltern verängstigt und entmutigt. Wenn bei normalen Menschen die Phase der größtmöglichen Lernfähigkeit beginnt, sind die meisten autistischen Menschen schon nicht mehr erreichbar. Ich werde oft gefragt: „Was macht Dirk?" Ich sage dann voll Stolz: „Er ist jedes Wochenende in der Disco oder bei Freunden, ansonsten bereitet er sich intensiv auf seine Gesellenprüfung vor." Auf meine Frage: „Hätten Sie das je für möglich gehalten?" folgt ein spontanes, klares „Nein".
Dirk war nicht in der Lage, sich selbst eine Grundlage zu schaffen. Daher stand seine Entwicklung in der Zeit der wichtigsten Lernphase fast still. Dirk brauchte Hilfe, die hat er bekommen. Dirk brauchte Mut, den habe ich ihm gemacht. Auch ich brauchte Mut, den habe ich mir nicht nehmen lassen. Viele Menschen haben sich immer wieder bemüht, mich zu entmutigen, sie haben mein Engagement belächelt. Ich habe mich nicht von Behindertenliteratur verängstigen lassen, sondern habe die festgestellten Entwicklungsmöglichkeiten als Chance gesehen.
Dieses Buch ist das Zeugnis eines Kampfes gegen Vorurteile und Klischees – ein hartes Stück Arbeit, es hat sich gelohnt.

Als **eBook** 4,49 €. Gedruckt: Vergriffen.

***

Julia Annette von Freeden: *Empathie und Prosozialität bei Kindern und Jugendlichen mit einem autistischen Geschwisterkind*
Sind Geschwisterkinder von Autisten sozialer als andere Geschwisterkinder? Eine interessante These, die durch von Freeden untersucht wird. Eine empirische Arbeit, die aktuelle Veröffentlichungen zum Thema auswertet und eine eigene Untersuchung durchführt.
An der Untersuchung durch von Freeden, Bachelor of Science der Psychlogie, nahmen 103 Personen teil. Die Experimentalgruppe bestand aus 60 Kindern und Jugendlichen, die ein autistisches Geschwisterkind haben.
Das Buch wird abgeschlossen mit einem sehr aktuellen und umfangreichen Literaturverzeichnis.
Als **eBook** 3,80 €. Band 3 der Reihe „Wissenschaftliche Arbeiten zur Autismus-Spektrum-Störung"

***

Charlotte Moore: *Sam, George und ein ganz gewöhnlicher Montag*

"Montagmorgen. Wir sind in Eile. Klar sind wir das, jede berufstätige Mutter mit drei Kindern im schulfähigen Alter ist an einem Montagmorgen in Eile." Normaler Familienalltag. Unter erschwerten Bedingungen: Als George drei Jahre alt war, wurde sein Verhalten als "Autismus" diagnostiziert. Auch sein zwei Jahre jüngerer Bruder Sam zeigte auffällige Verhaltensstörungen, die auf das Asperger-Syndrom schließen ließen. Zwei grundverschiedene Charaktere, dieselbe Diagnose. Charlotte Moore erzählt eindringlich, gewürzt mit britischem Humor, was das für sie und ihre Familie bedeutet. Anschaulich zeigt sie, wie sie das Leben mit ihren drei Kindern und den Überraschungen, die es für sie bereit hält, meistert.

Die Autorin arbeitet als Schriftstellerin und Journalistin, u. a. für »The Times«, »Vogue«, »The Independent on Sunday« und »The Daily Telegraph«. In der renommierten britischen Tageszeitung »The Guardian« hat sie eine eigene Kolumne - »Mind the Gap« - über ihre Erfahrungen mit ihren autistischen Söhnen. Charlotte Moore lebt mit ihren drei Kindern in Sussex, England.

Als **eBook** 8,99 €. Gedruckt: Vergriffen.

***

www. radundsoziales.de

Michael Schmitz: Gegen Sand, Sonne und sich selbst

Mit dem Mountainbike 11.000 Kilometer durch Afrika

Safari bedeutet „Reise" auf Kisuaheli, der Landessprache Kenias und Tansanias. Sechs Monate und 11.000 Kilometer auf dem Mountainbike von Nairobi über Kapstadt nach Windhoek (Namibia) - dieses Buch beschreibt die Höhen und Tiefen einer solchen Radtour: Kakerlaken krabbeln durchs Zimmer, tote Fliegen schwimmen auf dem Trinkwasser und nette Menschen laden zu Bett und Dusche ein. Löwen mit weit aufgerissenen Mäulern, roter Halbwüstensand, weite Steppen und an Erholungstagen Radrennen fahren... Diese eigenwillige Mischung zieht den Leser in ihren Bann. Selbstironische Betrachtungsweisen von Radtouren in die 3. Welt entlocken dem Leser immer wieder ein Schmunzeln. Und wer dennoch Lust bekommen hat, selbst auf solch eine Reise zu gehen, der ist am Ende der Lektüre mit Tipps und Tricks gewappnet.

244 Seiten Lesespaß, der mit 7 Landkarten und 20 Fotos illustriert ist.

Als **eBook** 3,99 €. Gedruckt: 12 €.

***

Peter Smolka: Westafrika mit dem Fahrrad

Marokko, Mauretanien, Senegal, Mali, Burkina Faso und Togo sind die Stationen, die Peter Smolka auf dem schmalen Reifen seines Fahrrades in zweifacher Hinsicht „erfuhr": Auf Straßen und Wegen, die durch Sonne und Sand mitunter zur Strapaze wurden, und in intensivem Kontakt zu Land und Leuten, der einem Entspannung suchenden Pauschaltouristen normalerweise verschlossen bleibt.
Außergewöhnliche Erlebnisse und Erfahrungen der Tour, reichhaltige, aufschlussreiche Beschreibungen von Freud und Leid des Alltags im Armenhaus des afrikanischen Kontinents fügen sich zu einem gleichermaßen fesselnden wie informativen Gesamtbild zusammen.

Auf den Spuren de Westafrika-Radtour erschließt sich dem Leser in dieser vitalen Reiseschilderung ein Teil des Schwarzen Kontinents in seiner nackten Realität.

Die vorliegende, gelungene Mischung aus Spannung und Sachinformation ist Garant für pures Lesevergnügen. Man darf schon jetzt gespannt sein, wohin die nächste Reise führt.

Mit 98 Bildern, davon 23 farbig.

Als **eBook** 3,99 €. Gedruckt: 12 €.

***

Elena Erat, Peter Materne: Rad-Abenteuer Welt.
45.000 Kilometer auf dem Rad um den Globus

Über 800 Seiten, ursprünglich in zwei Bänden herausgegeben, nun als eBook. Die Globetrotter des Jahres berichten informativ, spannend und humorvoll von ihrer Weltreise mit dem Fahrrad.

Elena Erat und Peter Materne machen sich vom idyllischen Freiburg aus auf in Richtung Osten. In Rumänien besuchen sie Graf Draculas Schloss, in der Türkei verzaubert sie die Weltstadt Istanbul, in Ägypten feiern sie Weihnachten bei 40°C im Schatten. Ein erster Höhepunkt ihrer Reise: Eine Begegnung mit Mutter Teresa in Indien.

Die Autoren schlagen ihr Lager unter anderem in einem buddistischen Kloster in Thailand auf. Mit zwei kleineren „Umwegen" über Australien und Johannesburg landen die beiden in Brasilien. Sie staunen über die Schönheiten des Regenwaldes, feiern Oktoberfest mit Samba-Rythmen und kämpfen sich durch die Anden.

In Panama entkommen sie knapp nur dem Tod. Durch mehrere Länder Südamerikas fahren sie nach Norden, dann noch einmal quer über den Kontinent von Los Angeles nach New York, bevor sie nach über zwei Jahren und 45.000 geradelten Kilometern durch 26 Länder wieder zu Hause ankommen.

Als **eBook** 4,99 €. Gedruckt: Vergriffen.

***

Heinz Helfgen: Ich radle um die Welt.
Der Klassiker der Radtouren-Literatur

Der Reisebestseller der Fünfziger Jahre.
Ein einzigartiges Lesevergnügen voller Spannung und Abenteuer – ein großartiges Zeitdokument.
Heinz Helfgen berichtet nicht nur einfach von einer faszinierenden Radreise rund um die Welt, die ihn mehrfach in lebensgefährliche Situationen bringt. Er erlebt auch den Alltag und schildert die Lebensumstände der bereisten Länder, trifft viele berühmte Persönlichkeiten seiner Zeit wie Tito oder Hemingway und gewinnt die Freundschaft vieler Menschen rund um den Erdball.

Man hat Heinz Helfgen einen modernen Karl May genannt. Nur – er hat seine Abenteuer selbst erlebt.

Als **eBook** 4,99 €. Gedruckt: Vergriffen.

***

Dieter Rohrbach: Wildes Madagaskar

Achtzehn Artikel über ein großes und weitgehend unbekanntes Land. Texte, die dem Leser ein tieferes Verständnis für manche Eigenarten der roten Insel vermitteln. Spannende Themen wie: Postkoloniale Politik, Pädophilie und Prostitution, Woher kamen Sie?, Piraten und Piratenhändler, Der Raubbau an Edelhölzern usw. erzählen spannende Geschichten und viel über das abwechslungsreiche Land.

Als **eBook** 7,99 €. Gedruckt: 13 €.

***

Dieter Rohrbach: Madagaskar erleben: Das umfassende Reisehandbuch zur roten Insel

Madagaskar erleben: der beliebte und hoch gelobte Madagaskar-Reiseführer jetzt als leichte eBook-Variante. Mit noch mehr Information, aktuell recherchiert und bearbeitet. Damit wird das Buch endlich "gepäckfreundlicher" und leichter. Einfach für Handy oder Tablet downloaden.

Der Reiseführer hat auf nahezu jede Frage zur roten Insel eine Antwort. Nicht nur für Reiseinteressierte, welche ihre Traumreise planen wollen, sondern auch für Jene, die aus verschiedensten Gründen mehr über dieses faszinierende Reiseland wissen wollen. Ein detaillierter A-Z - Teil mit allen relevanten Orten und über 700 Hotel- und Gastronomieempfehlungen, wichtige Reiseinformationen sowie das umfangreiche Stichwortregister runden das Buch zum Standardwerk ab.

Als **eBook** 19,99 €. Gedruckt: 25 €.

***

Thomas Troßmann: Wüstenzeit. Sahara grenzenlos.
Mit dem Motorrad durch die Sahara – Reportagen von 1000 Tagen Wüstenfahrt

Thomas Troßmann, ist der Faszination der vielseitigen Sahara verfallen. Über tausend Tage hat er schon in der größten Wüste der Erde verbracht. Abseits von Straßen und Pisten bewegt er sich zumeist mit dem Motorrad durch die endlosen Weiten dieser Sand- und Gesteinslandschaft. Gebirge und Dünen, weite Ebenen und enge Schluchten, ihre fremdartige Tier- und Pflanzenwelt, die Spuren prähistorischer Vergangenheit und nicht zuletzt die beeindruckende Wesensart ihrer Bewohner, der nomadisierenden Tuareg, faszinieren den Wüstenfahrer jeden Tag aufs Neue.

Hier schildert er seine ungewöhnlichen Erlebnisse in dieser wilden Landschaft.

Ein Buch für Liebhaber unberührter, großartiger Natur, für Motorradfans und Abenteurer.

Als **eBook** 3,99 €. Gedruckt: vergriffen.

***

Thomas Troßmann: Wüstenfahrer. Auf dem Motorrad durch das Land der Tuareg

Thomas Troßmann ist mit dem „Wüstenbazillus" infiziert. Schon seit Jahren übt die Sahara eine unwiderstehliche Anziehungskraft auf ihn aus.

Mehrere Dutzend Wüstenreisen hat er schon hinter sich, die meisten mit dem Motorrad. An drei ausgewählten Reisen vermittelt der Autor in diesem Buch einen intensiven Eindruck von der Faszination und Herausforderung dieser extremen Landschaft. Gleichzeitig beschreibt er seine Entwicklung als Wüstenfahrer vom unerfahrenen Anfänger bis zum versierten Profi.

Spannend, abenteuerlich und sehr authentisch.

Ein Buch für Liebhaber unberührter, großartiger Natur, für Motorradfans und Abenteurer.

Als **eBook** 3,99 €. Gedruckt: vergriffen.

Mehr unter

www.radtouren4u.de